BUSINESS UNUSUAL

EMPRESAS SOBRESALIENTES

VALORES Y PSICOLOGÍA DEL CONSUMO PARA CREAR MARCAS FUERTES Y RESILIENTES

NATHALIE NAHAI

Categoría: Directivos y líderes | Colección: Liderazgo con valores

Título: *Business Unusual - Empresas sobresalientes.*
Valores y psicología de consumo para crear empresas fuertes y resilientes.

Título y edición original: *Business Unusual: values, uncertainty and the psychology of brand resilience*, Kogan Page, London, 2021
Primera edición en castellano: febrero 2023
Traducción: editorialkolima

www.editorialkolima.com

Autora: Nathalie Nahai
Dirección editorial: Marta Prieto Asirón
Maquetación de cubierta: Valeria Hernández
Maquetación: Carolina Hernández Alarcón

ISBN: 978-84-19495-34-1

Elogios a Business Unusual

«Como cada vez nos enfrentamos a retos más complejos, este libro presenta un itinerario vital con el que superar los viejos métodos de hacer negocios y propone un camino más resiliente, una finalidad y unos valores. Es lectura esencial para líderes y docentes por igual».

Scott Barry Kaufman, psicólogo humanista, escritor y autor, y *podcaster*

«Cierto es que se producen cambios; también en nosotros. En realidad, los cambios son una opción. Tal y como nos enseña Nathalie Nahai, la vida, el trabajo y las posibilidades forman parte de un proceso de transformación. Lo que hacemos por el camino es lo que configura nuestra próxima aventura. Sé ese cambio».

Brian Solis, antropólogo digital, futurólogo y escritor del libro *bestseller Lifescale*

«Mediante la cuidadosa aplicación que Nathalie Nahai hace de la ciencia del comportamiento y, gracias a la humanidad que infunde a sus historias, Business Unusual ilumina el camino de una futura gestión inteligente de las empresas en un mundo turbulento. Resulta una lectura muy atractiva e informativa para todo el que se pregunte cómo el marketing puede afrontar el presente con autenticidad».

Caroline Webb, autora del libro *bestseller How to Have a Good Day*, y asesora jefe en Mckinsey & Company

«Una vez más, Nathalie Nahai ha convertido los últimos hallazgos de la ciencia de la psicología en un inmenso reservorio de sabiduría práctica».

Rory Sutherland, vicepresidente de Ogilvy Group

«En un mundo en el que ya no se puede decir 'aquí no ha pasado nada' (business as usual), la obra de Nathalie Nahai (Business Unusual) resulta muy oportuna: es cuanto necesitamos para afrontar el futuro. Esta obra tan meditada, y para la cual ha investigado en profundidad, abarca un amplio espectro de retos empresariales –desde trampas como el falso lavado de imagen apropiándose de compromisos sociales o ecológicos hasta los problemas surgidos de la 'cultura de enfoque en los resultados'– y proporciona al lector perspectivas e ideas innovadoras que permitirán a cualquiera fortalecer su negocio con confianza».

Cindy Gallop, fundadora y CEO de Makelovenotporn

«Business Unusual es una poderosa llamada de atención a los empresarios para que vean a los accionistas y a sí mismos de un modo diferente. Nathalie Nahai explica las nuevas reglas de juego con empatía y convicción. Son nuevas reglas que todos podemos aceptar».

Sarath Jeevan, autora de *Intrinsic*

«Para todos aquellos líderes que se sienten arrastrados de una crisis a la siguiente, Nathalie Nahai encuentra sentido en este caos y nos propone un camino para avanzar basado en la resiliencia, la empatía y la resolución creativa de problemas».

Joshua Macht, CEO interino de
Harvard Business Publishing

«Muy pocos intelectuales, menos escritores incluso, son capaces de articular con la elegancia, profundidad y elocuencia de Nathalie Nahai los complejos matices de los grandes retos empresariales actuales. Erudita como pocas y con profunda experiencia en tecnología, marketing y psicología, Nathalie ha escrito uno de los mejores libros de empresa de nuestra época. Todos los líderes deberían estudiar este libro con detalle: estaremos en mejores circunstancias si lo hacen».

Tomas Chamorro-Premuzic, escritor y catedrático de Psicología Empresarial en la Escuela Universitaria de Londres y en la Universidad de Columbia

«Nathalie Nahai ejemplifica profusamente formas de cultivar valientemente valores auténticos, empáticos y responsables; valores que encarnan la verdadera resiliencia en esta era de desconcertantes perturbaciones».

Nell Watson, especialista en Ética y Tecnología, investigadora de Inteligencia Artificial y miembro del cuerpo docente de Inteligencia Artificial de la Universidad de la Singularidad

«En Business Unusual, Nathalie Nahai capta perfectamente la realidad de estos tiempos de cambio y su reflejo en las diversas generaciones. Deja claro que los viejos modos de hacer las cosas ya no son suficientes en la tercera década del siglo XXI, cuando el cambio de preferencias y tendencias domina el mundo empresarial, al igual que la política».

Barbara Kellerman, escritora, y James Macgregor Burns, profesor de Liderazgo Público en la Harvard Kennedy School

«Animado manual para cualquier empresario que esté sobrellevando los peligros de la pandemia, la revolución tecnológica y un enjuiciamiento mucho más radical por parte de clientes y talentos. Porque las reglas están cambiando en tiempo real».

David Rowan, editor fundador de Wired UK

«Nathalie Nahai es en la actualidad una de las mentes más preclaras en el campo de la cultura digital y el comportamiento de los consumidores. Este libro, no solo es oportuno, importante y sagaz, sino que su claridad permite valorar lo que nos conecta como seres humanos frente a los graves retos y las emocionantes oportunidades que nos imponen las tecnologías modernas».

Doctor Aaron Balick, psicoterapeuta, escritor y director de Still Point International

«Extenso, inteligente y sabiamente accesible tour por el futuro próximo, tan extraño y novedoso. Nathalie Nahai es una guía experta y visionaria de lo que se nos viene encima y de lo que supone enfrentarse a ello con esperanza y resiliencia».

Doctor Tom Chatfield, filósofo y experto tecnológico, autor de *How to Think*

«Libro de maravillosa lectura de una de las pensadoras más agudas en su campo».

Richard Shotton, autor de *The Choice Factory*

«Líderes, mentes inquietas y amantes de la vida: Nathalie Nahai ha elaborado un manual de supervivencia para estos tiempos turbulentos. ¿Y qué propone para sobrevivir? Pues crear más negocios con principios, comprender nuestra mente y establecer una forma consciente de actuar. Empresas excepcionales para un mundo menos vulgar».

PERRY TIMMS, autor de *Transformational HR*
y CEO de PTHR

«Business Unusual es un libro concebido para que el lector piense, y propone un itinerario atractivo y lleno de información para enfrentarnos a un mundo de incertidumbre empresarial. El libro cuenta con toda una serie de fuentes digitales, con lo cual no es solo otro libro más de negocios, sino un panel de herramientas sobresalientes para que los lectores hallen su rumbo en un mar de gran complejidad».

CHRIS KANE, escritor, asesor, defensor y
fundador de Six Ideas

«Nathalie Nahai nos ofrece herramientas para emprender con valentía negocios nuevos y que el mundo, y también vosotros, seáis un poco más felices».

TARA LEMMÉY, CEO de Lens Ventures

«En Business Unusual, Nathalie Nahai explora con brillantez la forma en que los valores motivan las relaciones empresariales, y para ello propone un itinerario con que propender a la resiliencia frente a la incertidumbre».

STEPHANIE M H MOORE, profesora de Derecho Mercantil
y Ética, Universidad de Indiana

«Nathalie Nahai pone sobre la mesa una potente combinación de conocimientos empresariales y psicológicos para que los empresarios se manejen por las complejidades del mundo moderno. Trufada de estudios de casos ya históricos y que aportan un contexto enriquecido a cada tema, Business Unusual es una obra imprescindible en la biblioteca de cualquier ejecutivo».

Jeremy Dalton, autor de *Reality Check* y director del departamento de Realidad Aumentada de PwC

«El mundo que nos rodea está cambiando más rápido que nunca y la pandemia del coronavirus es solo uno de los muchos movimientos tectónicos que se han producido en el modo en que nos planteamos los negocios, las marcas comerciales en las que confiamos, y el modo en que trabajamos. En este libro esencial, Nathalie Nahai nos muestra y explica el impacto psicológico de la celeridad con que se está produciendo el cambio y, lo más importante, nos ayuda a entender cómo ser más resilientes como personas y como empresas».

Martin Eriksson, cofundador y presidente de Mind the Product

«Es a la vez un reto y un privilegio el que tengamos que reconstruir nuestras organizaciones con unos cimientos más profundos y positivos. Me place enormemente que Nathalie Nahai haya contribuido a hacerlo con esta obra. Los temas que aborda son, sin duda, aspectos importantes de la discusión».

John Featherby, fundador de Shoremount

«Un libro sobre resiliencia es tan oportuno como urgente. Nathalie Nahai introduce hábilmente la idea de que, frente a la adversidad y frente a un máximo riesgo de fracasar, tenemos la oportunidad de reformular el contexto, no atendiendo a lo que salió mal, sino a lo que pudimos hacer de forma diferente. Nathalie nos muestra el modo en que la capacidad de discernimiento y el conocimiento sobre nosotros mismos son nuestras herramientas más poderosas, y la forma en que, como sociedad, deberíamos tender a una cultura del optimismo, con propósito y sentido, para que nos sirva de guía en uno de los momentos más extraordinarios de la historia del hombre. Es de lectura obligatoria para todo el que busque inspiración con que impulsar un cambio transformador frente a la adversidad».

TOBY DANIELS, director de Innovación de Adweek

«Fantástica lectura, llena de opiniones perspicaces, basadas en rigurosos estudios de psicología y en recientes descubrimientos tecnológicos que se explican de un modo elocuente y accesible. Incluye consejos prácticos para empresarios que tengan que adaptarse a los retos de un mundo en continuo cambio».

DOCTOR DIMITRIS PINOTSIS, profesor adjunto de Psiquiatría y Neurociencia Computacional de la Universidad de Londres

«Nathalie Nahai no solo ha escrito muy oportunamente un libro que pone de manifiesto la importancia de repensar las marcas de empresa en la era post-coronavirus, sino que también es una guía de actuación para llevarlo a cabo. Basándose en los cambios socioculturales que hemos sufrido

durante los últimos catorce meses, Nahai expone con claridad el modo de que las empresas mejoren el reconocimiento de sus marcas y su credibilidad atendiendo a los valores cambiantes de los consumidores. Ese mayor interés por la confianza, la autenticidad, la sostenibilidad, la elección de un personal trabajador y el cambio de actitudes respecto a la interacción –tanto en persona como online– son críticos para el modo en que las empresas representan sus marcas para salir adelante. La autora entreteje hábilmente historias y estudios de casos con la opinión de psicólogos, empresarios y expertos en los temas en cuestión; todo ello entreverado con su propia y honda experiencia en psicología. La narrativa resultante es iluminadora y atractiva por igual».

Christopher Bishop, director de Reinvención de Improvising Careers

Índice

BUSINESS UNUSUAL

EMPRESAS SOBRESALIENTES

VALORES Y PSICOLOGÍA DEL CONSUMO PARA CREAR MARCAS FUERTES Y RESILIENTES

NATHALIE NAHAI

Introducción

Gracias por elegir este libro. En sus páginas, lector, encontrarás historias, estudios de casos, un marco teórico, así como la visión y la opinión de psicólogos, empresarios y expertos para ayudarte a desarrollar resiliencia en el ámbito de las instituciones, las empresas y los equipos de trabajo. Para mejorar la experiencia, accede a las entrevistas completas de estos autores en *The Hive Podcast* y descubre tu arquetipo de valores usando El Mapa, de todo lo cual se da cuenta en la sección bibliográfica al final de este libro. Sean cuales fueren tus objetivos, espero que todas estas herramientas te preparen para navegar mejor por estas aguas ignotas y te inspiren para construir un mundo mejor que las futuras generaciones estén orgullosas de heredar.

Capítulo primero

Los tiempos están cambiando

«Y llegó el día en que el riesgo de recogerse en un capullo fue más doloroso que el riesgo de florecer».

Anaïs Nin[1]

Cambio de prioridades

Aún recuerdo donde estaba cuando oí la noticia. Fue a finales de febrero de 2020; estaba pincel en mano y concluyendo un año sabático artístico en Barcelona cuando se corrió la noticia de que en veinticuatro horas se cerrarían todas las escuelas y se anunciarían restricciones por parte del Gobierno. Con poco tiempo para reaccionar, recogí a toda prisa cuanto pude meter en un taxi y me dirigí a casa para hacer acopio de comida y agua. Solo un mes antes, cuando las noticias de Italia se iban filtrando por Europa, había regresado a Londres para presentar un taller, y recuerdo, ya por entonces, la extraña sensación de ir andando por el aeropuerto de Heathrow durante el que sospeché que sería mi último viaje en bastante tiempo. Me fui directa a comprar gel hidroalcohólico (del que ya había carestía en España), y me llamó la atención la extraña normalidad de los otros viajeros, que rondaban las tiendas ajenos al inminente caos, y la creciente sensación de miedo que impregnaría las semanas por llegar, mientras las restricciones se iban contagiando de uno a otro país. A pesar de las advertencias, pocos estaban preparados para recibir colectivamente el impacto y contemplaban en anonadado silencio cómo el mundo cerraba lentamente sus puertas.

Luego ¿qué hacer cuando nos derriba un golpe que nunca vimos llegar? Podemos curarnos las heridas, evaluar la situación, recuperarnos y abrirnos de nuevo al mundo. Pero, ¿y cuando todos reciben el mismo golpe? ¿Cómo nos recuperamos de eso? En muy distintas formas hemos tenido que afrontar esta pregunta desde el origen de nuestra especie. Aunque deseemos caminar incólumes por el mundo, la realidad desde luego nos enseña que la vida está plagada de retos y, si bien algunos tenemos más suerte que otros frente a las adversidades, todos por igual experimentamos apuros en algún que otro momento. Lo que sin embargo predomina en todas estas historias es nuestra capacidad de conjurar la resiliencia cuando más la necesitamos.

Lo que predomina en todas estas historias es nuestra capacidad de conjurar la resiliencia cuando más la necesitamos.

En vez de quedarnos paralizados ante las dificultades, o negarlas y poner buena cara, la resiliencia consiste en desarrollar destrezas psicológicas para afrontar la adversidad; en estar unidos y seguir avanzando sin padecer consecuencias negativas duraderas. Hay muchas formas de potenciar la resiliencia: desde cultivar el optimismo y aprender a controlar con más pericia las emociones, hasta replantearnos el fracaso como una forma de enseñanza positiva. No obstante, cuando la resiliencia engloba lo personal y lo social existe una estrategia en concreto para afrontar incluso las situaciones más duras, la cual no es otra que, de manera consciente, vivir de acuerdo con nuestros valores. Desde reducir los niveles de cortisol (potente hormona de la tensión) y estabilizar la frecuencia cardíaca[2], hasta limitar el grado en que nos regodeamos en los fracasos[3], el reafirmar nuestros valores es un poderoso medio para amortiguar los efectos psicológicos y biológicos del estrés (sobre todo si ya contamos previamente con una sólida autoestima)[4].

Ante la adversidad resulta demasiado tentador buscar soluciones rápidas o tirar por el camino que nos ofrezca una salida temporal. Todo ello cuando los estudios de investigación sugieren que adquirir una resiliencia real y duradera exige volcarnos totalmente en la tarea. La doctora Edith H. Grotberg, autora y fundadora del Proyecto Internacional de Investigación en Resiliencia, lo describió bellamente cuando dijo que «toda respuesta resiliente ante la adversidad involucra a la persona en su totalidad, no solo algunos de sus aspectos, para afrontar, aguantar, superar y, posiblemente, acabar transformándose»[5]. Tanto si lo logramos centrándonos en los valores más queridos (relaciones personales, ideales políticos, amor, belleza), como si se recurre a habilidades o pericias muy apreciadas (por ejemplo, ese talento para la alfarería que llevas tiempo desarrollando), la autoafirmación afianza por caminos reales y tangibles nuestro sentido de la integridad y el bienestar.

Incluso entre personas que han sobrevivido a acontecimientos devastadores, sabemos que algunas encuentran formas de salir adelante a pesar de tantos e inimaginables aspectos existentes en su contra. En su más que convincente libro *El hombre en busca de sentido*, Viktor Frankl dio testimonio de cuanto vio en un campo de concentración. Los prisioneros que se aferraron a una trascendencia en sus vidas lograron de algún modo «convertir una tragedia personal en un triunfo, darle la vuelta al infortunio y transformarlo en una victoria del ser humano»[6]. En medio de la brutalidad y el trauma del Holocausto, Frankl fue testigo de esa capacidad extraordinaria de resiliencia incluso en las condiciones más espantosas. Desde que apareció la primera edición del libro en 1946, la ciencia de investigación ha identificado lo que ahora denominamos desarrollo postraumático: cambios positivos que experimentamos como resultado de lidiar con crisis vitales muy difíciles. Desde una mayor conciencia de nuestra fuerza personal y un mayor amor propio, hasta relaciones más profundas y una vida interna más rica, sobrevivir a la adversidad deriva en ocasiones en un mayor crecimiento personal y en una sabiduría más profunda[7].

Pero, ¿qué tiene esto que ver con el mundo empresarial? Bueno, desde la perspectiva de los recursos humanos sabemos que es más probable que las personas resilientes se recuperen de las adversidades al ser más fuertes y poseedoras de mayores recursos[8], y el valor de dicha capacidad se incrementará a medida que salgamos de esta crisis y aprendamos nuevas formas de trabajar. Desde un punto de vista organizativo, la resiliencia también es enfrentarse a alteraciones en la propia estructura, en la cadena de suministros y en la estrategia empresarial y, en el caso de las marcas comerciales, en el modo en que reaccionan (y se recuperan) a los ataques contra las personas que son la cara humana de las empresas. Aunque haya muchas formas de potenciar la resiliencia –tal y como veremos en este libro–, actuar desde una posición ventajosa requiere entender y adaptarse a los problemas antes de que devengan problemáticos.

Por ejemplo, a la vista de los retos insuperables a los que nos enfrentamos hoy en día, estudios globales sobre la evolución del comportamiento de los consumidores revelan que se están produciendo cambios fundamentales y profundos en nuestras prioridades personales, también a nivel social, en nuestras economías y otros ámbitos[9]. Desde cambios evidentes en las decisiones de compra, hasta las formas en que la gente busca y consume contenidos en los que pueda confiar, el paisaje comercial está cambiando. Es como si alguien hubiese dado un golpecito a la brújula de la moral colectiva y la aguja oscilase en busca de un nuevo norte. Sea lo que fuere lo que esté provocando tales cambios –y hay muchas teorías–, para que una empresa prospere deberá identificar primero las dinámicas que generan estos cambios, y así prepararse mejor para afrontarlos.

El primer gran cambio, como habrá apreciado el lector, se produce en el ámbito de los valores del consumidor, de modo que empresas como EY declaran que «los negocios que operan de cara al público necesitan urgentemente anticiparse al tipo de consumidor emergente, para así superar la crisis actual y dotarse de las capacidades relevantes que requerirá el futuro». En una encuesta realizada a unos 5.000 consumidores de Estados Unidos, Canadá, Reino Unido, Alemania y Francia, un cuarto de los encuestados afirmó que ahora prestan más atención a lo que consumen y al impacto que ello tiene, mientras que un tercio declaró que se replantearía lo que más aprecia y no daría por garantizadas ciertas cosas[10]. Este cambio manifiesta una tendencia más generalizada hacia un consumismo consciente y, si bien ha sido tildado por algunos como una excusa para el blanqueo ecológico, sí refleja una preocupación real y creciente entre los consumidores por el impacto de la elección de productos y los estilos de vida, sobre todo en lo que se refiere a la alimentación. Solo en Estados Unidos, cuando se trata de la dieta, el creciente interés por productos de origen vegetal ha visto dispararse el valor de la industria de comida vegana hasta los cinco mil millones de dólares[11], detectándose tendencias similares en el Reino Unido,[12] Australia,[13] Alemania y el resto de Europa,[14] lo cual manifiesta el declive global en la producción y el consumo de carne.[15] Esta tendencia no es la única. Atribuible a una plétora de causas, esta acusada evolución en las preferencias dietéticas también guarda un paralelismo con otra causa: el modo en que seleccionamos el origen de nuestros productos.

Sea por razones de sostenibilidad, antiglobalización o por un sentido de renovado patriotismo, la procedencia de lo que compramos se está volviendo un tema candente. En un estudio en el que participaron más de 100.000 personas de más de 60 mercados[16], un más que considerable 65 % de los encuestados se manifestaron a favor de comprar productos y servicios de su propio país, estando China, Italia, Corea del Sur y España a la cabeza del mantra del «comercio de proximidad». Otro 42 % declaró que ahora presta más atención al origen de los productos, mientras que uno de cada cuatro afirmó preferir que las empresas traigan de vuelta la producción a sus propios países (lo cual no es un asunto baladí). Esto, no solo refleja la creciente concienciación sobre la fragilidad de nuestros sistemas interconectados, sino también la comprensión de que la resiliencia (personal, social o económica) debe estar arraigada en los productos locales para una mayor estabilidad y éxito a largo plazo.

Sea por razones de sostenibilidad, antiglobalización o por un sentido de renovado patriotismo, la procedencia de lo que compramos se está volviendo un tema candente.

A nivel más doméstico, hemos visto un auge en el deseo que la gente tiene de aprender a cultivar sus propios productos, ya sea una maceta en un balcón, o una finca o un jardín comunitarios. Aunque (para la mayoría de nosotros) sea poco probable que alguna vez cultivemos suficiente comida como para garantizar una verdadera independencia de los supermercados, este renovado interés por la autosuficiencia habla bien claro del deseo de volver a una relación más directa con la comida. Durante la pandemia del coronavirus surgieron por doquier granjas urbanas y jardines improvisados, desde Filipinas[17] hasta Estados Unidos[18], mediante los cuales voluntarios y asociaciones comunitarias suministraron productos frescos a los bancos de alimentos y a las organizaciones benéficas, apoyando así a los que más habían sufrido el impacto económico. Ya fuera reclamando tierras baldías o dando un propósito nuevo a fincas ya existentes, estas intervenciones permitieron cubrir las necesidades de los más vulnerables, garantizando una mayor resiliencia local y creando sistemas de asistencia social que antes hubieran sido inconcebibles.

Aunque estos proyectos parezcan innovadores (sobre todo en las sociedades más capitalistas e individualistas), tal enfoque no es nuevo. En respuesta a la crisis alimentaria de Europa durante la Primera Guerra Mundial, el Gobierno estadounidense animó a los civiles a «sembrar las semillas de la victoria» y apoyar así a la agricultura por todo el país. Solo en 1917 se crearon tres millones de jardines, y otros 5,2 millones más en 1918. Para cuando concluyó la Segunda Guerra Mundial, el cultivo en Estados Unidos de veinte millones de «jardines de la victoria» produjo unos 8 millones de toneladas de alimentos, *grosso modo* el equivalente al 40 % de toda la fruta y verdura fresca consumida en Estados Unidos[19]. Lejos de ser una tentativa a pequeña escala, estos humildes retazos verdes, estos jardines de emergencia crecieron en tal medida que fueron capaces de cubrir las necesidades de casi la mitad de la población.

Hoy en día, las parcelas que florecen en las ciudades no solo sirven a los ancianos y a la población que está por debajo del umbral de la pobreza, sino que también muestran lo que se puede lograr si equilibramos las prioridades comerciales con la necesidad de resiliencia por parte de los productores locales de alimentos. Aunque las crisis a las que nos enfrentemos sean distintas de las que superaron nuestros abuelos, la urgencia por acortar el recorrido de los alimentos desde el campo hasta la mesa sigue manifestando nuestro deseo de seguridad y de restablecer los vínculos con nuestro sustento. No obstante, aunque este sea un ejemplo del impulso en pos de una mayor sostenibilidad, la tendencia general no se confinará al ámbito de la agricultura: otro sector que también empieza a responder al seísmo es el del transporte.

Mientras la sombra de los contagios sigue amenazando a la industria turística cuando escribo estas líneas y se hacen más patentes los gritos de protesta que exigen reducir las emisiones de carbono, algunas marcas de coches se afanan y compiten por cubrir las necesidades de los consumidores. Tomemos, por ejemplo, los vehículos utilitarios deportivos o SUV: desde 2010, la venta de estos enormes coches ha supuesto el 60 % del incremento de la flota global de vehículos[20], a pesar de su terrible historial como segunda mayor causa del incremento de emisiones globales a partir de ese año[21]. Existiendo informes que advierten del impacto devastador que tales tendencias podrían tener sobre objetivos climáticos vitales, está claro que el apetito mundial por vehículos más grandes y contaminantes requiere dar con una expresión menos dañina. Luego, ¿cómo está respondiendo el mundo empresarial?

Bien, aquí es donde interviene la tecnología limpia. Cuando Ford declaró en 2019 que produciría un SUV híbrido como anticipo de los primeros modelos de vehículos totalmente eléctricos, fue bienvenido por muchos como un paso en la dirección correcta. Sin embargo, el optimismo duró poco. Cuando en 2020 Ford hizo el anuncio de que volverían a producir el Bronco (un todoterreno que dejó de fabricarse en 1996), sin siquiera una versión híbrida, la protesta pública de ciertos sectores fue feroz y rápida. Calificado por la revista Vice de «monumento obsceno al negacionismo del cambio climático»[22], aquel artículo recogió la creciente impaciencia de muchos, incendiando un debate de por sí muy caldeado y centrado en los once mil millones de dólares que se esperaba que Ford invirtiese en «maquinaria limpia» antes de 2022[23]. Estos titulares reflejan y revelan parte del espíritu de la época que estamos viviendo y, cuando jefes de Estado empiezan a anunciar grandes planes para remplazar cientos de miles de vehículos gubernamentales por una flota de vehículos eléctricos (para que así marcas icónicas, por su elevado consumo de gasolina, pueden dejar atrás su pesado lastre), uno sabe que está en curso un épico «cambio de marchas».[24]

Con tantos cambios extendiéndose por sectores e industrias, ser sostenible (o, como mínimo, dar pasos concretos en la consecución de este objetivo) ya no sirve como elemento diferenciador, porque para muchos ya se ha convertido en la norma esperable. Donde una vaga señal de asentimiento hacia la Responsabilidad Social Empresarial (RSE) pudo en algún momento haber sido suficiente, ahora los consumidores esperan que las empresas encuentren y apliquen soluciones, sobre todo cuando su industria forma parte del problema. Pongamos Burger King de ejemplo, que en julio de 2020 sacó un controvertido anuncio con niños que llevaban sombreros de vaquero y cantaban a la tirolesa mostrando cómo las ventosidades de las vacas (o, más específicamente, el metano) contribuían a aumentar el calentamiento global. Pese a los esfuerzos por darle nombre al problema, reconducir la conversación y animar a los granjeros estadounidenses a cambiar la dieta cárnica y reducir las emisiones, la campaña sobre el menú vacuno fue rápidamente objeto de ataques, no solo por esa imagen condescendiente que daba de los ganaderos, sino también por hacer la afirmación no confirmada (favoreciendo un estudio científico que todavía estaba siendo objeto de revisión) de que las ventosidades y no las flatulencias eran las culpables del daño[25]. Aunque algunos se quejaron del postureo ético (del que hablaremos en el capítulo quinto), el intento por educar a los consumidores sobre el impacto medioambiental de la carne de vacuno, y la sugerencia de un posible curso de acción, manifiestan el deseo de dar un paso, aunque torpe, en la dirección correcta.

Hablando de mi generación

Aunque trabajadores de todas las generaciones parezcan estar buscando negocios más ecológicos, los «mileniales» se sitúan por delante de la curva, de los cuales casi un 40 % acepta ofertas de trabajo después de conocer las credenciales ambientales de las empresas[26]. Dado que casi la mitad de ellos también manifestó públicamente su apoyo o sus críticas a las acciones de sus jefes respecto a problemas sociales clave[27], y que las principales marcas cada vez más adoptan alguna postura sobre temas primordiales, está más claro que la RSE tal vez no esté a la altura en la tarea de atraer y retener nuevos talentos. A la luz de las protestas de 2019 por los cambios climáticos que encabezaron los jóvenes y que se calcula que congregaron a más de 7,6 millones de personas en 185 países[28], Klaus Schwab, fundador del Foro Económico Mundial (FEM), podría haber estado en lo cierto cuando sugirió que la respuesta mundial al coronavirus ha sido una «prueba de fuego para el capitalismo de accionistas»[29].

Cuando se trata de evaluar la validez de las afirmaciones hechas por organizaciones sobre su impacto social y medioambiental, ninguna cohorte de población es más sagaz o crítica que la de la Generación Z o las de las generaciones «mileniales». Aunque históricamente las empresas hayan sido conscientes del coste de cualquier aporte económico al erario público –optando en lugar de eso por donar cantidades mínimas a causas benéficas (y aprovecharse así de las ventajas fiscales)–, este grupo exige cada vez más que los patrones respalden con hechos sus palabras y acrediten sus valores de dentro afuera, sobre todo cuando las cosas se ponen feas. Esta exigencia de un liderazgo empresarial responsable es especialmente trágica, dado que las empresas más tocadas financieramente también tienden a ser las que más invirtieron en negocios que «lo hicieron bien»,[30] y porque durante la pandemia de coronavirus fueron precisamente las generaciones más jóvenes las que sufrieron el golpe más fuerte.[31] Aunque perdonemos el confundir esas tendencias y creer que son relativamente nuevas, en realidad los signos de disensión han sido aparentes desde hace muchos años para aquellos que fueron lo bastante valientes como para querer mirar.

Desde estudiantes que someten a presión a los grandes bufetes de abogados hasta prácticas y políticas de protesta[32], pasando por trabajadores implicados en huelgas multitudinarias que exigen igualdad de sexos y justicia racial, los trabajadores más jóvenes cada vez se implican más en el activismo laboral de toda clase de industrias, algunos con resultados espectaculares. En 2021, tras años de protestas y huelgas por parte del personal de Google, un grupo de doscientos veintiséis empleados decidieron que ya había sido suficiente y constituyeron un sindicato con la esperanza de asegurar la aplicación del lema de la empresa «no seas malo» mediante un trabajo justo y unas prácticas éticas[33]. Aunque se trate solo de un ejemplo y todavía quede por ver el efecto que estas intervenciones tienen a largo plazo, sea enfrentándose a empresas gigantes o a negocios locales, este clima de responsabilidad está cambiando el rostro del comercio tal y como lo conocemos.

Más allá del alcance de la mermada Responsabilidad Empresarial, los profesionales jóvenes están indagando en la identidad de los negocios para los que trabajan, y dan voz y denuncian prácticas poco éticas cuando las descubren.

Aunque las campanas estén tocando a duelo para algunos, en el caso de las organizaciones cuyo cometido sea un mejor rendimiento ambiental, social y un buen gobierno (ASG), los beneficios obtenibles son significativos. Desde atraer a jóvenes talentos y conseguir un mayor compromiso de los trabajadores una vez contratados[34], hasta el que los accionistas obtengan mayores beneficios por el desempeño de un papel positivo en la sociedad[35], aquellos negocios lo bastante valientes como para hacer el cambio ya obtienen beneficios en virtud de hacer el bien.

Incluso el sector de las finanzas, reconocible por su escaso liderazgo ético y progresista, ha tomado nota. Antes de que el Banco de Inglaterra recibiera una orden gubernamental de comprar bonos «verdes»[36], la Autoridad de Conducta Financiera del Reino Unido ya había dado pasos proactivos para prevenir cualquier lavado de cara y oponerse a las empresas que hicieran propaganda engañosa sobre inversiones sostenibles[37], mientras que desde 2019 la Comisión Europea ha dispuesto que los asesores tengan «en cuenta los riesgos para la sostenibilidad en el proceso de selección de productos financieros presentados a los inversores antes de prestar cualquier asesoramiento, sin tener tan en cuenta las preferencias de sostenibilidad de los inversores»[38]. Estas empresas de asesoramiento financiero que integran consideraciones de buen gobierno en su enfoque, no solo manifiestan el compromiso de la industria por alinearse con el plan de acción de la Unión Europea, sino que también plantean un mensaje claro: que las inversiones éticas ya se han generalizado. El apetito de los consumidores por servicios sostenibles se materializa en un auge de lo ecológico, de los productos bancarios digitales –como Good Money y TreeCard– y, dado que los consumidores nacidos entre 1981 y 2012 constituirán el 72 % de la mano de obra en el año 2029[39], está claro que integrar la ASG en la propia estrategia empresarial –desde las cadenas de suministros o el desarrollo de productos hasta la financiación de recursos humanos (RH)– resultará vital para reclutar otros negocios, y conservar y desarrollar talento procedente de esta creciente población activa.

Pero no solo va a cambiar la contratación de empleados y la estructuración del negocio. Cuando el 87 % de las empresas subraya el aumento de las expectativas de los clientes como elemento comercial perturbador primario, o las conversaciones públicas y privadas se centran en el estado de nuestro futuro colectivo,[40] la creciente riqueza (e incentivos financieros) de los consumidores más jóvenes también ejercerá una presión creciente sobre las empresas para que cubran sus necesidades de forma más consciente, siempre tuteladas por valores. Durante la tercera ola del coronavirus, el barómetro de Kantar, que recaba la opinión de más de 30.000 personas en más de cincuenta mercados, halló que la cohorte poblacional entre 18 y 34 años, no solo mostraba una mayor consideración por las marcas dependiendo de sus actuaciones, sino que también tenía depositadas mayores expectativas en que esas marcas adoptasen una actitud más proactiva con la sociedad y sus ciudadanos[41], si bien esta última predicción todavía no se ha demostrado. El Informe de Riesgos Globales de 2020, publicado por el Foro Económico Mundial, afirmó que, mientras que los más jóvenes atribuyen un mayor impacto a los riesgos sociales y ambientales de la prosperidad global, los líderes sociales y las empresas siguen a la cola a este respecto[42]. Sin embargo, solo es cuestión de tiempo que se vean obligados a ponerse al día. Se ponga el foco en los «mileniales» o en la Generación Z, son las normas e ideales de las nuevas generaciones las que conformarán un futuro todavía por habitar. A medida que los más jóvenes adquieran la mayoría de edad, este grupo será el que aporte su visión, sus expectativas y valores transformadores al mercado laboral y empresarial y, por supuesto, también a las urnas.

A medida que los más jóvenes adquieran la mayoría de edad, este grupo será el que aporte su visión, sus expectativas y valores transformadores al mercado laboral y empresarial y, por supuesto, también a las urnas.

Conductas «online»

Tras generar los confinamientos por el coronavirus resultados desastrosos en incontables industrias de todo el mundo, el enclaustramiento resultante también desencadenó un auge sin precedentes del comercio electrónico, de las plataformas de redes sociales y del consumo de medios de comunicación, reportando enormes beneficios a los gigantes tecnológicos de Silicon Valley. Aquel aislamiento forzado, no solo reveló (y reforzó) el grado en que Internet estratifica a la sociedad, sino que también ha consolidado la noción de que las compañías tecnológicas son una necesidad fundamental de la vida moderna. Desde el creciente negocio de videojuegos de prueba y adquisición, y las descargas de entretenimiento, hasta el uso generalizado de aplicaciones para la entrega a domicilio de la compra o la comida de restaurantes, nuestra dependencia de los servicios digitales –fundamentalmente en el trabajo, el ocio y el juego– ha cambiado la forma en que operamos, siendo la Generación Z, los «mileniales» y los hogares de renta más alta los que encabezan el cambio en su mayor parte[43].

Pero no se trata solo de la adopción acelerada de tecnología la que dio nacimiento a nuevas tendencias en la conducta del consumidor. Presiones externas tales como la disponibilidad limitada de productos y la falta de acceso a las marcas preferidas también determinaron relaciones más cambiantes entre marcas y consumidores. Con estudios que hablan de cambios repentinos de los consumidores en la compra de productos *online*, consumidores que pasan a dar preferencia a artículos que nunca antes habían comprado en canales digitales (en este caso, el 50 % de los consumidores)[44], y habiendo hallado otros estudios que el 40 %-50 % de los consumidores a nivel mundial cambian de tiendas, marcas o sitios web en ausencia de su opción preferida[45], se ha hecho rápidamente evidente que la sacrosanta lealtad del consumidor podría ser más frágil de lo que creíamos. Incluyamos en la ecuación el deseo de una mayor comodidad y control, el deseo de explorar nuevas marcas y productos poco familiares y tendremos una fisura que se agranda cada vez más entre aquellos negocios que responden con agilidad a estas tendencias y los que no.

Aunque los negocios con capacidad de adaptación mantienen el tipo y se aprovechan de tales conductas indagatorias, muchos otros perderán en el proceso. Tomemos, por ejemplo, la industria cinematográfica. Como un 96 % de los clientes de todo el mundo consumen ahora más medios digitales desde el inicio de la pandemia (un 60 % ve más noticias, un 52 % descarga o ve más vídeos y películas *online*)[46], nuestra apetencia por lo virtual también ha transformado las expectativas sobre cómo y dónde consumimos entretenimiento. Cuando los cines se vieron obligados a cerrar sus puertas indefinidamente, los estudios cinematográficos –desde Disney y Universal hasta Sony y Paramount– tomaron la atrevida decisión (algunos dirían que obvia) de estrenar algunas de sus películas recurriendo a descargas de pago para que los espectadores tuvieran acceso a través de las plataformas digitales, muchas de las cuales habían sido hasta este momento sus competidores directos. Dada la renuencia de gran parte de los cinéfilos a aventurarse de nuevo en espacios públicos cerrados, la decisión fue por lo general bienvenida entre los amantes del cine y, en algunos casos, incluso acabaron batiendo récords de audiencia. Cuando

Sony Pictures vendió *Greyhound* (película sobre la Segunda Guerra Mundial protagonizada por Tom Hanks) a Apple por 70 millones de dólares, *Deadline*, sitio web de noticias sobre Hollywood, consideró aquellas ganancias «similares a las de la recaudación de un gran estreno de verano»[47].

Pese (o quizá debido a) este éxito, la decisión de abandonar los locales físicos a favor de sus contrapartidas virtuales desató predeciblemente la ira de muchos cines, y así AMC y Cineworld prohibieron la emisión de películas de Universal Studios una vez que los cines reabrieron sus puertas. Probablemente temían lo que todos sospechábamos: los nuevos hábitos son difíciles de desarraigar y, una vez que le tomamos el gusto a la comodidad de las películas a demanda, los negocios que no lograran reinventarse podrían verse relegados, igual que los videoclubs (destino que no fue el de AMC: acabaron llegando a un acuerdo con Universal para estrenar con antelación películas *online*)[48].

Fuera de la gran pantalla, el aumento en el consumo de medios de comunicación también ha generado oportunidades para llegar y conectar con clientes en un contexto distinto y más personalizado. Siendo prioritario para muchos el acceder a un contenido de confianza, la capacidad de evaluar y discernir el ámbito apropiado en el que, por ejemplo, meter un anuncio, puede suponer la diferencia entre el éxito y el fracaso y, en último término, el del producto o servicio. Dada la masiva migración de consumidores al comercio electrónico y nuestra mayor dependencia de la publicidad digital, vale la pena preguntarse en qué consisten esos contextos persuasivos. Esto es exactamente lo que Adobe y YouGov se propusieron descubrir en un estudio que examinó siete creencias sobre la credibilidad.

Para evaluar el grado de atractivo, credibilidad, confianza y relevancia con que se percibían los vídeos publicitarios, así como si estos vídeos conseguían que los consumidores quisieran saber más o comprar, el estudio reveló que los anuncios que optaban por emitirse en canales prémium se consideraban un 20-50 % más creíbles que los que aparecían en canales de otro tipo. Quizá de manera inesperada, todos los indicadores clave de rendimiento (KPI) de los anuncios en televisión también fueron mejor considerados por los encuestados menores de treinta años, mientras que los anuncios que aparecían en Facebook e Instagram tuvieron una peor valoración en todos los parámetros que los de Twitter[49]. Una tendencia similar se reflejó en los anuncios digitales: aquellos que aparecieron en sitios prémium y en canales de distribución de contenidos audiovisuales tuvieron una mejor acogida, superando en rendimiento a los mismos anuncios emitidos en canales de contenido generado por el usuario (fotografías, vídeos, entradas y artículos), en que el número de clics de acceso a los anuncios fue, respectivamente, 2,3 y 4,5 veces superior que en canales que no eran prémium en móviles y ordenadores de sobremesa.

No obstante, la publicidad no es la única área en que la confianza desempeña un papel cada vez más prominente. Estando a un nivel muy bajo –incluso antes de la pandemia de coronavirus–[50] la confianza global en las instituciones sociales gubernamentales, en las instituciones del mundo empresarial y de los medios de comunicación, y en las organizaciones no gubernamentales (ONG), no se debe infravalorar la importancia de generar confianza en todo el ecosistema empresarial (como se verá en el capítulo 2). La marea ha cambiado de dirección y, con ella, la dinámica del consumo. Frustrada por ese lento ritmo de cambio, la gente cada vez vota más con los pies –virtuales, eso sí–, incluso en ámbitos donde la fricción es máxima. El aviso del cambio, a medida que miles de consumidores abandonan WhatsApp por otras plataformas de mensajería más seguras como Telegram o Signal, ha quedado claro: la batalla por ganarse la confianza, sobre todo en lo que se refiere a la seguridad de los datos, será una de las más sangrientas de esta década.

Una transformación digital

Para la mayoría de las empresas, ambigüedad y beneficios no son buenos compañeros de viaje. A menos que uno se dedique a la industria del comercio, no es probable que los mercados volátiles inspiren confianza a la hora de emprender acciones decisivas, aunque sea especialmente en esas condiciones en las que la claridad de liderazgo, y la visión de futuro y de intenciones lleven a una empresa a desarrollar esas requeridas capacidades de resiliencia. Históricamente, durante las recesiones es cuando la mayoría de las empresas suelen triunfar o fracasar por completo, sobreviviendo con éxito solo una de cada tres a los cambios revolucionarios[51]. En 2020, a pesar del riesgo sustancial para la infraestructura informática y la ciberseguridad[52], las empresas desplegaron su capacidad de trabajar a distancia a tal escala y con tal urgencia que se puso en evidencia su pánico al hacerse conscientes de lo que podría pasar si no lo hacían. Empresas que habían evolucionado a regañadientes, resistiéndose a la transformación digital o hallando excusas para no hacerla, de repente se enfrentaron a un pronóstico sombrío de lo que podría esperarles si no cambiaban.

Desde luego, en tiempos de confinamiento nuestra dependencia de la tecnología para cubrir necesidades tan variadas como el contacto social, el acceso a la educación y la comida supuso que para muchos se convirtiese en el fulcro del que dependía el equilibrio de nuestras vidas. Sin embargo, la crisis también ofreció una oportunidad radical para la resiliencia digital. Dado que el 75 % de los ejecutivos considera urgente la transformación digital a raíz de la pandemia de coronavirus, y que un 65 % de ellos anticipa un incremento en las inversiones en esta área[53], la adopción acelerada de la automatización, del análisis de datos y de las herramientas digitales, no solo hará más honda nuestra dependencia de la tecnología, sino que transformará el modo (y el dónde) de hacer negocios en el futuro.

En la actualidad el rápido desarrollo de tecnologías de reconocimiento de voz y realidad mixta (virtual o aumentada) parece dispuesto a cambiar la forma en que nos comunicamos, lo cual, junto con la comodidad de las videollamadas, hace que algunos se planteen si medios previos a la pandemia, como los centros de teleoperadores, podrían ser pronto cosa del pasado. A medida que tecnologías más avanzadas nos permitan experimentar interacciones más ricas y verdaderamente multicanal con nuestras marcas favoritas, seguirá diluyéndose la frontera entre las experiencias de clientes digitales y físicos. Por lo pronto, en China las empresas han visto cómo sus ingresos aumentaban un 10-30 % como resultado de que el personal de ventas tratara con clientes locales a través de las redes sociales[54], y es solo cuestión de tiempo el que la mixtura de lo virtual y lo físico ya no sea una excepción, sino la norma.

¿Cómo crear una relación de apego y un propósito común en una mano de obra ágil pero atomizada?

Tanto si se emplean estadísticas avanzadas para predecir la demanda diaria de un producto específico, como si se integran *bots* conversacionales para automatizar las recomendaciones dadas al cliente, o se invierte en el Internet de las Cosas (IdC) para la ejecución de operaciones, no habrá ningún aspecto de los negocios en que este renacimiento tecnológico no influya. No obstante, para que las empresas prosperen a largo plazo, debemos desvelar la psique humana y explorar las dinámicas del comportamiento que se están configurando (y surgiendo) en este momento. ¿Qué suponen estos cambios para la cultura de nuestras empresas?

¿Qué tendencias del consumidor debemos entender a fin de contextualizar e interpretar las opiniones de los expertos basadas en datos? ¿Cómo crear una relación de apego y un propósito común en una mano de obra ágil pero atomizada? En vista de estos cambios brutales, serán las opiniones, la creatividad y el sutil conocimiento del comportamiento humano los que nos permitan de veras cultivar la resiliencia. La tecnología quizá sea un estupendo facilitador, pero, si queremos lograr algo de valor real, pondremos nuestras herramientas al servicio de algo superior: un propósito y un significado en los que hallemos una satisfacción más profunda, sea como empleados, accionistas o clientes.

En vista de estos cambios brutales, serán las opiniones, la creatividad y el sutil conocimiento del comportamiento humano los que nos permitan de veras cultivar la resiliencia.

Claves

- La resiliencia o tenacidad consiste en desarrollar habilidades psicológicas para enfrentarse a la adversidad, y se desarrollan replanteándose los fracasos como forma de enseñanza positiva, cultivando el optimismo, aprendiendo a regular las emociones, y viviendo conscientemente y de acuerdo con los valores propios.

- Al enfrentarnos a la adversidad, si es posible, conectemos con un sentido más profundo para experimentar ese crecimiento que mejore nuestro aprecio por la vida, aumente nuestras capacidades personales y nos conduzca al desarrollo y la sabiduría.

- La pandemia de coronavirus ha acelerado muchos cambios en la conducta del consumidor, desde un creciente interés por alimentos locales de comercio sostenible y su clara procedencia hasta por productos y servicios que reflejan el estilo de vida y los ideales de los clientes.

- La Generación Z y los «mileniales» exigen que las marcas comerciales y sus dueños rindan cuentas de sus acciones, y son una fuerza clave en el impulso y cambio de la cultura organizativa. Preocupados por aspectos sociales, creen que las marcas se deben involucrar proactivamente con la sociedad y sus ciudadanos, y prefieren trabajar con empresas cuyos valores se adecuen a los suyos (y comprarles a ellas).

- Preocupaciones de naturaleza ética y sostenible están generando grandes cambios en las industrias, puesto que las empresas están dejando atrás el concepto de RSE en favor de estrategias ASG.

- Siendo muy baja la confianza global en las instituciones sociales del Gobierno, en el mundo empresarial, en los medios de comunicación y en las ONG, la confianza es uno de los factores más fundamentales para el éxito a largo plazo de cualquier empresa.

Capítulo segundo

Exigimos más

«En tiempos difíciles se despierta un deseo instintivo de autenticidad».

COCO CHANEL[55]

Y ¿quién eres tú?

Rondaba el año 1920, Londres, un día más, gris y deprimente. En el rutilante concesionario de Rolls-Royce de Mayfair, los vendedores estaban a lo suyo, prodigando atenciones a los acaudalados y potenciales clientes, cuando entró un hombre de aspecto anodino, casi desaliñado y de ropa nada pretenciosa. Tras recorrer toda la sala con la mirada, localizó un Rolls-Royce Phantom II Tourer y se dirigió a un joven vendedor para preguntarle por el coche. El vendedor, tras echarle un vistazo desestimó su potencial como cliente e invitó al intruso a abandonar el local. Impertérrito, el caballero llamó al encargado y sin demora anunció: «Me quedaré todos estos», señalando los siete relucientes coches que tenía allí delante.

Aquel no era un hombre corriente. El coleccionista se presentó: era el marajá de Alwar y, tras concluir la compra, exigió al proveedor una condición, que no fue otra que el que el vendedor que lo había desairado escoltara los coches personalmente hasta la India. Naturalmente, el vendedor se mostró encantado y sus amigos envidiosos. Así que se embarcó en una larga travesía hacia el continente y, el día acordado, dispuso los coches orgullosamente aparcados delante del palacio. Cuando el marajá por fin se dignó a aparecer, mandó, señalando los coches, que el ayuntamiento los usara para el servicio de recogida de basuras. Claro está, aquella noticia sobre el asistente «humillado» por tener que cumplir tan bajos menesteres corrió como la pólvora. Se dice que fue un duro golpe para la reputación de Rolls-Royce.

Sea real o inventada, esta historia de venganza diferida ejemplifica, no solo el dolor generado por el rechazo y la discriminación, sino también hasta dónde podemos llegar para corregir el haber sido cruelmente despachados. También nos recuerda que incluso las marcas más prestigiosas no son inmunes a tal destino, tema que saqué a colación al entrevistar a Tomas Chamorro-Premuzic, escritor y catedrático de Psicología de la Empresa en la Escuela Universitaria de Londres y en la Universidad de Columbia. Cuando le pregunté qué podían hacer las marcas cuando cometen errores, me dijo: «Es muy difícil arreglar las cosas... La confianza y la credibilidad tardan mucho en adquirirse. Existe una razón por la cual las marcas más prestigiosas llevan tanto tiempo con nosotros. Han sido constantes y coherentes, asumen unos principios muy claros y proyectan una imagen diáfana». Aunque pocos podríamos equipararnos al prestigio y la riqueza de un marajá, sí tenemos poder para divulgar y amplificar esas historias de mala conducta cuando las descubrimos, razón por la cual, como advierte Tomas: «Una mínima irregularidad puede acabar con tu reputación». Entonces, ¿qué pueden hacer las empresas para adquirir una reputación resiliente y reducir al mismo tiempo la posibilidad de que las cosas se tuerzan? Todo es cuestión de confianza.

Fundamental para mantener relaciones personales felices y eficientes[56], la confianza no solo permite establecer unos vínculos más positivos y gratificantes con amigos y seres queridos, sino que también desempeña un papel capital en nuestras relaciones con las organizaciones. Desde afianzar el compromiso y el aprecio por una marca, hasta consolidar la lealtad de los clientes y la resiliencia ante información negativa, la confianza es vital para una buena relación entre marcas y clientes. También es el ingrediente mágico para que los clientes perdonen a las marcas cuando cometen errores.

En un momento en que la mismísima urdimbre de la sociedad global se ve sometida a tensión y nuestra capacidad para el cambio se ve puesta a prueba, es la capacidad para entender, dar prioridad y forjar relaciones de confianza la que nos permitirá colaborar con mayor entendimiento y orientación a fin de crear un futuro más esperanzador que el presente en que vivimos. Para desarrollar mayor resiliencia, no solo empresarial sino también social e internacional, necesitamos perspectivas creativas y audaces con las que trabajar y encaminadas hacia ese fin, sobre todo en momentos de convulsión, cuando la angustia conduce fácilmente a la apatía, al miedo y la depresión. En efecto, al preguntarle a Dan Pink del New York Times y escritor de grandes éxitos qué cualidades consideraba claves para la resiliencia empresarial, me respondió: «Hay que ser tolerantes ante la ambigüedad. El mundo es sombrío, siempre ha sido así, pero hoy en día esa lobreguez (y el miedo que suele acompañarla) es incluso mayor. En vez de exigir falsas certezas, es mejor aceptar la ambigüedad y entender que siempre tomaremos decisiones basadas en información insuficiente, y entre varias y diversas opciones, imperfectas».

Sin la comodidad de un camino despejado, en vista de esta ambigüedad abrumadora es habitual que los líderes con una visión tangible, con poder para iniciar cambios y determinación para alcanzar el éxito, tomen las riendas y configuren el futuro tal y como se lo imaginan (para bien o para mal). Aunque cambiar de táctica en estas condiciones volátiles del mercado tal vez parezca arriesgado, para aquellos que tengan el valor de hacerlo puede ser el momento perfecto de revaluar y re-encauzar su negocio sobre unos principios más profundos. Si, como sugieren los estudios a nivel mundial, las prioridades de los consumidores están cambiando a un nivel profundo y sin precedentes, entonces reflejar los valores que impulsan dichos cambios es una forma estupenda de que las organizaciones atraigan y retengan el mejor talento, además de mantener su relevancia entre los consumidores. Tras la gastada fachada de la Responsabilidad Social Empresarial, los negocios ya se aventuran a abrazar conceptos más ricos y con más matices sobre la identidad y misión de las marcas. Desde estrategias consolidadas como «compra un par y regala otro» de Toms Shoes y Warby Parker, hasta la labor de marcas activistas como Patagonia y Ben & Jerry's, no deja de crecer el número de negocios que reconocen el valor de los beneficios cuando existe un propósito.

Por ejemplo, el creciente número de negocios que han recibido la certificación de Empresas B (compañías que cumplen los más altos estándares ambientales, sociales y de buen gobierno, además de ejercer responsabilidad legal y transparencia pública para equilibrar propósitos y beneficios) refleja un deseo agudizado del mundo por comprar, trabajar e invertir en empresas en las que creamos. En el momento en que escribo estas líneas, considerado ese proceso de certificación como la «forma más poderosa de generar credibilidad, confianza y valor para un negocio», las Empresas B agrupan marcas tan diversas como Hootsuite, Allbirds o Eileen Fisher. Siendo ya más de 3.821 los negocios con esta calificación, su liderazgo parece listo para seguir creciendo[57]. Sin embargo, los miembros de este colectivo pionero no son los únicos que tienen en consideración el momento. Dado que un 81 % de los «mileniales» espera que las empresas hagan pública su ciudadanía corporativa[58], y que el 73 % está dispuesto a pagar más por bienes y servicios sostenibles[59], no sorprende que la ética, el impacto social, la personalidad genuina de las marcas y el tratamiento a los empleados se consideren los medios más influyentes para mejorar la reputación[60]. Atrás quedaron los tiempos en que un producto solo tenía que cumplir lo que prometía la etiqueta para satisfacer al cliente. Ahora, tal y como predica el Instituto de Reputación, los negocios deben ser más que la suma de sus partes para tener éxito. Mejor dicho, su reputación se debe basar, no solo en la calidad de los productos, sino en una influencia social positiva, en actos de equidad y en una ética de conducta[61].

Por buena conducta

La noción de práctica empresarial ética (y su impacto en la confianza y el valor percibido de las marcas), que en algún momento fue toda una declaración por parte de aquellas organizaciones bienintencionadas y ONG deseosas de sacrificar beneficios por un buen propósito, finalmente se ha abierto paso, y por una buena razón, en las salas de juntas de las corporaciones que más se mueven por los beneficios. En una extensísima encuesta *online* a 40 multinacionales habituales en el Reino Unido, Alemania y Estados Unidos, Edelman descubrió una poderosa dinámica entre los conceptos de ética y competencia en el cultivo de la confianza[62]. Refiriéndose por competencia a la capacidad (ser bueno en lo que uno hace), por ética al propósito (conseguir un impacto positivo en la sociedad), y por integridad (ser honrado) a la fiabilidad (mantener las promesas), el estudio halló que ninguna institución –ONG, Gobiernos, industrias o medios de comunicación– se consideraba competente y ética. Los datos fueron abrumadores. Aunque la única institución juzgada como competente fue el mundo empresarial, la industria no logró satisfacer las expectativas éticas de los encuestados (solo las ONG cumplieron ese estándar, pero a su vez fracasaron en lo que se refería a cumplir las expectativas de competencia).

Estos resultados tal vez no parezcan especialmente sorprendentes, pero, como se consideró que la ética era tres veces más importante en la mejora de la confianza empresarial que la competencia, a fin de que los negocios sigan siendo atractivos a largo plazo para los consumidores, la práctica ética debería ir por delante y ser su centro de operaciones. Desde luego, aunque la utilidad, los precios y la conveniencia sigan siendo los motivadores primarios de muchos consumidores –dependiendo del contexto y de la categoría de la compra–, el estudio reveló que un 64 % de los clientes ya se consideraban compradores motivados por creencias. Dado que esta mayoría elegirá, cambiará, evitará o boicoteará las marcas basándose en la postura que estas adopten frente a los problemas sociales, queda claro que apoyar algo (o el coste de no hacerlo) es un elemento que las marcas no pueden pasar por alto.

¿Y qué significa esto en términos prácticos? Cuando se trata de entender a los clientes, el estudio identificó tres segmentos clave: líderes, seguidores y espectadores. Como es fácil de adivinar, la gente consideró «líderes» a aquellas personas con creencias poderosas y apasionadas, y que se expresaban en parte a través de las marcas que compraban. Los «seguidores» fueron más flexibles y comunicaron que cambiarían sus patrones de compra dependiendo del artículo y de la marca; mientras que los «espectadores» no hicieron compras motivadas por creencias ni castigaron a las marcas que adoptaron alguna postura. Si bien es útil como esquema para entender y segmentar a las personas motivadas por creencias (lo que estudiaremos al hablar de valores en el capítulo 5), este enfoque no aborda el modo de sortear los riesgos endémicos de categorizar a los consumidores en tales términos.

A medida que más clientes llegan al ámbito de líderes y seguidores, los empresarios se afanan por no quedarse atrás, y aquellos que estén a la cola se convertirán en presa fácil de lo que alguien describiría como una espectacular e implacable «cultura de la cancelación». No solo la cultura de la cancelación afecta a las compañías mal aconsejadas (también incontables celebridades y personas normales han acabado así de mal), sino que esta peculiaridad de nuestros tiempos se extiende al boicot social y profesional que supone el retiro del apoyo social a la entidad que se considera que ha violado las normas de justicia social. Sea grande o pequeña la transgresión, reciente o pasada, marcas y personas infractoras soportan un juicio implacable en los medios de comunicación y en las redes sociales, y su reputación y postura social quedan tan irreparablemente dañadas que su capacidad de participación en la vida pública y económica acaba «cancelada» por aquellos que someten sus faltas a escrutinio.

Sea a favor o en contra de tales escarmientos, el estigma y el ostracismo constituyen un aprieto que la mayoría trata de evitar. Visto desde esa óptica, ¿qué pueden hacer las empresas para evitar ese final cuando cometen errores? Bueno, cuando se produce una ruptura también hay espacio para la reparación, pero solo si somos capaces de entender la naturaleza y extensión de los daños. Cuando la confianza se ve dañada puede minar incluso las relaciones más sólidas, provocando, no solo la decepción de los clientes (y en casos extremos, su rabia), sino también una pérdida de ventas y de ventaja competitiva[63]. Para que los negocios eviten estos daños es absolutamente vital identificar los signos premonitorios y llegar a acuerdos antes de que las cosas se descontrolen. Tanto si se emplean herramientas sociales para escuchar, por ejemplo *bots* conversacionales o a clientes en vivo, la primera línea de defensa casi siempre es verbal. Los clientes hallarán medios para decirnos (o bien a otros) con qué están descontentos, pero lo que se elija hacer con esa información será lo que establezca la diferencia entre un cliente leal y una relación perdida. Cuando se trata de reclamaciones, existen varios métodos para abordar el problema, desde disculpas, negaciones y promesas, hasta dar explicaciones, compartir información o hacer campañas publicitarias. Sin embargo, no todas las estrategias son iguales.

Objeto de controversia pública, la compañía United Airlines ha estado en ciertos momentos bajo los focos por la decepcionante actuación de su servicio al cliente y por el mal trato dispensado a sus pasajeros: desde hechos que derivaron en el famoso vídeo viral «*United Breaks Guitars*»[64], hasta la prohibición del acceso al avión a dos chicas adolescentes por llevar puestos calentadores mientras viajaban con un pase de viaje de empleadas (que exigía un código de vestimenta)[65]. En el 2017 la compañía aérea incluso superó su deplorable historial en una caída en picado que le costaría algo más que la reputación. Tal y como se informó a Inc.com, habiéndose dado un caso de sobrecontratación en un vuelo, el personal de cabina de United Airlines pidió a varios pasajeros que desembarcaran voluntariamente para dejar su sitio a la tripulación de reserva. Según un testigo, «eligieron personas al azar para que se bajaran», hasta que le tocó al doctor David Dao, quien se negó a abandonar la nave puesto que al llegar a destino tenía pacientes que atender en el hospital[66]. Lo que se podría haber quedado solo en eso se complicó y la situación se les fue de las manos, hasta que los pasajeros, preocupados, gritaron protestando porque se estaba forzando al médico a salir y lo arrastraron fuera tres guardias de seguridad. Sin dejarse intimidar por las quejas de la gente, los guardias sacaron violentamente al médico del avión y este sufrió la rotura de la nariz, la pérdida de varios dientes y una conmoción, lesiones tan graves que obligaron a su ingreso en un hospital para recibir tratamiento (lo cual no deja de ser irónico).

Todo el drama fue grabado en vídeo por otros pasajeros e inmediatamente se hizo viral. Internet quedó en suspense en anticipación a cómo respondería la aerolínea. Pasó el tiempo y United finalmente emitió una disculpa: no por el horrible tratamiento dispensado a un cliente inocente que había pagado su billete, sino por (y cito) «el problema de sobrecontratación». Tras declarar que «para más información sobre el cliente al que se le hizo bajar del avión deberían dirigirse a las autoridades», la declaración causó tal escándalo que la gente inundó Twitter con un aluvión de *memes* denunciando el extraordinario comportamiento de la compañía aérea y muchas empresas anunciaron que nunca más volverían a trabajar con United. Por lo que podría haber sido un escándalo totalmente evitable, United Airlines acabó pagando una compensación multimillonaria al doctor Dao[67], cuyo libro *Dragged Off*, escrito posteriormente, documentó «los múltiples pero significativos actos de discriminación racial en el camino a la consecución del Sueño americano»[68]. La moraleja de la historia (aparte de no apoyar la violencia injustificada) es que los desmentidos se identifican normalmente con negativas y las disculpas no consiguen recuperar la confianza de los clientes, a menos que sean sinceras[69], explícitas e incondicionales[70].

Cuando la confianza ha sido traicionada, compartir información y hacer promesas para resolver el problema también contribuye a la reparación, pero solo si la declaración es sincera y la promesa se apoya en evidencias que demuestren que se están haciendo progresos[71]. Con independencia de la estrategia elegida, para que cualquier método en que se hagan promesas consiga restablecer la confianza se tendrá que basar en una profunda comprensión de la naturaleza de los daños causados, de modo que se hagan las reparaciones adecuadas. Cuando, por ejemplo, la popular serie de los

Simpsons anunció que dejaría de usar actores blancos para dar voz a personajes negros[72], fue un claro ejemplo (aunque con retraso) del tipo de promesas y compromisos exigidos para reparar la injusticia racial en esa industria. Sin embargo, quizá no todas las intervenciones sean tan directas y sinceras, y, en muchos casos, recuperar la confianza perdida depende de un compromiso más complejo y completo consistente en la reestructuración de la organización, tal y como veremos en el capítulo 5.

Autenticidad

Tanto si lo que se busca es crear una conexión como reparar los daños causados, el fracaso o el éxito de toda estrategia depende de lo auténtica que sea percibida por el público. A pesar de haber sido exagerado e infrautilizado, el concepto de autenticidad (desde una perspectiva psicológica) se refiere a la cualidad de lo real, lo verdadero y genuino, y, en el contexto de las marcas, a la congruencia entre las normas y los valores de las compañías, y la congruencia de aquellos con sus clientes[73]. Desde un punto de vista filosófico y existencial, se trata del grado en que las acciones se adecuan a los deseos y creencias pese a la fuerza de las presiones externas. La mayoría tenemos un sentido intuitivo de lo que significa ser «sinceros» con nosotros mismos, aunque por distintas razones esa sinceridad sea difícil de conseguir (y en ocasiones costosa) de mantener. Cuando Ralph Waldo Emerson opinó que «ser uno mismo en un mundo que intenta constantemente convertirte en otra persona es el máximo logro»[74], apuntaba, no solo a uno de los retos más difíciles e invisibles que podamos afrontar con individuos, sino también a las dificultades que surgen en los grupos y estructuras que creamos. Aunque la capacidad de inhibir o suprimir ciertos aspectos propios resulte útil en ocasiones (no llegaríamos muy lejos si le gritáramos al jefe cada vez que nos enfadamos), tal y como ya abordamos con anterioridad, nuestra capacidad de vivir por y conforme a unas creencias y valores tiene efectos profundos y positivos, tanto en las vidas personales como en otros ámbitos.

Actuar con autenticidad, sin embargo, no requiere grandes gestos ni largas declaraciones sobre la propia misión empresarial. En el ámbito de los *influencers*, por ejemplo, incluso un simple acto como retratarse sin tener el cabello perfecto, sin maquillar ni usar filtros puede resultar subversivo. Entre todos esos *selfis* y actuaciones impecablemente ensayadas y meticulosamente iluminadas, no sorprende que destaquen entre la multitud estrellas como la humorista Naomi Watanabe. Tal vez más conocida entre las audiencias occidentales por su célebre aparición en *Queer Eye: We're in Japan*![75], no solo es la persona más seguida de su país (llamada la «Beyoncé japonesa» por una serie de imitaciones de famosos), sino que también es una abierta defensora de la positividad corporal en una cultura donde ese tema sigue siendo tabú.

Lo que resulta alentador es que, junto con las fotos de moda y prensa en tecnicolor que perlan su cuenta de Instagram, también sube fotos y vídeos de ella misma sin maquillar ni peinar para sus más de nueve millones de seguidores. Recuerdo un *post* en concreto que me llamó la atención durante la época de confinamiento. En un *selfi* a pantalla partida, la mitad izquierda mostraba el rostro de Naomi recién salida de la ducha, mientras que la mitad derecha mostraba su impactante *alter ego* al completo, con el cabello rosa neón y un maquillaje de colores chillones. En el texto que acompañaba a las fotos escribió que por la tarde saldría en vivo por YouTube a cierta hora y que, como sabía que mucha gente estaría comiendo sola, invitaba a fans y seguidores a unirse a su almuerzo con el lema «ven y come conmigo»[76]. Esta yuxtaposición de fotos, una sin filtros y otra perfecta, junto con aquella expresión genuina de amabilidad, tocó tanto la fibra sensible de la gente que el *post* en sí recibió más de 280.000 «me gusta». Pero no son solo los *influencers* los que tienen algo que ganar exponiendo una versión más completa de sí mismos.

Siendo ahora el teletrabajo una norma ampliamente adoptada, muchos somos conscientes del grado en que nuestras vidas e identidades (y las de los compañeros de trabajo, sin importar su grado de antigüedad) se extienden más allá de los personajes que llevamos al trabajo. Al intentar sobrellevar la delgada línea existente entre las esferas pública y privada, hemos sentado inadvertidamente las bases de cambios más profundos en el modo de relacionarnos con otros a nivel profesional. Fui consciente de esta realidad una tarde a finales de agosto de 2020, cuando llamé a la aseguradora Allianz en relación a una póliza. En vez de la musiquilla insistente habitual que esperaba encontrarme, al instante me dio la bienvenida un mensaje pregrabado en el que se avisaba a los clientes de que podrían oír de fondo mascotas o a familiares, dado que el personal teletrabajaba en sus casas para garantizar el servicio a los clientes. Me sorprendió (incluso me encantó) que la compañía hubiera identificado y aclarado la situación: me resultó refrescantemente humano y me hizo actuar de forma más abierta y sensible cuando un representante finalmente atendió mi llamada.

Pese a que esta anécdota proporciona una interesante instantánea sobre cómo proyectar autenticidad a los clientes en los puntos de contacto, mostrarnos «auténticos» en todos los aspectos de nuestro negocio es difícil de conseguir e incluso puede tener consecuencias no deseadas. En vista del riesgo y de la inversión económica, resulta tentador preguntarnos: ¿con qué finalidad? Bueno, desde la perspectiva de las marcas comerciales, la autenticidad percibida deriva en multitud de resultados apetecibles. Desde una mejoría de la relación entre marcas y clientes, o un aumento de la receptividad del público al mensaje de las marcas[77], hasta potenciar la confianza depositada en ellas[78] y la calidad percibida de sus productos o servicios[79], los negocios que actúan y se comunican con autenticidad están en disposición de adquirir una ventaja competitiva sobre los que no lo hacen. En vista pues de estos beneficios, no es de extrañar que tantas campañas publicitarias –desde «el sabor de lo auténtico» de Coca-Cola hasta el «*authentic athletic performance*» de Nike– hayan tratado de asumir ese tono.

Desde luego, seguro que las personas inteligentes habrán reparado rápidamente en la inclusión del término «percibida» junto al término «autenticidad». Tal vez el lector se pregunte: tratándose solo de la percepción, ¿por qué hacer un trabajo tan duro cuando uno se podría limitar a fingirlo? La respuesta tiene que ver con el estrés mental y la confianza. En la década de 1950, un psicólogo llamado Leon Festinger planteó la teoría de la disonancia cognitiva, según la cual, para moverse bien por el mundo real, los seres humanos se afanaban por mostrar coherencia psicológica interna[80]. Si los valores internos y el sistema de creencias se contradicen, o si nuestras acciones van en contra de nuestros ideales, el estrés psicológico que experimentamos es tan incómodo que intentaremos justificar ese comportamiento estresante modificando lo que hacemos, cambiando lo que pensamos de nuestras acciones o bien evitando aquella información y contextos contradictorios que podrían multiplicar nuestra sensación de disonancia. En el día a día esto se manifiesta en forma de malestar cuando, queriendo respaldar a alguien basándonos en el principio de inclusividad, de algún modo fracasamos; o cuando, habiéndonos comprometido a reducir la cantidad de basura, compramos en supermercados que lo envuelven todo en plástico.

El problema es que esta experiencia resulta dolorosamente familiar para muchos de nosotros. Pese al deseo de vivir conforme a unos valores, las tensiones y complejidades de la vida cotidiana dificultan estar a su altura en todo contexto. Llegados a cierto punto, seamos individuos o marcas, todos experimentaremos la brecha abierta entre valores y acciones: situaciones en las que los valores no se materializan sistemáticamente en acciones; ni tampoco en opciones de estilo de vida, comportamientos de consumo o decisiones empresariales. Cuando esto sucede, hay que reconciliar (y reducir la disonancia entre) conductas pasadas y presentes, cerrando así la brecha entre nuestras acciones y los valores con los que aspiramos a vivir. Aunque esto resulte complicado, podemos pedir a otros que nos echen una mano, de lo cual emana la confianza.

Quien esté familiarizado con el campo de la psicología sabrá que se han escrito bibliotecas enteras sobre los sesgos que gobiernan la conducta humana. Por más que lo intentemos y, estando mucho de lo que hacemos y pensamos gobernado por maquinaciones inconscientes, es un milagro que seamos capaces de cambiar algo nuestro comportamiento. Y, no obstante, podemos cambiar y, con un esfuerzo deliberado y coordinado, optar por cosas que reflejen las personas en las que nos queremos convertir. Como esto exige energía y compromiso, cuando el consumidor, en virtud de los valores compartidos, toma la decisión de confiar (y comprar) en una marca y no en otra, si la marca cumple su compromiso y permite al consumidor vivir de manera más acorde a sus ideales, se afianza una relación más duradera de confianza, credibilidad y lealtad. Conocido como identificación de los consumidores con marcas, esta adecuación cultural –donde las normas y valores de las marcas son congruentes con los de los consumidores– es también un importante controlador de la autenticidad de las marcas (tal y como vimos antes)[81], lo cual enriquece asimismo la relación entre esas marcas y los consumidores. Si se rompen tales promesas, el coste de la disonancia para el consumidor puede ser tan grande que nunca vuelva a comprar esas marcas.

Podemos optar por cosas que reflejen las personas en las que nos queremos convertir.

Volviendo a la pregunta sobre si hay que fingir: aunque realmente logremos manifestar autenticidad sin cumplir lo prometido, la mayoría de los consumidores están ahora tan bien provistos e informados sobre las marcas que respaldan sus valores que aquellas que no cubran sus necesidades con autenticidad terminarán quedándose atrás, no sin sufrir durante el proceso una buena dosis de humillación en las redes sociales.

Sin embargo, la disonancia cognitiva no se limita al ámbito de la conducta individual y de los consumidores. Desde reclamaciones sobre transparencia e igualdad salarial entre sexos hasta reclamaciones sobre sostenibilidad y prácticas de contratación inclusivas, no es raro oír historias sobre organizaciones que reivindican ciertos valores para atraer a accionistas y trabajadores, y luego no los cumplen. Si en otro tiempo este tipo de actuaciones se toleraba o incluso era lo esperable, dado que ahora la mayoría de los trabajadores se inclinan por apoyar a la Generación Z y a los «mileniales» que se rigen por valores, cualquier falta de coherencia de palabra o acción es desastrosa para las organizaciones que quieran atraer y retener talento. Luego ¿qué pueden hacer las empresas para conducirse con mayor autenticidad?

Unas palabras sobre la autenticidad

Muchos son los estudios que muestran las características expresables por las marcas para manifestar su autenticidad. Desde la autenticidad demostrativa (que depende de hechos objetivos basados en evidencias)[82], hasta la autenticidad icónica (producto de los sentimientos e imaginación del consumidor sobre la marca «que debería buscar»)[83], hay muchas cosas que una marca puede hacer para transmitir que es «auténtica» y diferente de sus competidoras. Tomemos por ejemplo una marca de cerveza artesanal de Barcelona que quiera transmitir un mensaje de autenticidad a sus consumidores. Podría anunciar que el lúpulo se compra a proveedores locales y se procesa en Cataluña (autenticidad demostrativa, basada en hechos), o diseñar un envase y una publicidad que reflejen la cultura y las asociaciones que sus consumidores podrían esperar de ese producto (autenticidad icónica, basada en impresiones). Como las percepciones de autenticidad se suelen basar tanto en hechos objetivos como subjetivos, un enfoque que incluya ambos probablemente tendrá más impacto.

Además, el concepto de autenticidad de marca también se divide en pasos prácticos rápidamente aplicables. En términos generales, para que una marca encarne esa autenticidad en el ámbito empresarial, sus valores y normas se expresarán de tres formas clave. Debe ser coherente y cumplir sus promesas como marca en cualquier punto de contacto con los clientes, demostrando estabilidad y continuidad mediante una declaración de objetivos respaldada por comportamientos previos. Toda marca actuará con honradez, haciendo alarde de credibilidad, de compromiso con la calidad y de un historial fiable. Por último, demostrará que es genuina actuando con integridad y sinceridad, expresando su individualidad sin sucumbir a presiones externas ni plegarse a cualquier tendencia. En resumen, si una marca consigue reflejar sus valores y normas fundamentales de forma coherente, mediante hechos y sentimientos, y expresándose con integridad, el público percibirá que es fiel a sí misma y responderá más favorablemente.

Como nuestro deseo de autenticidad es especialmente fuerte en tiempos de incertidumbre y cambio[84], tal vez no sorprenda que en la autenticidad de marca también influyan el continuismo y la nostalgia. Cuando la vida se torna difícil buscamos consuelo pensando que las cosas se resolverán, y una de las formas de consolarnos es con experiencias que resulten familiares y reporten tranquilidad. A la luz de la psicología, la nostalgia es un fenómeno curioso: la información agradable no solo se procesa con mayor precisión y eficacia que las cosas que nos disgustan[85], sino que cuando se cuentan historias nostálgicas también se emplean palabras y frases más optimistas que cuando se narran acontecimientos cotidianos[86]. Conocido como el Principio de Pollyanna[87], este sesgo de positividad que se manifiesta al pensar en el pasado, no solo nos hace sentir bien, sino que potencia el que nuestras vidas tengan sentido[88].

Por eso, cuando una marca cuenta con un legado y una tradición a sus espaldas, recordarle a la gente dicha historia en tiempos difíciles es una forma poderosa, emocionalmente intensa, de reconectar e inspirar. Bien sea comunicando proactivamente una historia sobre la marca, relanzando productos y embalajes antiguos, o reviviendo frases publicitarias clásicas, hay muchas formas de revivir la nostalgia que unen a los consumidores con sus marcas queridas. Uno de mis ejemplos favoritos es la historia de la charcutería de Nueva York Katz's, fundada en 1888 en el Lower East Side. Aquel barrio vibrante y bullicioso, hogar de millones de familias de inmigrantes llegadas no hacía mucho, congregaba todos los viernes en Katz's multitudes que acudían a comer sus famosas judías con salchicha. Este centro de reunión tan querido del barrio sobrevivió a la pandemia de 1918 y a la Primera Guerra Mundial; sin embargo, cuando llegó la Segunda Guerra Mundial, el reclutamiento obligatorio llamó a sus puertas y los tres hijos de los dueños fueron enviados a luchar al extranjero. Preocupada por si estarían comiendo bien, la abuela Katz decidió enviarles a sus nietos salamis cuidadosamente envueltos, el único alimento lo bastante duradero como para soportar los largos viajes postales en malas condiciones. La idea caló en el público y nació una nueva tradición, con un eslogan que era una invitación para todos los neoyorquinos: «Envía un salami a tu hijo en el frente».

Superadas la Gran Depresión, la Gran Recesión y el once de septiembre, esta famosa charcutería se ha visto atrapada por otra pandemia, la del coronavirus. Habiendo capeado toda suerte de tormentas en el pasado, Katz's se preparó para recibir el golpe y volvió a publicitar su viejo eslogan y, gracias a su asociación con Feed the Frontlines[89], hallaron nuevas formas de «enviar salami» a los más necesitados, en este caso, no a las tropas en las trincheras, sino a los médicos, enfermeros, profesores y trabajadores clave de Nueva York que estaban soportando unas condiciones de inseguridad alimentaria en el desempeño de su labor de proteger la vida de los demás[90]. Aunque en esta ocasión Katz's recibió financiación del Gobierno estadounidense, es poco probable que hubiera salido airosa de tan extraordinarios retos sin integridad, autenticidad y su acendrada reputación como centro de reunión del barrio.

Este sentido de continuidad de un legado, de poseer una historia que vincula inextricablemente el pasado de la marca con la de sus dueños y empleados, es otro factor clave que influye en cuán auténtica se percibe una marca. Al mantener el estilo y el modelo de actuación de la marca (su cartelería apenas ha cambiado desde su creación), y transmitir un legado y tradiciones, Katz's dejaba clara su autenticidad, un negocio que se podía confiar que superara cualquier crisis, generación tras generación de clientes.

Las marcas, empero, no precisan de tanta solera como Katz's para beneficiarse del sentido de tradición. De hecho, los estudios muestran que, incluso en ausencia de hechos objetivos, emplear un estilo de comunicación que haga hincapié en la tradición de la marca es suficiente para influir en su autenticidad percibida[91]. En el caso de empresas nuevas que no cuenten con una tradición de referencia, existen otras estrategias para transmitir autenticidad. Una de ellas es la comercialización, el grado en que un negocio está dispuesto a subordinar (o comprometer) sus valores y normas en aras de los beneficios. En mercados de competencia feroz, donde resulta tentador rebajar costes, es vital reparar en el hecho de que las conductas incoherentes dañan de forma irreparable la reputación de las marcas, razón por la cual una comunicación diáfana de los valores propios, y el compromiso de no marcarse solo como objetivo la rentabilidad, potencian el efecto de integridad[92]. Sea cual fuere la organización, ser percibidos como auténticos significa abstenerse de cualquier acción de comercialización cortoplacista que pueda socavar los valores, como, por ejemplo, testimonios de falsos clientes, afirmaciones sin fundamento y tácticas de fijación de precios sin amplitud de miras. También significa mantenerse lejos de campañas publicitarias agresivas, y no trabajar con herramientas y canales de distribución que vayan contra los principios fundamentales de la marca.

Ningún planteamiento sobre la autenticidad estaría completo sin hablar de los principales representantes de las marcas: los trabajadores. Cuando la cuestión es el modo en que se perciben las marcas, la pasión de los trabajadores desempeña un papel vital en la satisfacción de los clientes y en la experiencia general de las marcas. Si los trabajadores están intrínsecamente motivados, si manifiestan de veras amistad y entusiasmo, los clientes con los que interactúen atribuirán esa pasión a la marca[93], establecerán una asociación positiva y sentarán las bases de una relación más rica, larga y consolidada. Esto no solo contribuye a obtener una reputación más resiliente, sino que también establece vínculos emocionales más profundos con el consumidor, mejorando su lealtad, la intención de compra y la voluntad de pagar un recargo, y, fundamentalmente, aumentará su propensión a perdonar experiencias negativas con las marcas cuando las cosas se tuerzan.

Claves

- La confianza es fundamental para el buen funcionamiento de unas relaciones felices y, en el contexto empresarial, para incrementar la afección, el compromiso y la lealtad de los clientes con las marcas, así como la resiliencia del consumidor ante cualquier información negativa sobre una marca.

- Los desencadenantes más influyentes para mejorar la reputación de las marcas son la ética, el impacto social, el tener una personalidad genuina como marca y dar un trato justo a los empleados.

- Para que las disculpas funcionen, deben ser sinceras, explícitas y sin reservas. Las promesas se apoyarán en evidencias que demuestren el progreso conseguido.

- La autenticidad es vital para la reputación empresarial y se refiere a la adecuación cultural entre las normas y los valores de una compañía, y las normas y valores de sus clientes. La coherencia conlleva una identificación entre consumidor y marca, lo cual mejora la confianza, la calidad percibida de productos y servicios, y aumenta la receptividad de la gente al mensaje.

- Cuando los valores no se materializan en acciones se abre una brecha entre valores y acciones, y experimentamos disonancia cognitiva, que trataremos de resolver.

- Las marcas expresan autenticidad a través de hechos y evidencias (autenticidad demostrativa), o mediante impresiones y sensaciones (autenticidad icónica). Para que eso funcione, las marcas deben ser coherentes, honradas y genuinas.

- En períodos de incertidumbre es cuando aumentan el deseo de autenticidad y la nostalgia, y entonces es cuando los mensajes en torno a la tradición, el legado y la historia de la marca se tornan más poderosos. Se evitará comprometer las normas y valores de una marca en aras de los beneficios (comercialización), dando prioridad a transmitir pasión y entusiasmo por los empleados.

Capítulo tercero

Viviendo la buena vida

«La vida nunca resulta insoportable por culpa de las circunstancias, sino por la falta de sentido y finalidad».

VIKTOR FRANKL[94]

Del placer al propósito

Como especie estamos programados para buscar el placer y evitar el dolor. Desde ver en la tele nuestro programa favorito con una copa de vino, hasta perdernos por esos interminables túneles persiguiendo el conejo blanco de las distracciones de las redes sociales, esta dinámica, profundamente arraigada en nosotros, es una de las fuerzas más poderosas que impulsan el comportamiento humano. Esa es la razón por la que durante la mayor parte de nuestra historia hemos comprado y vendido productos y servicios específicamente pensados para aliviar el sufrimiento o aumentar el placer. El problema es que a menudo existe un inconveniente. Aunque la compra de esa preciosa bicicleta o de ese reloj de lujo nos proporcione una descarga de placer, en general estamos de acuerdo en que no suele aportar una felicidad duradera. Y, si bien la mayoría de nosotros estaría de acuerdo en que el confort y la libertad económica son importantes, cuando se llevan a la exageración, tales valores materialistas están relacionados con un sinfín de resultados desagradables.

Definido como un sistema de valores centrado en las posesiones que uno tiene y la imagen social que proyecta, el materialismo ofrece un modo muy particular de ostentación y estatus, así como de satisfacción de las necesidades sociales de la gente. El problema es que, en nuestro deseo infatigable por adquirir posesiones cada vez más imponentes, acabamos haciendo sacrificios inesperados para satisfacer unas necesidades que nunca serán cubiertas por la siguiente adquisición. Pese a tales aspiraciones, las personas muy materialistas, no solo tienden a mostrar niveles más bajos de bienestar, funcionamiento social y adaptación psicológica[95], sino que también son más dadas a experimentar mayores niveles de infelicidad y ansiedad[96], y quizá la calidad de sus relaciones sociales sea más mediocre que la de otras personas de renta inferior[97].

El problema es que tan solo una mera exposición a bienes deseables (pasar por delante del escaparate de una tienda de lujo) o a ciertos estímulos (el anuncio de un producto que nos seduzca) puede ser suficiente para instilarnos una mentalidad más materialista, que a su vez genere sentimientos de enojo e incluso reduzca nuestro deseo de relacionarnos socialmente con otros[98]. Esta mentalidad, fácilmente evocada por simples factores circunstanciales (una de las razones por las que la publicidad funciona tan bien), resulta difícil de evitar. Incluso el lenguaje que empleamos en los medios de comunicación, y más ampliamente, –así, por ejemplo, referirse al público como «consumidores» y no como ciudadanos– influye en la forma en que nos comportamos, inculcándonos valores que reflejan esa mejoría y, potencialmente, propenden a una mentalidad de consumo. (Nota: si empleo los términos «consumidor» y «cliente» en este libro, no es para desvalorizar al individuo, sino porque son los términos más habitualmente usados en contextos empresariales).

A pesar de estos omnipresentes estímulos, en los últimos años ha surgido una extraña tendencia. En contra de la predicción según la cual el crecimiento económico podría aumentar nuestro interés por el materialismo y el dinero, este patrón no ha sido confirmado por datos. En lugar de eso, las cifras sugieren que los países que disfrutan de mayor libertad económica tienden a ser menos materialistas, y no más. En un estudio de 2020 sobre datos del Banco Mundial –el Proyecto de Libertad Económica en el Mundo y la Encuesta sobre Valores Mundiales–, los investigadores hallaron una correlación entre países con un mayor Producto Interior Bruto (PIB) per cápita y un menor materialismo (y viceversa)[99], lo cual plantea preguntas, no solo acerca del impacto de la riqueza en nuestros comportamientos y valores, sino también sobre el futuro del comercio en general.

Como la libertad económica se asocia con un mayor nivel educativo, una mejora de las oportunidades laborales y productos más diversos y de mayor calidad, no debería sorprendernos el que también haya correlaciones positivas con indicadores del bienestar, como una mayor expectativa de vida y un mayor grado de alfabetismo[100], un menor número de violaciones de los derechos humanos[101], una mayor igualdad de renta (en algunos casos)[102], y mayores niveles de satisfacción vital y felicidad[103]. Desde la perspectiva del consumidor, a medida que aumenta el nivel de riqueza adquirimos libertad para contemplar y centrarnos en cosas inmateriales. Respecto a los negocios, pues, la resiliencia tal vez ya no dependa de establecer una tendencia y hacer la siguiente cosa brillante, sino de la capacidad para recurrir a intuiciones sobre la conducta con el fin de crear esa clase de valores por los que la gente pagará.

La pega es que nuestra percepción del valor es mudable. Sea cual fuere su edad, es probable que el lector esté familiarizado con el proverbio «el dinero no da la felicidad» y, habiendo estudios que sugieren que la felicidad disminuye al llegar a cierto nivel de ingresos[104], se podría caer en la tentación de creer que la historia acaba ahí. Sin embargo, las relaciones entre riqueza y bienestar siempre han sido complicadas, y un estudio más reciente apunta a que las cosas pueden ser más complejas de lo que se creía. Solo en Estados Unidos, un estudio muy amplio halló que, en personas de mayor estatus socioeconómico, de 30 años o más, el vínculo entre renta y felicidad se ha consolidado constantemente década tras década y que, a pesar de las hipótesis que respaldan lo contrario, dicha tendencia no muestra signos de que disminuya al superarse el listón de los 75.000 dólares[105].

La resiliencia tal vez dependa de la capacidad para recurrir a intuiciones sobre la conducta con el fin de crear esa clase de valores por los que la gente pagará.

En otro sitio los datos sugieren que no es cuánto gastamos sino cómo lo hacemos lo que contribuye a nuestra sensación de bienestar. Sea invirtiendo en experiencias (en oposición a bienes materiales), canjeando dinero por tiempo (como pagar por que limpien la casa), o derrochándolo en los demás (y no en uno mismo), hay diversas formas de gastar el dinero e impulsar nuestra felicidad[106], en algunas de las cuales quizá influya la generación a la que pertenezcamos. Es un tema que le propuse a César Christoforidis, ex vicepresidente de Global Partnerships & Strategy de Emplifi, y a Julio Sosa padre, asesor de Emplifi, para que arrojaran alguna luz al respecto. Basándose en investigaciones sobre su Índice de Sostenibilidad de Marca, César explica que los «centeniales», los «mileniales» y la Generación Z «prefieren cambiar experiencias por mejoras materiales» y, por tanto, «si se quiere mantener algún nivel de lealtad, ahora hay que procurar experiencias excepcionales durante el viaje que lleva a tales clientes». Con un aumento global del número de comunicaciones en redes sociales sobre sostenibilidad, los datos de su estudio reflejan lo que parece ser una tendencia creciente y general: que el valor que hace tan solo una década dábamos al éxito financiero se centra ahora en hallar nuevos puntos de atención.

No es cuánto gastamos, sino cómo lo hacemos lo que contribuye a nuestra sensación de bienestar.

Sin embargo, más allá de esa inclinación por las experiencias y la sostenibilidad, hay otro factor más concreto que influye en el grado de satisfacción cuando tomamos decisiones de compra. Como habitualmente preferimos personas y lugares que reflejen nuestra personalidad (por ejemplo, vivir en un barrio de artistas y con diversidad cultural podría reforzar el concepto de que somos bohemios y modernos), parece razonable pensar que hacer compras en sintonía con nuestros rasgos, preferencias y necesidades también nos procura una mayor satisfacción. Pero, ¿cómo medir esto?

El valor que hace solo una década dábamos al éxito financiero ahora se centra en hallar nuevos puntos de atención.

Con la perspectiva que ofrecen los datos, el amplio uso de aplicaciones bancarias ha vuelto más fácil que nunca el poder proceder a una investigación natural con gente real para examinar los patrones de gasto que hay «ahí fuera». Este enfoque es el que empleó un grupo de psicólogos de la

Universidad de Cambridge cuando realizaron un estudio de campo sobre los registros bancarios de transacciones en el Reino Unido con el fin de explorar el impacto del comportamiento de los consumidores sobre el bienestar[107]. A la luz de la psicografía, los resultados mostraron que las personas que gastaban más en productos acordes a su personalidad refirieron una mayor satisfacción que los que no, hasta el punto de que se podría elevar deliberadamente el nivel de felicidad alterando de este modo las conductas de gasto. Por ejemplo, cuando a los encuestados se les ofreció un vale para una librería o un bar, los más introvertidos refirieron haber obtenido más felicidad cuando se les ofreció el primero, mientras que los extrovertidos se mostraron mucho más felices con ambos. De hecho, hallar esa adecuación psicológica entre personalidad y gasto tuvo tal impacto que su efecto fue incluso mayor sobre la felicidad que el gasto total o la renta, lo cual significa que, si se tiene menos dinero pero se gasta de un modo que se ajuste a la personalidad propia, el mismo dinero nos reportará más fruición. ¿Quién iba a suponer que sería tan sencillo competir con el vecino?

¿Y en qué se traduce eso al tratar de revelar las conductas del consumidor? Si se tiene en consideración una tendencia más amplia como el bienestar, junto con esas tendencias generacionales basadas en valores que abordamos con anterioridad, la investigación apunta a un futuro consumidor muy distinto al del pasado. Aunque históricamente tal vez hayamos dependido de objetos caros o de la moda para manifestar nuestra valía o nuestros ideales a los que nos rodean, cada vez damos más prioridad y pagamos por interacciones con marcas que, no solo comparten nuestros valores, sino que nos ayudan a expresar y enriquecer nuestra trascendencia y bienestar. Aunque sea improbable que desaparezca el deseo de manifestar nuestro estatus, es probable que ese deseo halle nueva expresión en señales que reflejen las normas en evolución del consumidor (me vienen a la mente los *hashtags* #blessed y #livingmybestlife). Es un tema que le planteé a Lewis Garrad, psicólogo laboral y socio de Mercer, para que lo debatiésemos.

La investigación apunta a un futuro consumidor muy distinto al del pasado.

Cuando le pregunté si apreciaba alguna desviación entre lo que valoramos y en el modo en que se lo transmitimos al mundo me dijo que las prioridades varían de acuerdo con nuestros estadios en la vida, y que, para los adultos más jóvenes con deseo de elevar su estatus y ser atractivos a los ojos de los demás, «tal vez esa ecuación esté cambiando y lo que la gente considere un estatus elevado sea un estilo de vida muy diferente». En vez de aspirar a pasar todo el tiempo en el trabajo para ganar dinero, «la gente respetable y de referencia es justo todo lo contrario. No necesitan ser ricos, y sin embargo, ¡vaya!, fíjate en todas las cosas divertidas que están haciendo». Si, como sugiere Lewis, «la tecnología casi está facilitando ese cambio al dar relevancia a estilos de vida inspiradores que no orbitan en torno a la riqueza, sino a la calidad de vida con la que se vive», entonces, para que las organizaciones prosperen tendrán que posicionarse de un modo que responda en consecuencia. Sea en las redes sociales o en la vida real, a medida que cada generación subvierte y reinventa las normas sociales de sus predecesores, así como las tendencias burguesas en torno a la buena condición física, es probable que el veganismo y el consumismo consciente sean adoptados por los aspirantes a mejorar su estatus como signos de valor, posiblemente relegando ostentaciones de riqueza más crudas y visibles al pasado. Luego, ¿cómo cumplir estas expectativas en evolución?

En busca de la felicidad

Todos aspiramos a la felicidad. Sea a través de relaciones personales, experiencias o de los artículos que compramos, la felicidad es esa cosa que nos elude y de la cual nunca tenemos suficiente. Sin embargo, a pesar de nuestra obsesión colectiva, resulta muy complicado alcanzar una definición coherente sobre el estado subjetivo de felicidad. Aunque siga sin llegar el consenso sobre su significado exacto entre académicos y practicantes, en los últimos años el debate se ha matizado más y está más estratificado. Al examinar la felicidad y el bienestar a través de la lente del placer y la intención, los investigadores han comenzado a explorar la diferencia entre ambos estados, lo que ha derivado en algunas implicaciones fascinantes tanto para las marcas como para las empresas.

A partir de las obras de Aristóteles y lo que constituye la «buena vida»[108], muchos psicólogos han llegado a diferenciar una felicidad eudaimónica (orientada hacia el sentido de la vida) de una felicidad hedonista o centrada en el placer. Vista a través de esta doble lente, la felicidad se centra en la presencia de sensaciones placenteras (y en la ausencia de otras malas), mientras que una felicidad eudaimónica prioriza las cualidades del bienestar psicológico y la expresión personal. Curiosamente, ambos tipos de felicidad no solo son filosóficamente distintos; también parecen serlo a nivel neurológico. En su obra puntera *Thinking, Fast and Slow*, Daniel Kahneman demostró que la hedonia está conectada con el modo rápido y heurístico del Sistema 1, mientras que la eudaimonia, orientada hacia el sentido, se vincula con el modo más intencionado y lento en la toma de decisiones del Sistema 2[109] (lo cual quizá explique por qué nos resulta más fácil recordar las compras hedonistas que las eudaimónicas)[110].

No obstante, si las experiencias hedonistas placenteras son más seductoras, más rápidas de procesar y fáciles de recordar, ¿cuáles son los beneficios de centrarnos en experiencias eudaimónicas, que son mucho más trabajosas? Bueno, desde la perspectiva de la salud, los hallazgos sugieren que el bienestar eudaimónico se relaciona con toda suerte de beneficios, desde una mejor función inmunitaria, un menor riesgo cardiovascular y una mejor regulación del sistema neuroendocrino, hasta dormir mejor y una mayor capacidad de adaptación de los circuitos neuronales[111]. Desde el punto de vista del consumidor, cuando se examinan los patrones de compra de la gente, muchas decisiones no parecen guardar relación alguna con el placer. Desde maratones y tatuajes, hasta el montaje de muebles de bricolaje o depilarse las piernas, parecemos deseosos de pagar por toda clase de experiencias arduas y desagradables, y nuestra determinación ante tales objetivos demuestra claramente que algo debemos obtener a cambio, o de lo contrario no las elegiríamos. Más allá del placer y la diversión, debe de haber unas dinámicas más profundas en juego, las cuales quizá permitan a las marcas ofrecer algo más sustancial a los consumidores. Y ¿cuáles son exactamente esos factores?

Primero la teoría. En un artículo de investigación de 1989, la psicóloga Carol D. Ryff propuso un marco para el bienestar psicológico que transformaría el modo en que consideramos la felicidad eudaimónica. Su estudio subrayaba por primera vez seis factores cruciales que determinan nuestro sentido del bienestar: autonomía, relaciones personales positivas, superioridad ambiental, crecimiento personal, finalidad y autoaceptación[112]. Basándose en la ética nicomáquea de Aristóteles, el inventario psicométrico de Ryff ofrece, no solo un itinerario con el que lograr una sensibilidad de satisfacción, sino también una herramienta útil con que evaluar y optimizar lo bien que una marca rinde en todas las dimensiones.

Echemos un vistazo más de cerca. El primer factor, la autonomía, se refiere a nuestro nivel de autodeterminación y a nuestra capacidad para regular el comportamiento desde dentro, con independencia de presiones externas. Descrita por el famoso psicólogo Maslow como una «resistencia a la acumulación»[113], las personas «autorrealizadas» tienden a no soportar mucho las normas sociales y las imposiciones de su cultura. En cambio, encuentran la manera de mantener una brújula interna propia incluso cuando se enfrentan directamente a las ideologías prevalentes o al consenso general de la época. Hay muchos iconos culturales que, en virtud de su autonomía, han sobresalido y transformado la forma en que vemos el mundo, sea mediante un rechazo manifiesto de los roles de cada sexo, como hicieron artistas como Prince o Frida Kahlo, o mediante su visión respecto a la igualdad del ser humano, y encarnado por figuras como Emmeline Pankhurst y Martin Luther King.

El segundo factor de Ryff examina nuestra capacidad para establecer relaciones personales positivas, importantes, recíprocas, empáticas, afectuosas e íntimas. Vistas desde la óptica de la filosofía, la psicología o la fisiología, se sabe desde hace mucho que la amistad y el amor ejercen un profundo efecto sobre nuestro bienestar y, desde una perspectiva cultural, se aceptan casi universalmente como un aspecto vital para vivir.[114]

A continuación viene la superioridad ambiental, el tercer factor de la escala. Generalmente hablando, nos gusta sentir que tenemos cierto control sobre nuestras vidas y, cuando se trata de la salud mental, la capacidad de crear o elegir un entorno que se adapte a esas necesidades (ya se trate de un espacio ordenado y silencioso para relajarse o de un entorno social ruidoso y vibrante) puede suponer la diferencia entre una sensación de bienestar o una pérdida percibida de control. Todos hemos experimentado el alivio de cerrar una puerta y recogernos en un espacio privado propio; luego no debería sorprendernos que la capacidad de «proyectar el yo»[115] mediante el control de entornos complejos se considere un elemento vital por parte de diversas teorías del bienestar.

El cuarto factor, el crecimiento personal, es el aspecto del bienestar que más se aproxima al concepto aristotélico de la eudaimonia. En lugar de afanarnos por acceder a un estado fijo e inmutable en que todos los problemas se resuelvan (lo cual, de todas formas, es imposible), este factor se vincula a un proceso más constante de desarrollo. Se trata de estar abiertos a nuevas experiencias y explorar nuestro potencial de forma dinámica y fluida. Como la vida siempre nos plantea nuevos retos por el camino, es nuestra capacidad para centrarnos en el viaje, y no en el destino, la que nos mantiene en el camino correcto hacia la autorrealización.

Contar con un propósito en la vida (a veces es más fácil decirlo que hacerlo) es el quinto factor, y se refiere al sentido de dirección y a la convicción de que la vida tiene sentido. Especialmente valioso en épocas de dificultad, guarda relación con el sentido de intencionalidad y la pasión, así como con el deseo de luchar por metas que evolucionan y aparecen en distintos estadios de la vida. Sea una ambición de juventud o la búsqueda de creatividad e integración emocional a medida que maduramos, la capacidad de reflexionar sobre lo que nos importa y abrigar creencias que ofrezcan un sentido son algunas de las habilidades más valiosas que podemos adquirir en la consecución de una vida bien vivida.

El sexto y último factor es la autoaceptación, la capacidad de percibir con exactitud nuestras emociones y acciones y sus motivaciones. Aunque los antiguos griegos imploraran a la humanidad que «se conociese a sí misma», todo el que haya experimentado alguna terapia, narrará lo incómodo y laborioso de tales cometidos. A pesar de nuestra capacidad para la contemplación, la búsqueda del conocimiento de uno mismo está sembrada de sesgos y puntos ciegos, y habitualmente solo con una dedicación prestada al proceso o a la práctica (como la meditación o el asesoramiento) se adquiere capacidad para sumergirse por debajo de la superficie de la auto-reflexión hasta alcanzar un sentido más completo del yo (o yoes). Tal y como han destacado psicólogos desde Maslow hasta Jung, este proceso no corresponde solo a la autoestima, sino también a nuestra necesidad de un amor propio positivo, y de llegar a un pacto con nuestras «sombras» para auto-realizarnos, madurar y adquirir un sentido más profundo de la auto-aceptación, defectos incluidos.

Dada la incertidumbre a la que nos enfrentamos con la crisis climática, las perturbaciones económicas y la fragilidad de nuestros sistemas interconectados, no sorprende que tantos estemos reexaminando valores y opciones en busca de un sentido más profundo. Bajo unas condiciones progresivamente inestables que contribuyen a generar sentimientos de miedo y ansiedad, los negocios que proporcionen a la vez placer y un propósito serán los que más probablemente sobrevivan a la competencia. Para que un negocio ofrezca valor real en tiempos turbulentos, su oferta (sea de bienes o servicios) debe cubrir tres necesidades. Debe ofrecer un valor utilitario (algo funcional o necesario, como el agua, el alquiler o un servicio técnico); un valor hedonista (ofrecer placer o comodidad, como invitar a una ronda de cervezas a los amigos); y un valor eudaimónico (ofrecer significado o impacto, como solo una experiencia transformadora podría hacerlo).[116] Proporcionar cosas útiles o divertidas es algo que la mayoría de las empresas ya hacen bien, aunque integrar un significado o finalidad más profundos es todo un reto incluso para las más competentes. Dado que ahora contamos con un marco psicológico para la comprensión de los valores eudaimónicos, pongamos un ejemplo de negocio que aplique esas cualidades a su ecosistema, y, en particular, al viaje ofrecido a los consumidores.

Los negocios que proporcionen a la vez placer y un propósito serán los que más probablemente sobrevivan a la competición.

Veamos una de las marcas activistas más queridas, consolidadas y a las que más se alude. La empresa Patagonia es famosa por el arrojo de su misión y sus valores, y se ha ganado sus galones con un impresionante historial de practicar lo que predica. Fundada en 1973 por el ambientalista estadounidense y escalador Yvon Chouinard, este fabricante de ropa y material para actividades al aire libre ha sido desde siempre pionero en emprender acciones inusuales (desde el «impuesto para la Tierra» y la elección de materiales sostenibles, hasta acciones comunitarias para promover la sostenibilidad) con el fin de proteger el medioambiente y favorecer un consumo consciente. Aunque al fin esté recibiendo el reconocimiento social que merece, es al observarla a través del marco de Ryff cuando realmente empezamos a ver lo bien que esta marca comercial cumple los criterios de bienestar psicológico y, por extensión, del consumo eudaimónico.

Cuando visito su página de ciberactivismo ciudadano, me da la bienvenida este mensaje: «Trabajemos para salvar el planeta» y una invitación a «hacerme socio»[117]. Al clicar la página de «Responder con la acción», se me pide que confirme mi ubicación antes de examinar las becas que financia Patagonia. Junto con el botón de «todos los negocios», existen opciones de biodiversidad, clima, comunidades, tierra y agua, y, al seleccionar una de ellas, me deriva a una página con una lista de grupos medioambientales de referencia cerca de mi ubicación para que pueda ponerme en contacto con ellos y darles mi apoyo. Luego, ¿de qué modo funciona esto como experiencia eudaimónica?

Primero de todo, el viaje planteado al usuario le ofrece autonomía para seleccionar su propio camino, capacitándole para dirigir la experiencia de acuerdo con sus prioridades. Segundo, al poner en contacto al usuario con grupos locales, le ofrece la posibilidad de establecer relaciones positivas basadas en valores compartidos. Tercero, se dirige directamente a esa necesidad de superioridad ambiental, solo que a una escala mucho mayor; en este caso, la invitación es a no actuar en pequeño y no controlar solo el entorno circundante. En cambio se ofrece la oportunidad de participar con otros y cocrear un entorno del que se beneficie un círculo mucho más amplio (conseguir agua, aire y tierra limpios, lograr una biodiversidad más rica, etc.). Cuarto, al facilitar el acceso a grupos locales e impulsores del cambio, el sitio web hace mucho más fácil encontrar vías de crecimiento personal. Respecto al quinto aspecto, el propósito, la transparente misión de la marca Patagonia se adecua claramente a los valores que como usuarios apreciamos. Por último, respecto a la auto-aceptación, el cuidadoso equilibrio entre el reconocimiento de la vertiente negativa del consumo humano (desechos, entierro de basuras, contaminación) y el ofrecimiento de medios proactivos para el cambio (el modo en que compramos, y lo que se espera de las marcas comerciales y los gobiernos), permite al usuario mostrarse y participar sin sentir vergüenza por no estar siendo lo bastante bueno o no estar haciendo lo suficiente.

Este es, pues, un ejemplo de cómo se diseñan experiencias eudaimónicas para el consumidor. El siguiente paso consiste en entender el modo en que esas cualidades se aplican dentro de la propia empresa.

Diseño de una cultura eudaimónica

Como somos muchos los que esperamos más de las compañías con las que trabajamos, ¿cómo aplicar estas perspectivas al diseño de una cultura que apoye la búsqueda de un propósito y del bienestar? Bueno, el lector familiarizado con la famosa jerarquía de necesidades de Maslow sabrá que nos vemos impulsados a cubrir diversas necesidades fundamentales: las necesidades de carencia, esas cosas que más deseamos y de las que más nos vemos privados (el hambre se agudiza cuando, por ejemplo, más privados nos vemos de alimentos), y las necesidades de ser, que se manifiestan en un deseo de crecer como personas. Respecto a las necesidades de carencia, la mayoría de los centros laborales se sitúan en un punto intermedio entre cubrir las exigencias para la supervivencia fisiológica y ofrecer un entorno seguro, con independencia del deseo de amor, pertenencia y autoestima. Por otro lado, la necesidad más elevada del ser, como es la auto-realización, es una de las pocas que las compañías están preparadas para cubrir, razón por la cual reciben tanto reconocimiento las que sí lo hacen.

¿Qué aspecto tiene un lugar de trabajo que permite la auto-realización de sus trabajadores? Primero examinemos lo que significa este término para entenderlo bien. Según Maslow, la auto-realización se caracteriza por aceptarnos a nosotros mismos y a los demás (como vimos con anterioridad), y se refiere a un estado en el que vivir conforme a nuestros valores, con espontaneidad y creatividad. Engloba un aprecio más profundo por la vida, una capacidad de manifestar las emociones libre y diáfanamente, y vivir de un modo acorde con una ética sólida. En cuanto a sus resultados, como los efectos de la auto-realización son profundos y atractivos –desde sentimientos de rendición, éxtasis y asombro, a otros de humildad, unión con uno mismo y trascendencia–[118], no sorprende el que sean tantos los que aspiran a avanzar en esa dirección. No obstante, son muchos los conceptos erróneos sobre cómo «alcanzar» la auto-realización. En vez de una experiencia singular o un destino final al que tenemos esperanza de llegar, Maslow consideraba la auto-realización como un lento proceso de integración, afín a una serie de pasos que podríamos dar hacia lo desconocido.

Es un tema que ha despertado renovado interés en los últimos años, debido en buena parte al fascinante trabajo de Scott Barry Kaufman, famoso psicólogo humanista, escritor y autor de *podcasts*. Cuando mantuvimos una charla, me explicó que, lejos de ser un estado final y estático, «el camino que lleva a la autorrealización es un proceso constante, una estrella polar que nunca alcanzamos pero hacia la que avanzamos siempre que tomamos decisiones que provocan nuestro crecimiento». Al preguntarle por el mejor modo de encauzar esos esfuerzos, me dijo: «Una de las mejores formas de crecer es salir de la zona de confort, guiarse por valores y avanzar con un sentimiento de misión o finalidad, por lo general una finalidad prosocial, un propósito humanitario». Kaufmann explica que consiste en desear realmente hacerse consciente de una imagen futura de uno mismo. «Cuando uno se encamina hacia ese futuro yo, o hacia una visión futura de la sociedad que uno ve para sí mismo, creo que es cuando se asume el rumbo de la auto-realización».

Al trasladar esto a los centros de trabajo, Maslow sugirió adoptar lo que él llamaba gestión eupsiquiana, una teoría ilustrada en línea con la idea de humanidad «que se encamina hacia el destino final del misticismo, una fusión con el mundo, o experiencia culmen, conciencia cósmica... una añoranza de verdad, belleza, justicia, perfección, etc.».[119] Sugiriendo sus últimos estudios que la «gente autorrealizada, sin excepción alguna, está implicada en una causa ajena a ellos mismos»[120], sus obras arrojan luz sobre por qué tanta gente se apunta ahora a organizaciones con una misión superior. Desde luego, aunque las teorías de Maslow lleven ya tiempo en circulación, hasta hace poco el interés por su obra se había confinado en gran medida al ámbito de la psicología y la autoayuda, y este fue un tema que le planteé a John Featherby, fundador de Shoremount (una de las corporaciones pioneras en el Reino Unido con certificación de Empresa B). Aunque estos temas por fin estén gozando de su momento en el mundo empresarial, según él: «Es fácil olvidar que hace no más dos o tres años en las salas de reuniones nos reíamos a carcajadas al hablar de conceptos como propósito, labor significativa y ese tipo de cosas. Ahora todo el mundo habla de ello como si siempre hubiese estado ahí y siempre hubiesen estado interesados, pero es un absurdo total. Ese tema era propio de charlatanes, nada de lo que hablase la gente seria de negocios. Y entonces se convirtió en un tema general porque mucha gente se puso a hablar de ello, lo que posibilitó su permiso social, se volvió socialmente aceptable y, por fin, socialmente previsible».

Se ha vuelto tan previsible que, de hecho, el no ofrecer a los trabajadores un propósito y un sentido a su labor se está convirtiendo rápidamente en uno de los mayores riesgos que puede asumir una empresa. Al hablar con Amy C. Edmondson, escritora y catedrática en Novartis de Gestión y Liderazgo en la escuela de negocios de Harvard, me comentó: «En actividades intensivas de conocimiento, y eso es hablar de casi todo, si la gente no tiene un propósito y un sentido se limitará a desplegar una labor mecánica, y quizá sea suficiente, pero no interesa que sea solo suficiente. Queremos que sea estupenda. Queremos que la gente use de veras el cerebro, que trabaje de corazón y en espíritu, que colabore entre sí y contribuya a conseguir algo que importe. Por tanto, si no tenemos nada que proponer a los trabajadores con valor y atractivo –y frases como «si trabajas aquí tienes que contribuir con algo que valga la pena»–, creo que entonces estamos perdiendo una oportunidad importante de rendir y gestionar mejor, con todo lo que eso conlleva».

Pero no se trata solo del rendimiento y la participación de los trabajadores, tal y como apunta Rita Clifton, CBE, experta en marcas globales y ex presidenta de Interbrand: «Si uno presta atención a esas organizaciones que parecen tener un propósito sólido y una razón de ser, parece que estén superando en todo a la media del resto de empresas. Si uno observa empresas como Unilever se dará cuenta de que sus marcas orientadas a un propósito han superado a las otras marcas en ese campo. Por tanto, ya hemos visto pruebas de ello en lo empresarial y, sinceramente, también cuál es el riesgo para los negocios». En la estela de la pandemia de coronavirus me cuenta: «También hemos aprendido que las cosas suceden muy rápidamente cuando queremos, y, por eso, cuando nos centramos en temas importantes como el cambio climático, o cuando abordamos asuntos como la biodiversidad, el cambio ha sido muy grande. Ha habido grandes cambios en las opiniones que empresas e inversores tienen sobre la importancia de la sostenibilidad y el impacto a largo plazo». Rita explica que, cuando nos fijamos en «personas como Larry Fink, director mundial de BlackRock, firma de gestión de inversiones globales, y se habla de que están invirtiendo en activos sostenibles a largo plazo y retirando dinero de activos no sostenibles», y de que hay «programas como la escuela de negocios Oxford Saïd realizando estudios sobre la definición del propósito de negocios de todo tipo, y de que ahora las personas sentadas alrededor de la mesa no son los sospechosos habituales», ello es señal de que se están gestando cambios más profundos.

Aunque los puntos de la investigación se dirijan a las generaciones más jóvenes como progenitores de esos cambios, el premiado escritor y director ejecutivo de PTHR Perry Timms me cuenta que esta transformación tal vez esté trascendiendo el ámbito de estos grupos: «Hay mucha gente de cuarenta y cincuenta años en transición laboral que también afirma: 'Se acabó trabajar para esta empresa sin alma. Quiero hacer algo que me llene y pasar el testigo a los que vengan detrás de mí'. Por eso creo que el movimiento se extiende más allá de los límites de edad de los que me estás hablando». Y no es de extrañar, porque se sabe que el trabajo positivo genera sentimientos de valía y potencia la autoestima y la dignidad, todo lo cual nos empuja a actualizar nuestro potencial[121]. Dados todos estos beneficios, ¿de qué modo ofrecen las empresas a sus trabajadores un propósito más profundo y un mayor sentido?

Como las personas auto-realizadas tienden a estar motivadas por los valores que asumen (y son leales a ellos), si una empresa quiere mejorar su cultura y capacidad de atraer talento primero tendrá que identificar los valores propios sobre los que estructurarse y hacia los que encaminar sus operaciones, desde el reclutamiento y las estrategias de recursos humanos, hasta la comunicación y las relaciones establecidas por medio de su ecosistema empresarial (de lo cual se hablará en el capítulo 5). Y si, como apunta Maslow, la auto-realización refleja la necesidad «de una actualización continua de potenciales, capacidades y talentos como cumplimiento de la misión... como una tendencia creciente hacia la unidad, la integración y la sinergia de las personas»[122], entonces toda empresa que apoye activamente a su personal para que se vuelva consciente, se desarrolle y aplique sus destrezas (sobre todo al servicio de un objetivo personal), no solo será más atractiva para los grandes talentos que deseen seguir creciendo y desarrollándose, sino que también mejorará su capacidad para adaptarse y prosperar en esta época de cambios acelerados.

Claves

- El materialismo es un sistema de valores que se centra en las posesiones y la proyección de la imagen social. Las personas que puntuaron alto en él mostraron niveles más bajos de bienestar en los ámbitos de funcionamiento social y adaptación psicológica, así como mayor infelicidad y ansiedad, y relaciones sociales de menor calidad.

- No se trata de lo que gastamos sino de cómo lo gastamos; acciones como invertir en experiencias, derrochar dinero en los demás y canjear dinero por tiempo potencian el bienestar.

- Los «centeniales», los «mileniales» y la Generación Z prefieren canjear experiencias por ganancias materiales.

- Elegimos personas y sitios que reflejen nuestra personalidad, y gastaremos más en productos que ofrezcan una buena adecuación psicológica.

- La felicidad se ajusta a dos categorías: hedonista (búsqueda del placer y evitación del dolor), y eudaimónica (búsqueda de un sentido, del bienestar y la autoexpresión).

- El consumo eudaimónico está creciendo porque los consumidores dan prioridad a aquellas marcas que comparten sus valores y ofrecen un propósito y significado.

- Carol D. Ryff propuso seis factores que determinan nuestro sentido del bienestar: autonomía, relaciones positivas, superioridad ambiental, crecimiento personal, propósito y autoaceptación.

- Si una empresa quiere vender valores reales, deberá proporcionar valores utilitarios, hedonistas y eudaimónicos.

- Maslow sugirió que estamos condicionados para cubrir las necesidades de carencia y de ser. La búsqueda de la auto-realización comporta autoaceptación, autodesarrollo y vivir conforme a unos valores, y cada vez son más los trabajadores que buscan empresas que los respalden a este respecto.

Capítulo cuarto

De cerca y personal

Profundizando en la relación personas-empresa

«La amabilidad, si es inesperada, es el agente más poderoso, más barato, y menos valorado del cambio humano».

BOB KERREY[123]

Pensar un poco lleva muy lejos

Desde los correos electrónicos comerciales que inundan nuestros buzones hasta el contenido de las redes sociales, resulta complicado escapar al mundo de la personalización a la que nos enfrentamos a diario. Diseñada para reflejar nuestras preferencias y predecir nuestros deseos, los beneficios comerciales de una orientación personalizada (y a menudo automatizada) son muchos. Desde inducir la participación del cliente hasta aumentar las ventas, pocas empresas renunciarían a aumentar la rentabilidad. Incontables estudios demuestran la eficacia de adecuar el contenido a la personalidad, a las predilecciones y a las conductas pasadas de la gente, de modo que la personalización se ha vuelto tan habitual que apenas llama la atención. Quizá precisamente por eso, cuando una empresa se decide por una aproximación más matizada y vinculante, además de exigida por los consumidores, la gente se da cuenta rápidamente.

Allá por la primavera de 2019, estando todas las floristerías, chocolaterías y papelerías que venden tarjetas de felicitación preparadas para el Día de la Madre, todo parecía dispuesto para que un año más nadie escapara a la marea comercial que azotaba el Reino Unido. Siendo como era una de las fiestas más rentables del año, nadie se paraba un momento a pensar en aquellos que tal vez no querían que se les recordara esa fecha. Nadie excepto una pequeña floristería de Londres, la cual, tras recibir un puñado de mensajes de clientes que les pedían no recibir mensajes por el Día de la Madre, decidió enviar un correo a todos los clientes preguntando si alguno querría no recibir tales mensajes. Esta atrevida y sensible decisión de la empresa digital Bloom & Wild provocó tal avalancha de respuestas (casi 18.000 prefirieron no recibir ese tipo de mensajes, y más de 1.500 se pusieron en contacto con la empresa por teléfono, correo electrónico, Instagram y Twitter para hablar de la campaña) que rápidamente llamó la atención de los medios de comunicación nacionales y especializados[124].

Desde aquellos que habían perdido a algún ser querido hasta los que simplemente valoraban que alguien se hubiera parado a pensar en esa cuestión, aquel pequeño gesto recibió tal grado de aprobación que las interacciones entre empresa y clientes solo en Twitter se cuadruplicaron [125]. Al apercibirse de que habían dado con la tecla de algo importante, Bloom & Wild dieron un paso más adelante, suprimiendo cualquier mención al Día de la Madre en su sitio web para aquellos que no lo quisieran, y dando opción a los clientes de elegir sus preferencias para otras efemérides, otorgándoles *de facto* un mayor control sobre sus interacciones. Esta actitud más compasiva y considerada fue tan bien recibida que Bloom & Wild se decidió a iniciar el «Movimiento de marketing considerado», una iniciativa cuyo objetivo fue reunir a otras marcas amables y de ideas similares con la intención de cambiar el rostro del marketing. Para ingresar en ese «club», las empresas se comprometen a ofrecer a los clientes la capacidad de eliminar contenido sensible, y, siendo como ya son más de 150 las empresas inscritas (como The Telegraph, Paperchase y Treatwell), es un proyecto cuyo radio de acción no deja de extenderse[126].

¿Qué es entonces lo que hizo que la campaña tuviese tanto éxito? Más allá de la atención dedicada a casos concretos de gente, el poder de esta sencilla intervención consistió en garantizar a la gente algún tipo de capacidad de acción, una cualidad que, al menos *online*, cada vez es más difícil de adquirir. Aunque la personalización presente problemas (y de calado en este caso), este estudio de casos demuestra que, cuando se utiliza apropiada y consensuadamente, es un poderoso medio para no traspasar los límites del consumidor y cubrir mejor sus necesidades. Pero, ¿por qué debería importar esto en un libro de negocios como este que trata de valores, incertidumbre y resiliencia? Bueno, si queremos establecer relaciones más sostenibles y enriquecedoras con clientes, trabajadores y socios comerciales, hay que entender la dinámica en la que se basan, y así pertrecharnos mejor para prosperar.

Cuando surgen problemas con la personalización se debe, por lo general, a dos motivos. El primero deriva de nuestra tendencia a no apercibirnos o ser incapaces de valorar el grado en que se manipulan los entornos *online*. Esto es evidente, por ejemplo, siempre que miramos las redes sociales, nos desplazamos con el ratón por los «artículos de información» y asumimos que el contenido también les llega a otros colegas de trabajo y a la sociedad en general (esos contenidos se han seleccionado en realidad algorítmicamente para ajustarse, potenciar o reorientar nuestras perspectivas previas y nuestra visión política). En este caso, aunque la personalización sirva para crear lo que parece una experiencia fluida y sin fricciones (donde no se pone en entredicho ninguna suposición o valor), ese reducido abanico de perspectivas al que en realidad nos enfrentamos desbarata nuestra honda necesidad de crecimiento y restringe las posibilidades de expandir nuestros horizontes. Al eliminar cualquier punto de vista que ofrezca una aproximación diferente y con más matices a nuestro complejo mundo, cuando se aplica de este modo la personalización nos impide examinar las vidas, experiencias y opiniones de otros, truncando no solo nuestra capacidad de empatizar, sino también el potencial de crecimiento y auto-realización, cualidades fundamentales que caracterizan al ser humano.

El segundo aspecto relacionado se produce cuando, junto con la proliferación de nuestros filtros burbuja individuales, cualquier tipo de idea del dominio público o cualquier hecho y conocimiento compartidos sufren tal grado de erosión que dejamos de tener un contexto amplio en que situar o con el que relacionar nuestras experiencias subjetivas. En ausencia de un canal común de noticias, o de la posibilidad de echar un vistazo a los mismos titulares de una selección de periódicos (como cuando íbamos al kiosco hace solo una década), ya no alcanzamos la amplitud de miras o el consenso sobre hechos a los que de otro modo nos veríamos abocados y nos quedamos en sus confines con lo que nos proveen nuestros canales individualizados. Desde luego ningún sistema es perfecto y, si bien es verdad que las noticias y los relatos sociales prevalentes suelen escribirlos los poderosos (y, por tanto, están sometidos a sus caprichos, sesgos y ambiciones), el hecho de que exista un relato público y compartido ofrece la posibilidad de que sea contestado y mejorado. Sin el respaldo de tal relato, la fractura de la sociedad en fragmentos más pequeños y polarizados es cada vez más probable, al igual que la posibilidad de sumirnos en el tribalismo y la agitación social, lo que nos devuelve al problema de las relaciones y el control.

Consideradas dos (de tres) de nuestras necesidades psicológicas fundamentales (como veremos enseguida), la capacidad de constituir y mantener relaciones saludables y de retener cierta capacidad de acción sobre nuestras vidas es vital para la salud y el bienestar. Propuestas por los psicólogos Ryan y Deci en su revolucionaria Teoría de la determinación[127], estas necesidades se consideran universales, innatas y esenciales, y, si se cubren en vida, confieren una continua sensación de integridad y eudaimonia.[128] Los beneficios de cubrir estas necesidades van más allá de lo personal y se extienden a lo profesional: no solo mejoran la auto-dirección, la motivación y el rendimiento (¿qué empresas no querrían eso?), sino que también refuerzan nuestra confianza y contribuyen en líneas generales a un sentido más profundo del propósito empresarial. Lo contrario, desde luego, también es cierto: se pasa mucho tiempo en entornos sociales que socavan esas necesidades, y terminamos sintiéndonos angustiados, alienados y controlados, lo cual, llevado al extremo, deviene en crisis de salud mental. Si estamos interesados en aplicar tales perspectivas para profundizar en la relación con clientes, colegas, o incluso amigos y familia, con el conocimiento de cómo estos impulsos fundamentales conforman nuestra conducta, estaremos en mejor situación de generar las condiciones para que florezcan las relaciones personales y los negocios a largo plazo. Luego, ¿qué son exactamente estas necesidades y cómo creamos contextos que ayuden a satisfacerlas?

Bueno, la primera necesidad es la de autonomía, que no es sino vivir de forma auténtica y sin coerciones, experimentando una total volición sobre nuestras conductas. Aunque nos veamos tentados a confundirla con el egoísmo, el individualismo o la independencia, al observarla bajo la lente de la psicología, la autonomía se relaciona con un sentimiento de proactividad (desde una perspectiva cultural, incluso se ha vinculado más positivamente con el colectivismo que con el individualismo)[129]. En el caso de Bloom & Wild y del «Movimiento de marketing considerado», simplemente el hecho de concederles control a los clientes de los mensajes publicitarios que reciben fue un medio de respetar y cubrir esa necesidad, una intervención de la que se derivan, no solo unos clientes más felices, sino una mejora de las relaciones públicas y el inicio de un diálogo general sobre el papel de la ética y el consentimiento en el marketing.

La segunda necesidad es la competencia, el deseo de ser eficaces y capaces de lograr nuestras metas. Mientras que la autonomía se relaciona con la libertad de dirigir nuestras propias vidas, la competencia pasa por sentir que emprendemos acciones útiles para lograr el resultado deseado. Experimentar nuestra propia competencia, no solo mejora la autoconfianza y nos hace sentir bien, sino que, si se complementa con la autonomía (y se hace el seguimiento de cómo se cubren estas necesidades a lo largo del tiempo), se empiezan a predecir fluctuaciones diarias en el estado de ánimo, la vitalidad y la autoestima[130]. De hecho, satisfacer ambas necesidades potencia la motivación intrínseca, un estado deseable de implicación por puro placer o interés y no por alguna recompensa o incentivo externos.

Fuera de lo personal, los beneficios psicológicos de creer que se está logrando un avance eficaz hacia los objetivos[131], y el diseño de ámbitos que favorezcan la competencia también comporta implicaciones más amplias para la sociedad, la democracia e incluso la cultura corporativa, sobre todo si reflexionamos sobre las motivaciones que impulsan a los más jóvenes en el mundo laboral actual. Dichas implicaciones tal vez formen parte de las razones por las que Bloom & Wild recibió una respuesta tan amplia y positiva a su iniciativa: en un mundo virtual concebido para privarnos de toda capacidad de intervención y del poder de hacer algo al respecto, si a la gente se le devuelve cierta percepción de autonomía (libertad de elegir) y competencia (destreza para actuar), es muy probable que se muestren agradecidos por tal oportunidad y eso se traduzca en una mayor motivación para relacionarse contigo a largo plazo, No obstante, para fomentar una mayor resiliencia vinculante entre las personas y los negocios con los que interactúan hay que cumplir un tercer criterio final.

Conocida como afinidad, esta necesidad alude al deseo de formar parte de algo, de sentirse aceptado y comprendido por las personas que nos importan. Al ser uno de los predictores más fiables de la buena salud de las relaciones personales y el bienestar[132], la afinidad (y la necesidad de intimidad y validación) es uno de los motores más poderosos del comportamiento humano y, al experimentar esto con la sensación de seguridad, es mucho más probable que florezca la motivación intrínseca[133]. Como este es el tipo exacto de motivación que cubre nuestras necesidades más profundas, no sorprende que incidir en las aspiraciones intrínsecas (como la integración social y el crecimiento personal) se asocie positivamente con la autoestima y la auto-realización, ambos indicadores del grado de bienestar.[134]

Entonces, ¿dónde encontrar ejemplos de marcas comerciales que se alineen con las aspiraciones intrínsecas y cubran las tres necesidades? Bueno, pensemos en las empresas con certificado B y daremos con un ecosistema completo de negocios concebido para hacer exactamente eso. Como su misión es el «equilibrio entre beneficios y finalidad» y se recurre al crecimiento para generar un «impacto positivo en... trabajadores, población y medioambiente»[135], está claro que tales empresas (y sus clientes) valoran más cosas que únicamente los marcadores externos de éxito. Desde panaderías hasta fábricas de plástico, el elemento diferenciador de estas empresas es que ofrecen algo más a sus accionistas que el triunvirato de riqueza, influencia e imagen. En lugar de eso, proporcionan a los clientes autonomía (una vivencia auténtica de sus valores), competencia (las compras se abordan con una intención ética para conseguir un cambio real), y pertenencia (se genera colaboración con los clientes y devolviendo algo a las comunidades locales): es un enfoque que parece funcionar.

Por lo que se refiere a la resiliencia, sobre todo en tiempos de incertidumbre, esas necesidades –autonomía, competencia y pertenencia– son las que suelen sufrir primero y generan un sentimiento de desconexión, ansiedad y miedo. Cuando sentimos que perdemos control sobre nuestras vidas, que no somos capaces de cambiar el entorno ni estar con las personas que amamos, es esa capacidad de conseguir pequeñas victorias y momentos de avenencia lo que trae algo de esperanza a un paisaje por lo demás sombrío. Por eso algunas empresas florecen mientras que otras se vienen abajo; aquellas que intencionadamente crean culturas, experiencias para los clientes, productos y servicios que cubren sus necesidades fundamentales están mejor preparadas para un entendimiento más significativo y profundo con la gente. Y, si las cosas salen mal, esa reserva de buena voluntad y lealtad permitirá a esas empresas superar las dificultades.

Establecer vínculos

Desde la década pasada, o incluso antes, hemos presenciado una corriente de interés en el mundo por la ciencia del comportamiento, puesto que empresas y personas desean entender las dinámicas ocultas de la persuasión y la toma de decisiones. Si el lector está familiarizado con este campo sabrá que pocas veces hay cambios de conducta cuando se apela a la razón; en lugar de eso, hay que evocar respuestas emocionales que favorezcan el resultado que se desea. Esta tendencia subyacente es una de las razones por las que, cuando tratamos de atribuir conductas de los consumidores (por ejemplo, un aumento de las ventas) a acciones específicas (una campaña publicitaria), una de las herramientas más útiles es el análisis del grado de aprobación. Sea mediante datos biométricos, el análisis de textos o el procesamiento del lenguaje natural, la capacidad de identificar, extraer conclusiones y analizar cómo se siente la gente respecto a algo nos ayuda a cubrir mejor sus necesidades y alcanzar nuestros objetivos. También es la razón por la que algunas de las empresas más ricas del mundo han invertido sumas inimaginables en investigar y desarrollar esas técnicas.

Son muchas las razones por las que la medición del nivel de aprobación resulta valioso, aunque, cuando se trata de la resiliencia de las marcas comerciales, una destaca en particular. Ya sea como individuos, o como sociedades u organizaciones, la capacidad de afrontar la adversidad y contraatacar depende en gran medida de la calidad de las relaciones interpersonales y de la capacidad para establecer vínculos sanos con las personas que nos importan. La idea de que los vínculos emocionales son fundamentales para nuestro bienestar fue propuesta por primera vez en la década de 1960, cuando el psiquiatra británico John Bowlby desarrolló la Teoría del apego para explicar cómo las primeras experiencias con nuestros cuidadores primarios influyen en nuestro desarrollo social y emocional[136]. Según esta teoría, sentimos el impulso de crear vínculos emocionales poderosos con el fin de cubrir nuestras necesidades humanas básicas, empezando por esas experiencias más tempranas con la madre (cuidador primario), para luego ir evolucionando y pasar a amistades y relaciones románticas cuando crecemos. Al igual que los vínculos con amigos, familia y amantes varían en intensidad, lo mismo ocurre con las recompensas: por lo general, cuanto más sólido sea el vínculo, mayor será el sentimiento de conexión, el amor, el afecto y la pasión que experimentemos[137].

Lo interesante desde la perspectiva de las marcas es que, cuando establecemos una fuerte adhesión con alguien, es mucho más probable invertir en esa persona y comprometerse, por lo que también es más probable que hagamos sacrificios por ella.[138] Como muchas organizaciones crean intencionadamente identidades o «personalidades» de cara al público, tiene lógica el que presupongamos dinámicas similares entre los consumidores y sus marcas favoritas. Si estamos interesados en la lealtad del cliente o en su deseo de hacer sacrificios monetarios (como pagar recargos) por obtener bienes o servicios específicos, calibrar la solidez de la adhesión de una persona es un medio con el que determinar la mejor forma de cubrir sus necesidades emocionales.

Por lo demás, el apego no se manifiesta sin más en nuestras relaciones; también es aplicable a objetos. Si pensamos por un momento en nuestras posesiones más queridas e irremplazables es probable que sean pocas y tengan una significación profunda para nosotros.[139] Como el apego por tales objetos está entretejido en parte con recuerdos emotivos que nos conectan a ellos,[140] si las marcas son capaces de crear relatos emocionalmente evocadores que las conecten con sus clientes del mismo modo, tendrán más posibilidades de generar un apego más profundo por objetos específicos (y, por extensión, por la marca en sí). Quizá parezca sencillo; sin embargo, las adhesiones, como pasa con todos los comportamientos y motivaciones del ser humano, pocas veces adoptan una sola forma y tamaño. Para verlo en contexto, aunque la teoría de Bowlby revolucionó el modo en que concebimos las relaciones personales, hasta que la psicóloga evolutiva Mary Ainsworth profundizó en el tema no entendimos algunos de los tipos clave de apego –apego seguro, apego evitativo y apego ansioso– con los que estamos familiarizados hoy en día.[141] Aunque aquí no me adentre en detalles, baste decir que el tipo de apego influye profundamente en la forma de relacionarnos con gente de todo tipo. Pero, ¿qué tiene esto que ver con el mundo empresarial?

Bueno, los vínculos emocionales no solo se desarrollan entre personas; como dije con anterioridad, también se establecen entre marcas y clientes para mejorar el éxito y la prosperidad a largo plazo de la empresa,[142] convirtiendo la adhesión a la marca en uno de los activos más valiosos que se puedan cultivar, sobre todo en períodos de incertidumbre. Aparte de hacerlo en tiempos convulsos, también se obtienen beneficios significativos en cuanto a dividendos: no solo los réditos generados por una fuerte adhesión corren menos riesgo de interrupción,[143] sino que, si la base clientelar es muy leal, también es más probable que vuelvan a comprar esa marca «contra todo pronóstico y a cualquier coste», incluso cuando son tentados a cambiar con incentivos[144].

El apego a las marcas también resulta útil para hacer predicciones sobre el comportamiento. Cuando los mercados son volátiles y los flujos de ingresos erráticos, hacer una valoración clara y basada en evidencias para ajustar el enfoque supone la diferencia entre la supervivencia y una muerte difícil. El problema es que, cuando tratamos de hacer tales predicciones, muchas empresas se centran en elementos equivocados. En vez de adquirir una imagen completa de sus clientes, limitan la observación a la actitud ante la marca y pasan por alto inadvertidamente algunos de los datos más valiosos que podrían usar. Entonces, ¿qué es exactamente la actitud ante la marca? En esencia, mide el juicio que el cliente hace de lo buena o lo mala que le parece una marca según su percepción. El problema es que, como tales valoraciones se realizan a distancia, es posible que adoptemos actitudes (positivas o negativas) respecto a algunas marcas o productos, sin que sean importantes ni centrales en nuestras vidas. Y, aunque resulte útil saber lo que la gente piensa de uno, dado que las actitudes se basan en un procesamiento mental fácil de adoptar[145] sin siquiera un contacto directo con las marcas, no nos dirán lo que los clientes realmente sienten por uno.

Para obtener una imagen más completa y rica de la relación entre clientes y marcas nos fijaremos en un tipo distinto de dinámica. Teniendo similitudes con la anterior teoría de Bowlby, la Teoría del apego a las marcas describe el vínculo emocional que se establece entre marcas y personalidad a lo largo del tiempo. A diferencia de las evaluaciones remotas que conforman las actitudes, cuando las marcas cultivan un apego emocional con los clientes se desarrolla un vínculo cognitivo mediante el cual opinan que la marca es relevante.[146] Si bien el apego a la marca no es el único factor que inspira lealtad o el deseo de pagar más, sí evoca el tipo de conexión, afecto y pasión[147] que convierte a los consumidores de clientes eventuales en clientes fieles de por vida con los que muchas empresas no se atreven siquiera ni a soñar.

Como el apego a las marcas refleja una relación y un compromiso más profundos por parte del consumidor, no debería sorprender que sea también un poderoso predictor de sus intenciones a la hora de invertir tiempo, dinero, e incluso reputación, en una marca. También resulta más exacto en la predicción de los comportamientos de consumo y en la posibilidad de que un cliente elija una marca sobre otra, lo cual es especialmente útil cuando uno quiere afianzar su posición frente a la competencia.[148] Ni que decir tiene que el apego a las marcas no es meramente un *desiderátum*: a medida que el mercado global se vuelve más complejo, saber valorar y cultivar el apego positivo a las marcas permite establecer vínculos emocionales más profundos que potencien la lealtad del cliente,[149] protegiendo así a las empresas frente a las vicisitudes de un futuro incierto.

Lazos que atan

Luego, ¿cómo se crea exactamente un apego más fuerte a las marcas? Todo se reduce a cuatro motivaciones clave. La primera es la capacidad de generar respuesta de las marcas, que nos retrotrae a las tres necesidades psicológicas básicas que examinamos anteriormente. La capacidad de generar respuesta y la familiaridad se consideran los pilares básicos de una adhesión saludable con los demás,[150] lo cual significa que, si se responde apropiadamente a las necesidades de autonomía, competencia y afinidad del consumidor, será más factible generar apego emocional. ¿Por qué? Porque, cuando una relación cubre dichas necesidades, no solo se experimenta una mayor sensación de bienestar, autoestima y vitalidad, sino que también se adquiere una sensación de seguridad, satisfacción y compromiso con la relación. Y, lo que es más, cuando surgen conflictos y desacuerdos inevitables es más probable ser comprensivos y responder con una menor actitud defensiva.[151] Desde la perspectiva de las marcas comerciales, si se mejora la sensación de afinidad y autonomía del consumidor sin inhibir su sensación de competencia, crearemos las condiciones adecuadas para establecer un sólido apego a las marcas.[152]

La segunda motivación crucial del apego a las marcas es la congruencia con uno mismo, un concepto básico en muchas de las campañas más persuasivas y exitosas del mundo. En dicho contexto, la congruencia con uno mismo se refiere al grado en que la imagen o identidad de las marcas es congruente con el autoconcepto «real» o «ideal» de autoidentidad,[153] y es una buena forma de que las marcas capten nuestra atención y nos muevan a actuar. Lo curioso aquí es que la búsqueda de la congruencia con uno mismo nos encamina por dos vías diferenciadas.

Aunque las marcas hayan dependido históricamente de nuestras visiones más ambiciosas para conseguir que compremos (compra este producto y obtendrás esta gran promoción, este fantástico compañero o este cuerpo perfecto), hay pruebas que sugieren que a veces es más probable dar en el clavo cuando nos limitamos a lo real (reflejando el yo «verdadero»), sobre todo cuando se trata de potenciar la percepción que la gente tiene de la autenticidad de las marcas.[154] ¿Por qué? Volvamos a la disonancia cognitiva. Como vimos en el capítulo 2, la tensión psicológica se manifiesta cuando entran en conflicto valores, ideas o creencias,[155] o cuando emprendemos acciones en contra de nuestros ideales, una experiencia tan incómoda que llegaremos muy lejos para resolver la contradicción. Por eso a menudo preferimos marcas que promocionen una imagen o identidad que también refleje nuestra auto-identidad real (en oposición a la ideal),[156] y también explica por qué las campañas de positividad corporal e inclusividad, como los anuncios de lencería Savage X Fenty de Rihanna, tienen un impacto tan profundo cuando se hacen bien.

También existe, desde luego, el camino trillado y probado de las marcas inspiradoras, que muestran a los clientes cómo podría ser su vida «ideal». Tal enfoque es persuasivo por otro motivo: su capacidad para conectar con el deseo de mejorar la autoestima. El deseo de mejora personal que el ser humano abriga es tan poderoso que, de hecho, nos impulsa a comprar esas marcas que pensamos que ayudan a proyectarnos y a ser ese yo ideal.[157] Incontables estudios confirman ahora lo que los publicistas comprendieron hace tiempo: que en nuestras preferencias por ciertas marcas (y en nuestra actitud hacia ellas) influye el nivel de congruencia ideal con nosotros mismos. Eso significa que, cuanto mayor sea la conciliación entre la imagen de una marca y quién se aspire a ser, más probable será que el consumidor la compre.

Por supuesto el problema radica en que somos seres complejos y también propensos a la comparación social; luego, si una marca nos vende un ser ideal aparentemente inalcanzable, puede que al final genere sentimientos negativos y que toda la campaña publicitaria se vuelva en contra de la compañía.[158]

La clave está en discernir el mejor enfoque para el destinatario ideal y en saber cómo orquestar una campaña que provoque el efecto deseado. Tomemos como ejemplo la fábrica de cerveza escocesa BrewDog. A medida que ha ido aumentando la preocupación por nuestro impacto sobre el planeta, cada vez más compañías han respondido comprometiéndose a ser neutras en emisiones de carbono. Nada convencida del impacto real de estas acciones, en agosto de 2020 BrewDog anunció oficialmente su conversión en negativa en huella de carbono, siendo así la primera multinacional de su clase en alcanzar ese notable estatus.[159] Para aquellos que compartan esta preocupación, compañías como BrewDog ofrecen una forma deseable de gastar dinero en alguien que cumple lo prometido, acercándonos así un paso más a la versión ideal –y a la que aspiramos– de nosotros mismos y del planeta que queremos habitar. Al ofrecer la posibilidad de ser congruentes con nosotros mismos (porque los valores climáticos de la compañía se adecuan a los de sus clientes), BrewDog ha creado la oportunidad perfecta para que nuevos y antiguos clientes sientan más apego a la marca, potenciando así su resiliencia a largo plazo.

Aunque parezca obvio que solemos preferir y mantener relaciones duraderas con las marcas cuya identidad refleja la nuestra,[160] crear ese apego también puede tener consecuencias no intencionadas. Cuando una marca consigue tal grado de conciliación (cuando su identidad coincide con la nuestra), podemos desarrollar un apego tal que nos volvamos dependientes de ellas, hasta el punto de sentir ansiedad cuando no tenemos acceso al producto o servicio.[161] Asimismo, la separación también agudiza el amor a esa marca,[162] y la dicha del reencuentro establece una suerte de círculo vicioso. Quizá uno de los ejemplos más tristemente célebres y clásicos sea el de «New Coke», que salió al mercado hace treinta y cinco años, en abril de 1985.

Creación original del bioquímico estadounidense John Stith Pemberton en 1886, Coca-Cola ha conservado más o menos su fórmula original (salvo la Coca-Cola actual) unos 99 años más o menos. Marca de mucha solera y muy apreciada, cuando su rival Pepsi comenzó a ganar cuota de mercado milímetro a milímetro, Coca-Cola decidió hacer algo al respecto, y así acometieron la tarea ingente de lanzar un producto nuevo. Por desgracia para ellos, fue un fracaso épico. Los fieles seguidores de Coca-Cola se sintieron tan abatidos por el cambio de sabor de su bebida favorita que, a los setenta y nueve días de haber llegado el producto a las tiendas, la compañía dio marcha atrás y volvió a suministrar a sus fans la Coca-cola clásica que tan amargamente echaban de menos. La nueva cola fue relanzada como Coke II y, aunque su producción continuó hasta 2002, y pese a disfrutar de un limitado eco en 2019 (en asociación con *Stranger Things*, la serie de Netflix ambientada en los Estados Unidos de la década de 1980), nunca remplazó a la original.[163] Sea cual fuere la línea de trabajo, el estudio de este caso es un ejemplo de lo poderoso que puede ser el apego a una marca y de los extremos a los que una empresa puede llegar para reparar el daño cuando el vínculo emocional se ve amenazado (y la cuenta de resultados).

El tercer factor impulsor del apego es la experiencia sensorial de las marcas, que fomenta los vínculos emocionales, ofreciendo al cliente experiencias ricas y multisensoriales, algo que la marca austriaca de bebidas energéticas Red Bull conoce muy bien. En vez de ceñirse a los parámetros más tradicionales de comercialización de productos, Red Bull fue una de las primeras compañías en concebir y ser consciente de lo que desde entonces se ha convertido en un codiciado ecosistema de experiencias multisensoriales del que participa la gente. Partiendo de unos humildes comienzos, la expansión de la marca a través de deportes extremos, mediante el patrocinio de eventos culturales y la utilización (y comercialización) de los trucos publicitarios más audaces, no solo creó nuevas fuentes de ingresos que trascendían el mercado de las bebidas energéticas enlatadas, sino que también permitió un cambio de identidad fundamental y proyectó a Red Bull como una marca de vanguardia atractiva para los futuros consumidores. Desde las series mundiales de Salto de Acantilado Red Bull hasta los ejercicios acrobáticos más extravagantes, como el Proyecto de Salto Acrobático desde la Estratosfera (en el que participó el paracaidista Feliz Baumgartner, que se lanzó en caída libre desde un globo de helio a enorme altitud), Red Bull ha triunfado al conseguir crear un espacio visceral muy particular y establecer un «mito en torno a la marca»[164] que la gente puede experimentar directamente y al que aspirar.

No obstante, crear la necesidad de vivir experiencias sensoriales irresistibles asociadas a marcas no tiene por qué ser complejo ni caro; incluso la introducción de un olor sutil y distintivo (esos que encontrarás en las tiendas de Antropologie) puede bastar para obtener efectos deseables. Al incorporar esa capa olfativa a la mezcla, una experiencia de compra que de otro modo se circunscribiría al ámbito de lo visual y táctil, de pronto se expande e incluye una dimensión más visceral. Si esta experiencia es positiva y se repite en el tiempo, no solo crea un mayor apego emocional a la marca,[165] sino que, cuando es memorable, también provoca que los clientes se identifiquen más con la propia marca.[166]

El cuarto y último factor que genera apego a las marcas es la Responsabilidad Social Empresarial (RSE). Sabido que influye en el modo en que los clientes evalúan los productos,[167] una buena estrategia de RSE también ayuda a las marcas a establecerse y reforzar los vínculos emocionales con los consumidores, sobre todo de los menos elusivos (¿recordáis los tipos de apego?) y a valorar las relaciones afables con la gente.[168] Aunque los estudios sugieran que una buena estrategia de RSE (o, en realidad, ASG) favorece una mayor adhesión y apego a las marcas o «el amor entre consumidores y tenderos»,[169] si se quiere dar un paso más adelante, un enfoque basado en datos que segmente a los clientes por personalidad y por rasgos basados en sus valores proporcionará una profundidad adicional a tales perspectivas. En este caso, una buena (y anticuada) tarjeta de fidelización (para recoger consensuadamente datos del consumidor) se podría combinar con programas de incentivos con que ayudar a las marcas a tener un mejor entendimiento de los patrones de consumo asociados con los rasgos de la personalidad de los consumidores y sus sistemas de valores (lo que estudiaremos en el siguiente capítulo).

Si bien es cierto que las empresas con políticas de sostenibilidad suelen tener más beneficios a largo plazo que las que no las tienen[170] (tanto en términos de contabilidad como de rendimiento en el mercado de valores), si lo que se quiere es aumentar el impacto positivo, tal vez sea reconfortante saber que no se puede ser todo para todo el mundo. En un estudio pionero dirigido por la escuela de negocios de Harvard, los investigadores hallaron que, en vez de centrarse en gran variedad de aspectos sobre ASG (Criterios Ambientales, Sociales y de Gobernanza), las empresas con buena puntuación y que solo se preocupan por aspectos materiales de ASG (problemas que probablemente afectaban al rendimiento operativo o a la situación financiera de las compañías) suelen tener más beneficios que sus competidores que adoptaron un enfoque más amplio y financieramente inmaterial.[171] Por supuesto, en el caso de las generaciones más jóvenes, de los activistas y las ONG, cada vez mejor equipadas para aplicar una presión dirigida y en una escala en expansión, a las empresas les resulta cada vez más difícil salir bien libradas con políticas y comportamientos inadecuados. Preocupaciones que, discutiblemente, aunque fueran financieramente inmateriales en el pasado (como el acoso laboral o las prácticas de contratación inclusivas) se vuelven enseguida materiales, creando todo tipo de dificultades legales, financieras y de reputación a las empresas que no dan la talla. A medida que muchas culturas del mundo –en el ámbito laboral y fuera de él– se vuelven menos permisivas ante las malas conductas, los problemas que se nos escapen y no abordemos hoy en las empresas se pueden convertir perfectamente en las campañas #MeToo del mañana. Por esa razón las organizaciones y sus líderes se deben preparar mejor para anticiparse y responder a los problemas cambiantes de ASG a medida que surjan: su mera supervivencia depende de ello.

Un nuevo tipo de liderazgo

Nuevos retos requieren cambios en la forma de trabajar. Al alejarnos de las cadenas de suministro jerarquizadas y tradicionales y optar por ecosistemas generados en torno a plataformas digitales y alianzas dinámicas, el éxito de cualquier empresa depende cada vez más del estado de una amplia red de contactos. Cuando es recíproca, activa y saludable, toda sólida red de contactos mantiene a sus miembros al alza en tiempos de dificultad mediante una resiliencia interdependiente que se extiende más allá de la esfera inmediata de cada individuo. Entonces, ¿cómo aumentar el bienestar vincular de una empresa y su ecosistema? Todo empieza por el liderazgo.

Si le pidiese al lector que explicase cómo se estructuran y lideran habitualmente las empresas es muy probable que describiera una cierta versión de una jerarquía tradicional, donde un fundador o director ejecutivo tiene la misión de proyectar una visión, plasmarla y dirigir el futuro de la empresa. En ocasiones llamado liderazgo heroico, este modelo procedente de la era industrial perdura todavía, siendo muchas las empresas que establecen una frontera clara entre los que ocupan posiciones de poder y los que tienen que rendir cuentas. Aunque haya líderes más carismáticos, transigentes y transformativos que otros, si arañamos la superficie encontraremos a menudo el mismo flujo de poder unidireccional, siendo la persona en la cima la que establece ciertas políticas y prácticas diseñadas para minimizar cualquier fricción que impida el progreso de su visión.

Aunque este estilo de liderazgo cumpla una función, sus líneas de fractura y limitaciones cada vez son más difíciles de ignorar. A medida que se acelera el ritmo de cambio son más las personas que se aperciben de que, cuando acción y autonomía se concentran en las manos de unos pocos, se produce a expensas de los más. Sin embargo, a pesar de los costes potenciales, para muchos líderes este enfoque concreto es el único modelo mental que conocen y, como la resistencia al cambio puede ser grande, se mantienen los viejos métodos. Esta tozuda inflexibilidad es algo que Cindy Gallop, fundadora y directora ejecutiva de MakeLoveNotPorn, conoce demasiado bien. Cuando le pregunté si cree que empieza a haber algún cambio respecto a esas cualidades del liderazgo que ahora empezamos a valorar, ella afirmó que nunca «deberíamos plantearnos esa pregunta con un verbo conjugado en pasiva. Solo se aprecia cambio cuando tú y yo, y todos los demás, logramos que ese cambio se produzca. Los cambios no ocurren de forma natural. Los cambios ocurren cuando los seres humanos, cuando seres humanos extremadamente motivados, determinados y totalmente comprometidos, provocan esos cambios».

Y por eso persiste el viejo modelo. En lugar de invitar a los trabajadores a participar activamente en el desarrollo económico y cultural de las empresas (probablemente rompiendo el *statu quo*), lo que se espera de ellos es que cumplan su rol asignado, idealmente con la mínima disconformidad posible. Ya se logre con medidas punitivas por parte de líderes autoritarios, o con el refuerzo positivo de un jefe carismático, las estructuras resultantes son muy parecidas. Al ejercer poder sobre los demás y tomar decisiones unilaterales, el líder heroico asume esas decisiones autocráticamente y, al hacerlo, priva a la empresa de la oportunidad de generar soluciones más diversas, creativas e innovadoras a problemas difíciles. Al final, a medida que se agranda la brecha entre dependencia y empoderamiento, esta forma de liderazgo resulta contraproducente, lo cual refuerza una cultura en que la microgestión y el acoso laboral son la norma. Si esta situación se prolonga el tiempo suficiente y los trabajadores sufren menoscabo y se desvinculan, su productividad se reduce, se agudiza el absentismo y la espiral descendente deriva rápidamente en una carrera hasta el fondo. Luego, ¿cuál es la alternativa?

Recordemos ahora las lecciones aprendidas del caos de la pandemia del coronavirus. De las muchas revelaciones que surgieron de la crisis, una de las más fascinantes fue la relación entre el éxito de la estrategia de contención de un país y el liderazgo que la concibió. Entre las naciones que inicialmente lograron mantener baja la mortalidad mientras otras veían como se disparaba, la mayoría compartió un punto concreto en común: eran países con una mujer a la cabeza del Estado. Desde Jacinda Ardern en Nueva Zelanda, hasta Tsai Ing-wen, presidenta de Taiwán, los datos sugieren que las estrategias más exitosas a la hora de contener y enfrentarse al virus se dieron en países liderados por mujeres. Pero, ¿por qué?

A pesar de los que afirman lo contrario, estudios cuantitativos a gran escala sugieren que, cuando se trata de liderazgo, las diferencias de sexo respecto al talento son casi inexistentes o, cuando existen, tienden a ser favorables a las mujeres.[172] No obstante, aunque resulte tentador afirmar que el éxito de esos países se debió simplemente a diferencias de sexo, si observamos más de cerca veremos que surge un cuadro más matizado, un cuadro que –incluso antes de la pandemia– ya había cautivado la imaginación del catedrático Tomas Chamorro-Premuzic, cuya iluminadora obra *¿Por qué tantos hombres incompetentes se convierten en líderes? (y cómo evitarlo)* explora este complejo territorio. Durante nuestra conversación, Tomas opinó: «En un mundo lógico o normal no deberíamos haber necesitado de una pandemia para darnos cuenta de que a la gente, a los grupos y sociedades les suele ir mejor si sus líderes son inteligentes, amables y honrados». El problema es que «en esencia, preferimos la incompetencia masculina a la competencia femenina. Cuando seleccionamos, nominamos o elegimos líderes, nos centramos demasiado en el estilo. Los seleccionamos basándonos en su grado de confianza, narcisismo y carisma». A pesar de los datos y las presiones sociales cambiantes, explica Tomas, «cuando cuentas con las cosas que necesitas para un liderazgo eficaz, como competencia, humildad e integridad, nadie repara en ti ni se te descarta para roles de liderazgo... Básicamente, la brecha entre sexos se explica, no por el hecho en sí, sino porque nos centramos en los rasgos equivocados». Entonces, ¿en qué rasgos nos deberíamos centrar exactamente?

Echemos un vistazo, por ejemplo, al bloqueo nórdico. Mientras los países vecinos luchaban por mantener una mortalidad baja, Finlandia se destacó como un faro en la niebla con menos de un 10 % de muertes que la vecina Suecia. Dirigido el país por la primera ministra «milenial» Sanna Marin, no fue solo su sexo lo que determinó su enfoque, sino su estilo de liderazgo. En el momento de la crisis, no gobernaba sola –de modo inusual quizá–, sino con una coalición de cuatro partidos dirigidos por mujeres a fin de establecer estrategias de respuesta que minimizaran las consecuencias. En lugar de optar por un enfoque más sencillo, de arriba abajo, aquel proceso de colaboración requirió una cuidada negociación con el fin de cocrear una perspectiva más exhaustiva y estratégica: cualidades que caracterizan al menos practicado (pero muy eficaz) estilo de liderazgo posheroico.

Bellamente resumido en 1924 en su libro *Creative Experience*, Mary Parker Follett escribió que «el liderazgo no se define por el ejercicio del poder, sino por la capacidad de incrementar el sentimiento de poder entre los liderados. La labor más esencial del líder es la de crear más líderes».[173] Pensadora adelantada a su tiempo, Follett (al igual que Hannah Arendt después de ella) entendió que si los líderes empresariales fueran capaces de instilar un sentimiento de poder conjunto con los trabajadores,[174] y no de poder sobre ellos, aflorarían y se cultivarían capacidades de liderazgo que de otro modo seguirían latentes en toda la red de empresas. De forma muy parecida a como un director de orquesta identifica y cultiva las habilidades únicas de cada músico, el líder posheroico invierte en sus trabajadores, instila en cada uno de ellos el poder de alcanzar todo su potencial, y mejora así su rendimiento conjunto.

Aunque todos los líderes estén investidos de autoridad para tomar decisiones para el colectivo, los líderes posheroicos tratan de ser más participativos que sus pares autocráticos y, en lugar de eso, actúan como hábiles facilitadores para sacar lo mejor de sus trabajadores. En vez de optar solo por soluciones propias y depender de refuerzos contingentes para conseguir resultados (primas por buenos resultados, frente a penalizaciones por malos resultados, por ejemplo), estos líderes desarrollan la destreza de hacer preguntas abiertas, generando así, no solo un sentimiento de propiedad compartida entre el personal que dirigen, sino también una motivación intrínseca para obtener el éxito. Dado que la libertad de las preocupaciones extrínsecas en realidad nos ayuda a generar ideas más originales,[175] la adopción de un estilo de liderazgo que se centre menos en las gratificaciones monetarias y más en desarrollar un pensamiento divergente e innovador potencia el sentimiento eudaimónico (sentimos que actuamos más por un propósito y nos sentimos empoderados para participar activamente) y a largo plazo también resulta ser mejor económicamente.

Es este tipo de liderazgo ilustrado el que aborda Scott Barry Kaufman en su fascinante libro *Transcend: la nueva ciencia de la autorrealización*.[176] Cuando le pregunté cómo fomentar entornos que potencien un mayor sentimiento de satisfacción, él apuntó a la importancia de reenfocar el trabajo de los empleados (*job crafting*), y explicó: «Se pierde tanto potencial porque tenemos una visión desacertada o limitada, también respecto a qué facetas propias se supone que debemos recurrir en ciertas situaciones». Si realmente queremos obtener el máximo potencial, sugiere él, invitaremos a los empleados a que aporten «más características de su personalidad y talento» a fin de potenciar, y no menoscabar, la autorrealización.

Es un tema del que vuelvo a oír al hablar con Stephanie M. H. Moorre, profesora de Derecho Mercantil y Ética en la Universidad de Indiana. Al debatir sobre el futuro del mundo de los negocios y cómo crear organizaciones más flexibles y resilientes que empoderen a la gente para prosperar, ella sugiere: «Dejemos de pensar en el trabajo tal y como lo concebíamos tradicionalmente. Seamos más creativos como líderes en los procesos mentales y asumamos que todo el mundo tiene modos distintos de ser creativo, formas distintas de procesar información». Desde la perspectiva de los recursos humanos, apunta que: «Las conexiones y el respaldo son tan importantes como las personas, sobre todo con los trabajadores más jóvenes. Están deseosos de apoyo y comunicación, y también de que ese propósito positivo se extienda fuera del ámbito del trabajo. Cada vez es más importante». Si abordamos seriamente la cuestión de sacar lo mejor de los empleados con los que trabajamos está claro que primero deberemos renunciar a los viejos y obsoletos modelos de amonestación e instrucción para dejar paso a los nuevos. En vez de dar órdenes y esperar su cumplimiento, los líderes recurrirán a su autoridad para modelar los valores que quieren legar, de modo que se creen culturas organizativas en las que florezcan la creatividad y la colaboración, y destaque el rendimiento.

Los líderes deben recurrir a su autoridad para modelar los valores que quieren legar.

Barbara Kellerman, miembro de la *Harvard Kennedy School* desde hace más de veinte años, y escritora y editora de muchos libros sobre liderazgo y seguimiento, puede saber cómo lograrlo. Cuando le pregunté cómo concibe ella el liderazgo, me explicó que hay que estudiarlo «no a través de la perspectiva de una sola persona, sino como un triángulo equilátero, con tres vertientes igualmente importantes. Una es la del líder, otra la de los seguidores, y la tercera... es el contexto», que comprende «no solo la naturaleza de la empresa, la comunidad o el país, sino también el momento en el tiempo». Barbara explica que «los seguidores son cada vez más exigentes que antes», y «que en el sector corporativo hay líderes débiles y también seguidores más fuertes». En la actualidad «los directores ejecutivos tienen, por lo general, una permanencia mucho más corta que antaño, el liderazgo les resulta más duro... Dos generaciones atrás, un director ejecutivo podía limitarse a decir 'haz esto' o 'haz lo de más allá', pero ahora no es ni mucho menos tan sencillo. En general, los consejos de asesores están ojo avizor y los líderes no tienen a todos sus miembros en el bolsillo. Hay múltiples grupos interesados que no dejan de increparlos y gritarles todo el tiempo, como la prensa, el público, ciertos clientes o hasta las fuentes de su cadena de suministros. En consecuencia, se trata de un entorno mucho más complejo obviamente de lo que era antes, y los líderes tienen menos libertad de acción, incluso los que están en la cima, para hacer lo que quieran cuando quieran». Y, cuando se trata de liderar frente a los problemas más graves e intratables, ella me dice que «cambiar el mundo como tiene que ser cambiado, enfrentarse a la emergencia climática, exigirá un nivel de colaboración entre naciones y sectores sin precedentes».

Por muy desalentador que pueda parecer, queda espacio para el optimismo, dado que empiezan a surgir brotes verdes. Como hay más organizaciones que diseñan culturas inclusivas para una mayor participación y autodesarrollo, está claro que algunas empresas ya están cubriendo esas necesidades más profundas de afinidad, autonomía y competencia. En vez de esa dependencia de la obediencia ciega de los trabajadores para que se haga el trabajo, este enfoque más humanista y sofisticado está abriendo rápidamente una vía para una oleada de resultados positivos. Sabida su vinculación con niveles más altos de rendimiento en equipo, productividad y participación,[177] el liderazgo transformador será vital para responder diestramente a entornos cada vez más dinámicos, ambiguos y complejos, y es a este enfoque al que deben el éxito empresas como Mercado Libre, una conocida compañía de comercio electrónico con sede en Argentina.

A la par de sus iniciativas de sostenibilidad en el ámbito de la educación y la iniciativa empresarial, Mercado Libre procura todo tipo de beneficios a su personal, desde horas flexibles de trabajo (sin reducción de la paga) y programas para el cuidado de niños, hasta guarderías y bajas por paternidad.[178] Además del evidente atractivo de estos beneficios adicionales, existe otra razón por la que esta empresa es un sitio tan interesante para trabajar, ya que se anima al personal a convertirse en «nómadas del saber», apoyando a los trabajadores que mejoran activamente su autonomía y forman comunidades a través de las cuales colaborar e implicarse en un aprendizaje autodidacta. Al estructurar intencionadamente un ámbito en el que se recompensa este tipo de participación y se apoya la vida familiar, la empresa no solo cubre las necesidades psicológicas más profundas, sino que también manda un mensaje de preocupación por el cuidado a sus clientes, mostrando que su ética está interiorizada.

Por el bien mayor

Por supuesto, estas no son las únicas cualidades que los líderes deben desarrollar para crear culturas y relaciones más saludables. También está la cuestión de cómo abordar situaciones difíciles cuando surgen. Allá por 2015, cuando Dan Price se fue a practicar senderismo por las hermosas Montañas Cascada con su vieja amiga Valérie, no sabía que volvería de aquella excursión siendo otro hombre. Al caminar por aquellas crestas con vistas a Seattle, su conversación derivó en cuestiones domésticas sobre la vida, y Valérie le contó algunas de sus luchas diarias. A pesar de haber servido once años en el Ejército y de tener dos trabajos que sumaban cincuenta asfixiantes horas a la semana, apenas llegaba a fin de mes. Su alquiler había subido de repente 200 dólares al mes y, no obstante, su poderosa ética de trabajo y un salario anual de 40.000 dólares, el aumento de la desigualdad salarial significaba que no se podía permitir una casa decente. La historia de Dan, en comparación, distaba mucho de parecerse a la de ella. Fundador en la adolescencia de Gravity Payments (una compañía que procesa tarjetas de crédito), su empresa da servicio en la actualidad a unos 2000 clientes, y a la tierna edad de 31 años, Dan ya era un director ejecutivo millonario. Al escuchar a su amiga se dio cuenta de que la experiencia de Valérie quizá fuese más habitual de lo que pensaba.

Decidido a cambiar las cosas, al menos para la gente que trabajaba para él, Dan dispuso hacer cambios fundamentales en su empresa. Calculó que, si quería elevar el salario mínimo de la compañía a una cifra que rondara los 70.000 dólares, experimentaría un sustancial recorte de un millón de dólares (el 90 % de su salario), renunciaría a sus acciones y ahorros, y tendría que hipotecar sus dos casas. La mayoría se echaría atrás ante la idea, pero ¿Dan? El hecho es que cuando anunció sus planes a la plantilla se hizo un silencio tan sepulcral (tal fue la incredulidad) que tuvo que repetirlo para que se hicieran a la idea. Para un tercio de sus empleados, aquella subida del salario mínimo fue tan grande que doblaron su renta en un instante, lo cual permitió a muchos comprar su primera casa (de un 1 % antes de aquella iniciativa a más de un 10 % durante los siguientes cinco años).[179] Desde luego, las noticias corrieron como la pólvora y no pasó mucho tiempo hasta que la poco ortodoxa ocurrencia de Dan atrajera el desprecio de los críticos. Tachado de «socialista puro y sin mezcla» por el presentador de radio de derechas Rush Limbaugh, la decisión de Dan provocó la ira de los que veían su sacrificio como un signo de debilidad. Pero cuando Dan afirmó: «Espero que esta empresa sea un caso de estudio en los programas de Administración de Empresas sobre cómo no funciona el socialismo, porque va a fracasar»,[180] no podía predecir que sí llegaría a ser objeto de estudio por parte, nada más y nada menos, que de la escuela de negocios de Harvard, pero no por su socialismo ni por su fracaso, sino por su escandaloso éxito.[181]

Hubo repercusiones, desde luego. Dan no solo hizo sacrificios personales en pro de sus valores, sino que también sufrió duros golpes en el trabajo, ya que dos de sus empleados más veteranos dimitieron como protesta, lamentando que esa medida volviese a la plantilla improductiva y perezosa. Pero aquí radica la cuestión: al elevarse los salarios, los trabajadores de Dan pudieron pagar sus deudas, mudarse más cerca de la ciudad y tomarse vacaciones sin miedo de perder dinero. Al crear un entorno en el que la gente era valorada y recibía apoyo, los trabajadores también pusieron de su parte y la productividad mejoró. En vez de la motivación intrínseca de ganar suficiente dinero para ir tirando, sabedores de que ingresarían suficiente dinero para cuidar de sí mismos y de sus seres queridos, la atención de los trabajadores derivó a las recompensas intrínsecas.

Aunque resulte tentador detenerse aquí y dormirse en los laureles de estos beneficios psicológicos y de productividad, este no es el final de la historia. Cuando entró en escena el coronavirus a comienzos de 2020, Gravity Payments, como muchas otras empresas, recibió un golpe terrible. Sus ingresos se redujeron un 50 % y empezó a perder unos 30.000 dólares diarios. Si las cosas no cambiaban, y rápido, se quedarían sin liquidez en cinco meses. Toda la fanfarria de haber conseguido un salario mínimo más alto para sus trabajadores se quedaría en nada si la empresa tenía que cerrar, así que recortaron gastos donde pudieron, pero siguió sin ser suficiente. Elevar los precios y despedir gente podría haber sido una opción, pero su negociado era sobre todo de pequeños clientes y de negocios independientes que también estaban sufriendo la crisis: querían evitar los despidos siempre que fuese posible. Al final, después de agotar las demás opciones, la mayoría de los empleados de Gravity se ofrecieron a un recorte temporal de su salario para proteger a la empresa. La buena disposición de Dan a sacrificar sus beneficios personales empezó ahora a dar dividendos, y al cabo de veinticuatro horas la mayoría de la plantilla había renunciado a 400.000 dólares (más o menos el 20 % de su nómina) y se ofrecieron a ceder entre el 10% y el 100 % de su salario el mes siguiente para mantener a la empresa a flote.[182]

Lo notable no es que el recorte de las nóminas funcionase, sino que la solución fuera adoptada por los mismos empleados. Al colaborar para resolver el problema, la plantilla asumió la propiedad compartida en el proceso, adquiriendo no solo una mayor sensación de autonomía y control, sino también una mayor motivación para cumplir con su trabajo. En el momento de escribir estas líneas, la empresa de Dan sigue fuerte y se ha convertido en una firme defensora de reformar la organización de las empresas. Desde asumir responsabilidades y hacer sacrificios personales, hasta transformar la cultura laboral y adoptar compromisos recíprocos con la plantilla, la historia de Dan revela alguna de las cualidades más importantes que requerimos de los líderes actuales.

Integridad y las cuatro C

Desde empresas emergentes hasta multinacionales globales, si somos serios respecto a contribuir a un bien más general tendremos que hacernos algunas preguntas fundamentales: ¿Con qué recursos o experiencias contamos, como empresas e individuos, al servicio de la sociedad? Y ¿cómo alterar nuestros procesos y objetivos para aplicar cambios a largo plazo? En el ámbito de los incentivos existen varios enfoques exitosos para superar la miopía corporativa. Una de esas intervenciones fue portada de las noticias de 2018, cuando la American Accounting Association sacó a la luz un estudio de arbitraje que contenía algunas cifras convincentes. Al analizar los datos durante períodos en que Estados Unidos había cambiado la frecuencia de rendición de cuentas financieras, se dio cuenta de que la publicación más frecuente de informes de ganancias influía activamente en el declive de las inversiones, la eficacia operativa y el crecimiento de las ventas. En contraste, las empresas que emitieron informes una vez al año crecieron casi un 3,5 % más que sus competidoras que rendían cuentas trimestralmente, así como también un 10 % más de media en las ventas anuales como porcentaje de sus activos.[183]

Si bien el estudio llamó mucho la atención, los datos en sí no eran nuevos. No obstante, sí sirvió para reivindicar un enfoque que ya se había comprobado años antes. Cuando Paul Polman, director ejecutivo de Unilever, volvió a anunciar en 2009 que la empresa dejaría de emitir informes trimestrales de ganancias, el precio de sus acciones cayó un 8 %, y fueron muchos los preocupados porque esa fuese una mala decisión. Tras explicar que la compañía necesitaba «suprimir la tentación de trabajar solo para obtener buenas cifras», con el fin de centrarse en los objetivos del Plan de Vida Sostenible, Unilever aguantó el tipo y desde entonces Polman ha informado de que «se están tomando mejores decisiones».[184]

Sin embargo, las empresas no tienen por qué ceñirse solo a un enfoque: los incentivos también se adecuan si cambia la forma en que se estructuran las primas. El Reino Unido, por ejemplo, ya ha dado grandes pasos para evitar las lacras del cortoplacismo ampliando de tres a cinco años el período mínimo en que un director ejecutivo debe conservar su puesto,[185] proporcionando a esas personas un horizonte temporal más amplio para tomar sus decisiones. Este tipo de intervenciones, no solo limita el reclamo de ganancias rápidas, sino que también genera un contexto en que líderes y accionistas son más libres para tomar decisiones basadas en unos valores profundos. En el caso de Unilever, esto supuso cumplir y desarrollar sus metas de sostenibilidad. En el caso de Dan Price supuso crear un negocio que respondía por igual al bienestar financiero y emocional de sus trabajadores.

Sean cuales fueren los principios profundos que a uno le muevan, existe un elemento final que el liderazgo moderno y aquellos con poder para hacer cambios exigen ahora mismo, y es integridad. A pesar de su prevalencia en las conversaciones modernas (o quizás debido a ello), la integridad se ha convertido rápidamente en un cliché, devaluado con la misma rapidez con la que se adoptó, y, sin embargo, sigue siendo esencial para generar confianza y relaciones duraderas, tanto en el ámbito empresarial como en otros.[186] Tanto si se considera la integridad un compromiso inquebrantable con ciertos principios morales –p. ej. justicia, equidad y honradez–,[187] como una adhesión a unos valores y una ética, la integridad depende de la capacidad de cumplir lo que yo denomino las cuatro C, incluso (o quizás especialmente) cuando hacerlo conlleve un coste o sacrificio personales:

1. Asumir un **compromiso** con los propios valores. En el ámbito empresarial, esto significa comprometerse con principios tales como la equidad, el respeto, la justicia, la responsabilidad, la empatía, la transparencia y la honradez,[188] por citar unos pocos.

2. Ser **congruente** con palabras y hechos. Se trata de adecuar lo que se dice a lo que se hace,[189] y mostrar adhe-

sión a los valores con los que uno se ha comprometido. En términos prácticos se trata de cumplir lo prometido, decir siempre la verdad y asegurarse de cumplir las promesas hechas. Dado que esta congruencia afecta a la productividad de los trabajadores e influye en su nivel de compromiso con la empresa,[190] esta C rinde valiosos beneficios cuando se integra en el ADN de la empresa.

3. Ser **consecuente** en el tiempo. Al igual que la confianza, la integridad requiere tiempo y algo más que palabrería para probarse ante problemas de justicia social o campañas desechables para establecerse adecuadamente. La integridad exige paciencia para irse granjeando un historial en distintas situaciones y momentos, de modo que la reputación sea sinónimo de los valores adoptados.

4. Ser **coherente** en intenciones y conducta. Aunque esta cuarta y última C suene muy noble, en un mundo ideal las empresas no se comprometerían con ciertos criterios de conducta simplemente por cumplir leyes o tendencias; en su lugar harían lo correcto por las razones correctas. En vez de tomar un camino utilitarista en que los fines justifiquen los medios, las empresas que realmente se preocupan por la integridad emprenden ciertas acciones, no porque queden bien sobre el papel, sino porque reflejan unas creencias y principios más profundos. Aunque los dos resultados parezcan similares en la superficie, cuando solo se emprenden prácticas «responsables» por sus beneficios, eso también socava la integridad que se pretende.

Aunque los valores que aprobamos tal vez varíen de una nación a otra (tema del que hablo en mi libro *Webs of Influence*),[191] el postulado básico de cumplir lo prometido sigue siendo el mismo, sin importar la cultura local. Sea cual fuere el negocio, si queremos liderar con compasión e integridad nos comprometeremos a tratar a clientes, trabajadores y socios con respeto, transparencia y equidad, asumiendo la responsabilidad de nuestras acciones y haciendo todos los esfuerzos posibles por garantizar que dirigimos la empresa éticamente. Por último, como el mundo en que vivimos está tan interconectado, ha dejado de ser rentable esperar que los antiguos y desfasados modelos de negocio resuelvan los problemas a los que nos enfrentamos. El ritmo al que ahora se suceden las crisis y se hunden las economías interconectadas nos proporciona una clave de la escala y profundidad del cambio necesario en el enfoque para conseguir una vía por la que avanzar. Integridad y colaboración no tienen por qué aspirar a obtener una sana competencia o a una ventaja de comercialización, aunque, si queremos tener una oportunidad de crear las condiciones en que organizaciones y personal prosperen, ahora es el momento de sentar nuevos cimientos, comenzando por la forma en que dirigimos las empresas.

La integridad sigue siendo esencial para generar confianza y relaciones duraderas, tanto en el ámbito empresarial como en otros.

Claves

- Para conseguir la participación de los clientes, respetaremos las tres necesidades psicológicas fundamentales de autonomía, competencia y afinidad. La Teoría de la autodeterminación afirma que dichas necesidades son universales, innatas y esenciales, y potencia una mayor sensación de integridad, la eudaimonia, el propósito, la autodirección, la motivación, la confianza y la productividad.

- Según la Teoría del apego de Bowlby, sentimos el impulso de establecer vínculos emocionales poderosos. Cuanto más fuertes sean esos vínculos, mayor será el sentimiento de conexión, amor y afecto. Los lazos sólidos manifiestan una mayor inversión y compromiso, y los vínculos emocionales creados con marcas comerciales favorecen la prosperidad y el éxito de las empresas.

- Al predecir el comportamiento de los consumidores, todos los análisis del nivel de aprobación y apego a las marcas son mediciones más útiles que basarse solo en la actitud ante la marca. El apego a las marcas comerciales se cultiva potenciando la sensibilidad a estas, mejorando la congruencia empresarial, generando experiencias sensoriales con las marcas y estableciendo buenas estrategias de RSE y ASG.

- El liderazgo se considera un triángulo equilátero formado por un líder, los seguidores y el contexto.

- Los contextos ambiguos y complejos exigen estilos de liderazgo que favorezcan soluciones diversas, innovadoras y creativas por parte de los seguidores. El liderazgo heroico está cediendo rápidamente terreno al estilo más participativo y colaborador del liderazgo posheroico, el cual potencia el rendimiento, la productividad y la participación.

- La integridad es esencial para generar confianza y relaciones duraderas, y debe cumplir los criterios de las cuatro C: Compromiso, Congruencia, Consecuencia y Coherencia.

Capítulo quinto

El aliciente del lavado de imagen falso

Valores y «postureo ético»

«Cuando se adoptan los criterios y valores de otra persona... no estamos sino vendiendo nuestra propia integridad. Uno se convierte, dependiendo del grado de rendición, en menos que un ser humano».

ELEANOR ROOSEVELT[192]

Cumplir lo prometido

Fue un 25 de mayo de 2020 cuando la noticia del brutal asesinato de George Floyd hizo arder las pantallas de todo el mundo. Otra muerte inmisericorde e innecesaria que añadir a la larga y desgarradora lista... Las imágenes impulsaron un movimiento ya de por sí poderoso dirigido a condenar el racismo sistémico y la brutalidad policial, abanderando ahora el llamamiento del #BlackLivesMatter. Apenas una semana más tarde, los ejecutivos musicales Brianna Agyemang y Jamila Thomas exhortaron a los trabajadores de la industria musical a guardar silencio en solidaridad, a «parar un momento a fin de reflexionar por un diálogo franco, reflexivo y productivo sobre qué acciones emprender para apoyar a la comunidad negra».[193]

Al principio bajo el *hashtag* #TheShowMustBePaused, lo que comenzó siendo la acción de una industria específica rápidamente se expandió y abarcó la esfera pública, y gente de toda condición proclamó y mostró su apoyo, ahora ya bajo una bandera de mayor alcance: #BlackoutTuesday. A medida que celebridades, marcas comerciales y usuarios de las redes sociales se incorporaron a la ola de ese lema de moda, millones de personas se sumaron también y acompañaron sus *posts* con cuadrados negros, bajo la etiqueta de #BlackLivesMatter o, abreviado, #BLM. A pesar de las buenas intenciones, los *hashtags* quedaron inundados de cuadrados negros hasta el punto de que muchos empezaron a preocuparse de que la acción estuviese silenciando las mismas voces que se proponían abanderar: las de aquellos activistas que se valieron de #BlackLivesMatter y #BLM para compartir noticias, información y recursos vitales. A lo que comenzó como una forma de expresión pública de solidaridad, enseguida se le acusó de espejismo solidario a medida que redes sociales y noticiarios se llenaron de campañas huecas y palabras vacías. Entre las que se vieron atrapadas en el torbellino, hubo una empresa en concreto que me llamó la atención.

Como la mayor parte del trabajo que hago se centra en la psicología del comportamiento *online*, siempre estoy atenta a las interacciones y campañas que puedan demostrar los principios que enseño. A medida que una empresa tras otra fueron emitiendo mensajes de apoyo para #BlackoutTuesday, fue bajo esa óptica que me fijé en el sitio web de Reebok en Estados Unidos. Su habitual página inicial había sido remplazada por una gran banda negra que cubría todo el ancho de la pantalla, con un mensaje que rezaba: «Sin la comunidad negra, Reebok no existiría. Estados Unidos no existiría. No pedimos que compres nuestras zapatillas. Te pedimos que te pongas en el lugar –que te metas en las zapatillas– de otras personas. Para defender la solidaridad. Para encontrar un terreno común de HUMANIDAD». Justo debajo del mensaje se veía un anuncio en rojo, con una invitación en mayúsculas a dar la dirección de correo electrónico y «conseguir un 15 % de descuento». El contraste entre semejante declaración moral y la cuña publicitaria me pareció tan discordante que decidí estudiar qué estaban haciendo las demás marcas.

No tuve que ir muy lejos. En Nike y Spotify, o Apple y Adidas, encontré un montón de ejemplos de marcas que voceaban su solidaridad mientras sus mensajes de inclusión fracasaban al no materializarse al máximo nivel administrativo (algo dolorosamente evidente en el predominio de ejecutivos blancos en los consejos de las empresas, todos ellos por lo general varones). Desde artículos que calificaban de hipócritas los mensajes de apoyo, hasta otros que recalcaban la disonancia entre los valores propuestos por las compañías y los valores en los que se basaban sus operaciones internas, las reacciones en las redes sociales y las plataformas editoriales apuntaban hacia una desvinculación que acabaría explotándoles en las manos a menos que abordasen el problema de cara y rapidito.[194] A pesar de lo que estaba en juego, tengo que decir que mis expectativas no eran muy halagüeñas. Sin embargo, a medida que pasaron las semanas y la comunicación ganó en matices, reparé en que algunas conversaciones en los medios parecían asumir la complejidad de la situación. Volví al sitio web de Reebok en Estados Unidos justo un mes después para ver si algo había cambiado. Esta vez me dio la bienvenida una pantalla partida: a la izquierda, un espacio en negro con un texto en blanco que rezaba «No aceptaremos más el *statu quo*. Aquí tienes lo que estamos haciendo al respecto». A la derecha, un espacio en blanco engalanado con esta declaración escrita a mano: BLACK LIVES MATTER (la vida negra importa), seguida de imágenes que desplegaban el plan a largo plazo de Reebok para «invertir en la comunidad negra», «invertir en nuestra gente» y «asumir las responsabilidades correspondientes». Bajo cada uno de estos encabezamientos había puntos clave que explicaban las medidas específicas con que la compañía pretendía cumplir cada uno de estos compromisos públicos. Desde apoyar a organizaciones que trabajaban para acabar con la injusticia del sistema y ofrecer becas universitarias a estudiantes, hasta reformar sus políticas de contratación y rendir cuentas a un inspector externo, la lista seguía.

Al leer aquello, me llamó la atención la diferencia cualitativa entre estos compromisos estructurados a largo plazo y las frases trilladas de unas semanas atrás. Algo había provocado que esa empresa reconsiderase su respuesta inicial y reflexionase sobre cómo trocar las palabras en acciones significativas y duraderas. Pero, por mucho que eso me reconfortase, era muy consciente de que todas esas promesas podrían quedar en nada a menos que se acompañasen de transparencia en la ejecución y se pusieran al alcance del público las pruebas (y resultados) de las acciones emprendidas. Después de todo, para que una empresa asuma realmente la responsabilidad debe ser ella la que facilite las pruebas de sus acciones, en vez de dejar que sean los clientes concienciados y los accionistas quienes tengan que indagar.

Luego, ¿qué podemos aprender de esta instantánea de lo que, indudablemente, es un viaje más largo y complejo? Lo primero de todo y más importante es que esta historia pone en evidencia los peligros de contraer compromisos públicos con valores que no sean los propios. Ya se trate de una marca, una empresa o una persona, implicarse en manifestaciones semejantes y notorias (pero vacuas) de valores morales se ha dado en llamar «postureo ético». El neologismo peyorativo fue acuñado en inglés (*virtue signaling*) por el periodista británico James Bartholomew,[195] y el término describe lo que desde entonces se ha convertido en un fenómeno demasiado habitual, en donde alguien asume abiertamente un posicionamiento socialmente aceptado sobre un tema dado.

Facilitado por la estructura y omnipresencia de las redes sociales, nuestra obsesión colectiva con el postureo es tan poderosa que es habitual ver marcas que se suben al carro de lo que sea, en muchos casos «respaldando» causas y apropiándose del lenguaje del activismo social con la intención de tener eco entre grupos específicos. Esta tendencia se ha vuelto generalizada hasta el punto de hacerla prácticamente indistinguible de la práctica moderna de marketing llamada «lavado de imagen falsa mediante apropiación de compromisos sociales o ecológicos» (*woke-washing*). Término político derivado originalmente en inglés de la expresión afroamericana *to stay woke*, la voz hace referencia al reconocimiento de problemas de justicia social y racial cuyo origen se remonta a los abolicionistas del grupo Wide Awake: hombres jóvenes uniformados que desfilaban en apoyo de la campaña a presidente de Abraham Lincoln en 1860.[196] Hoy en día, con su creciente asociación con la cultura y políticas de izquierdas, la voz *woke* tampoco ha escapado a las garras de la censura, compitiendo empresas y personas por lavar su imagen o fustigarla. Aunque criticada por muchos por su falta de sinceridad y por la apropiación indebida de movimientos centrados en valores reales, la práctica del lavado de imagen podría tener cierta eficacia, al menos a corto plazo.

En su intento por llegar más lejos y vender más a las masas que siguen el «postureo ético», empresas de todo el espectro están lanzando campañas y productos intencionadamente pensados para ayudar a que los clientes proclamen su postura sobre cualquier tema: y en muchos casos este enfoque está funcionando. En un estudio sobre el consumo prominente de marcas y productos concretos en Facebook, los investigadores hallaron que tal postureo ético, no solo permitió a los consumidores proyectar su yo ideal en amigos y colegas, sino que durante el proceso también mejoró su autoestima.[197] Sin embargo, también descubrieron otras dos importantes dinámicas en juego.

La primera es la comparación social. Si observamos nuestro entorno a fin de evaluarnos con más precisión y hallar inspiración, conectar con otros o modular nuestras emociones y bienestar, el deseo de compararnos con otras personas de nuestro grupo social es natural. El problema surge cuando empezamos a pasar tiempo en ámbitos donde la comparación alcista es, en el mejor de los casos, inevitable y, en el peor, se refuerza activamente mediante la validación cuantitativa de los «me gusta», las opiniones y otras medidas de la participación. Con incontables estudios que exponen la amenaza de las comparaciones al alza para nuestra autoestima y bienestar[198] (compararme con otra *influencer* de yoga es suficiente para que me dé un atracón de galletas), es justo decir que las redes sociales crean espacios en que las conductas perversas son la moneda corriente. Desde una preocupación aguda por nuestro aspecto, hasta síntomas de depresión y ansiedad social,[199] las aplicaciones que sirven como ventanas idealizadas para entrar en las vidas de otros, si no se controlan ejercen efectos profundos y perniciosos sobre nuestro sentido de identidad y del bienestar.

Las aplicaciones que sirven como ventanas idealizadas para entrar en las vidas de otros, si no se controlan ejercen efectos profundos y perniciosos sobre nuestro sentido de identidad y del bienestar.

Más allá de la comparación social, la segunda dinámica, la necesidad de singularidad, también genera problemas. Aunque las plataformas sociales ofrezcan medios valiosos para mantenerse en contacto con los seres queridos, la enorme expansión de nuestros hasta ahora pequeños círculos sociales ha exacerbado la necesidad de diferenciarnos de los demás (sobre todo si pecamos de extroversión o narcisismo). Aunque esta necesidad de singularidad no sea mala *per se*, no ser conscientes de ello puede tener consecuencias inesperadas, que es donde completamos el círculo de vuelta al estudio sobre Facebook que mencioné antes. A través de sus investigaciones, los especialistas hallaron que los que más probablemente incurrirían en un consumo ostentoso y en el «postureo ético» serían personas con una mayor necesidad de singularidad y aquellas más atentas a los contenidos de comparación social (tipos que, por ejemplo, se centraban en el *post* de las nuevas y codiciadas zapatillas de un amigo).

Aunque parezca un problema moderno (y de algún modo lo es), el uso de productos de marca para dar una imagen específica de quiénes somos, o quiénes querríamos ser, no es algo nuevo. Solo hay que echar un vistazo a los montones de retratos encargados en tiempos pasados por aquellos lo bastante ricos como para permitírselo para entender cuán profundamente asentada ha estado siempre la necesidad de singularidad y de una imagen personal positiva (tanto privada como pública). Sea con el poder, la riqueza o el estatus, o quizás algo que refleje los valores de una vida bien vivida, los seres humanos se han adornado de símbolos que manifiesten diversas concepciones del «éxito». El problema al que nos enfrentamos hoy en día es que el crecimiento y los réditos de las plataformas sociales más grandes se predicen en gran medida estimulando un deseo siempre creciente de auto-validación y mejora del estatus.

En el pasado solo los ricos se habrían permitido contratar los servicios de impresión de un retratista adulador, cuya obra acabaría colgada bien alta en la pared de un gran salón o recibidor para impresionar a los allí presentes. Ahora, con un golpe de filtro, o con el destello de un bolso de lujo, cualquier persona con suficiente dinero para comprar (o pedir prestados) los accesorios adecuados se beneficia de esta maestría artística. En ningún ámbito se ve esto ejemplificado más conmovedoramente que con unos *influencers* a los que se les pilló recientemente fingiendo en las redes sociales. Habiendo como hay celebridades que ganan más de un millón de dólares por entrada o *post*, es mucha la presión para hacerlo a lo grande, luego no extraña que muchos opten por tomar atajos para obtener el premio gordo. Cuando el usuario de Twitter conocido como «maisonmelissa» publicó una serie de artículos digitales comparando fotos de distintas celebridades tomadas en lo que parecía ser el mismo avión –un *jet* privado–, salió en titulares exponiendo a esos «viajeros de lujo» por lo que eran literalmente *jet-set*. Gracias a sus investigaciones puso en evidencia que esos *influencers* se habían limitado a pagar a un fotógrafo para que les sacara fotos en un estudio profesional de Los Ángeles con un telón de fondo falso.[200] El deseo de presumir de un estilo de vida fastuoso (a pesar de ser engañoso) se ha hecho tan habitual en algunos círculos sociales que incluso ha generado toda una nueva industria: «La economía del telón de fondo de los *influencers*».[201]

Sean cuales fueren tus ideas sobre ética o sobre la eficacia de tales prácticas, sí que revelan algo de las dinámicas que modelan las conductas del consumidor hoy en día. Si la gente compra marcas para sentirse bien, estar «guapa» o hacer el bien, tiene sentido que las empresas adapten sus estrategias para reconducir tales motivaciones. Desde luego muchos se verán tentados a buscar atajos y fingir, aprovechándose del lenguaje de las tendencias actuales para llamar la atención a corto plazo. Claro está que, en la era del periodismo ciudadano y las redes sociales, el falsificar los propósitos de una empresa y aprovecharse de los movimientos culturales es una forma infalible de poner en peligro la propia reputación y, al hacerlo, socavar las cuatro C del capítulo anterior (Compromiso con unos valores, Congruencia de palabra y acción, Constancia en el tiempo y Coherencia en intenciones y conducta). Por tanto es mucho mejor adoptar un enfoque más sólido: uno que asuma los valores más profundos que dirigen las conductas de los consumidores, de modo que diseñemos estrategias empresariales que desarrollen una visión a largo plazo, cuyo eco resuene más allá de esas manifestaciones externas vacías.

El problema de la personalidad

Desde el famoso vaquero –el hombre de Marlboro– que salía en los anuncios de esta marca de tabaco durante la década de 1950, hasta los anuncios de imagen corporal positiva de Dove para el cuidado de la piel, los mundos de las marcas comerciales y la publicidad se han apoyado desde hace mucho en el poder de la personalidad para influir en las conductas del consumidor. Si se quiere generar confianza y apego, o fomentar la intención de comprar, el compromiso y la lealtad, los beneficios adicionales son múltiples si conseguimos crear una imagen de marca o producto cuya «personalidad» tenga eco al llegar a su destinatario ideal. Por eso, cuando algo promete hacer que todo el proceso sea más eficaz está destinado a hacerse popular.

Hoy en día, cuando las empresas reúnen a las mentes más brillantes para segmentar mejor a los clientes y ganarse su apego, en pocos casos se producen conversaciones sin que aflore la psicometría. La psicometría, el estudio científico en contextos *online* de las mediciones psicológicas –así, por ejemplo, los rasgos de personalidad, la inteligencia y las actitudes–, se ha vuelto sinónimo de análisis cuantitativo y cualitativo a gran escala de datos sobre la personalidad. Tristemente célebre por el escándalo en 2018 de Cambridge

Analytica, la personalización del contexto para reflejar los rasgos de una audiencia específica se ha vuelto tan habitual que resulta difícil imaginar cualquier otra alternativa. Sin embargo, este enfoque no es la panacea que muchos afirman. Aunque ahora el perfil psicométrico se practique ampliamente en la industria publicitaria personalizada (con diversos resultados y a pesar de la legítima preocupación por obtener el consentimiento informado y la confidencialidad de los datos), cuando se trata de la elección informada del consumidor y de su toma de decisiones, el papel de la personalidad no está tan claramente definido como muchos nos quieren hacer pensar.

Quien esté familiarizado con el campo de la psicografía sabrá que muchas de las preferencias que expresamos *online* sirven para predecir aspectos de nuestra personalidad,[202] y que ciertos rasgos influyen en las conductas del consumidor (las personas que gustan de asumir riesgos, por ejemplo, tienden a ser más impulsivas en sus decisiones de compra).[203] No obstante, a pesar de su popularidad y amplia difusión, los modelos predictivos tienden a interpretar rasgos generales, y, por tanto, su visión es limitada respecto a por qué la gente opta por comprar una marca y no otra. Y, cuando se trata de la relación entre la personalidad de las marcas y la personalidad humana, aunque la investigación tenga ya varias décadas de vida, como campo de estudio no ha escapado a las críticas por sus problemas de medición, conceptualización y generalizabilidad.

Las medidas que empleamos para trazar el mapa de la personalidad de una marca comercial suelen ubicarse en dimensiones distintas de las que usaríamos con un ser humano vivo.[204] Tomemos, por ejemplo, las cinco grandes, que miden los rasgos de extroversión, escrupulosidad, afabilidad, estabilidad emocional y franqueza. Aunque ampliamente aceptados como marco estándar de la personalidad humana,[205] y jactándose de un historial sólido de validez, fiabilidad y estabilidad en el tiempo,[206] los estudios sugieren que estas cinco dimensiones no se pueden asociar con marcas comerciales,[207] a pesar de la tendencia a «reconocer» atributos y rasgos comparables con los nuestros.[208] En tanto que nuestras personalidades se gestan a través de la interacción entre predisposiciones biológicas y el medio en que nos criamos,[209] no puede decirse lo mismo de las marcas, sino que su «personalidad» se concibe y fabrica deliberadamente, sea por el fundador o por un equipo contratado para ello.

Y, lo que es más, la percepción de la personalidad de una marca varía enormemente dependiendo de la personalidad del consumidor al que se encueste. Por ejemplo, mientras que una marca de coches se podría percibir como más apasionante a los ojos de alguien extrovertido (frente a alguien introvertido), el consumidor que peque de esmero o amabilidad probablemente prefiera una impresión diferente.[210] Dado que las diferencias de personalidad modifican significativamente el cómo una persona y la siguiente ven una marca, si queremos un conocimiento más sólido de las fuerzas que configuran la conducta de los consumidores tendremos que ahondar más si cabe.

Donde los estudios sobre la personalidad nos procuran revelaciones sobre nuestras preferencias y comportamientos generales, los valores revelan los impulsos más profundos que motivan nuestras acciones. Definidos por los psicólogos como una serie de principios rectores que reflejan metas deseables (como llevar una vida emocionante o gozar de libertad personal), los valores humanos influyen en el modo en que juzgamos acontecimientos y situaciones, configurando el modo en que vivimos y, por extensión, lo que compramos. A partir de lo que sentimos por nuestros trabajadores,[211] y el grado en que nos identificamos con las marcas,[212] hasta nuestra propensión a incurrir en un consumo socialmente responsable,[213] los valores influyen, y mucho, en configurar toda una serie de formas de vida. Aunque es cierto que los valores y los rasgos de la personalidad están entretejidos e influyen unos en otros (dado que ambos son aspectos de la identidad), los valores constituyen en realidad un constructo psicológico diferenciable de la personalidad,[214] y es a través de esta óptica que empezamos a entender por qué dos personas compran el mismo producto por razones totalmente diferentes. Donde los rasgos de la personalidad nos hablan de nuestra disposición y estilo típico de conducta (un extrovertido será más sociable y gregario, por ejemplo), nuestros valores hablan de las motivaciones subyacentes que generan nuestros comportamientos y conforman nuestras aspiraciones.[215] Y, a diferencia del escaso poder predictivo de la personalidad,[216] los valores son buenos predictores de la elección del consumidor;[217] por tanto, si la intención es desarrollar un enfoque más riguroso para describir y predecir las conductas de los consumidores, explorar el posicionamiento basado en valores es un punto de partida ventajoso.

Adoptar una postura

A la vista de las crecientes presiones sociales, ambientales y políticas, los consumidores se vuelven más deliberados y activos en las decisiones de compra, tanto en relación a lo que compran como a quién. Para que las empresas sobrevivan en este nuevo entorno –sugiere el catedrático Tomas Chamorro-Premuzic– «es muy importante que las marcas tengan una reputación limpia y distinguida... Lo peor que le puede ocurrir a una marca es ser irrelevante y que la gente no sepa a qué se dedica, ni qué se supone que hace y ni cuál es su postura ética». Según explica: «Debido al aumento de la exigencia ética, y a los actos altruistas y prosociales de las marcas o patrocinados por ellas, creo que estamos viendo una mayor exigencia por parte de la gente para que las marcas expresen su postura y qué piensan sobre problemas políticos controvertidos, complejos y de actualidad».

De hecho, a medida que los valores se vuelven cada vez más relevantes para las elecciones que asumen los consumidores,[218] los datos sugieren que aquellas empresas que articulan con éxito (además de poner en práctica) los valores que predican también mejoran sus beneficios financieros.[219] Siendo uno de los muchos factores que contribuyen al creciente interés por el marketing impulsado por algún propósito, no sorprende que las marcas se agrupen y adecuen a valores considerados atractivos por sus consumidores pretendidos. Sin embargo, hay otra razón por la cual las empresas podrían considerar asumir un enfoque más significativo. Cuando Accenture dirigió un enorme estudio con 30.000 personas allá por 2018, los resultados revelaron, incluso entonces, que el 62 % quería comprar marcas cuyas creencias y valores fueran iguales que los suyos, y dado que un 47 % refirió que se distanciaría de las marcas que no dieran un paso al frente ante algún problema social (cuando palabras y acciones de la marca parecieran incongruentes con sus propios valores),[220] queda claro que no adoptar una estrategia impulsada por valores es más arriesgado que valioso.

No obstante, debido a los grandes beneficios de transmitir activamente los propios principios (con el riesgo de fracasar al hacerlo), muchas organizaciones tratarán de mostrar claramente sus valores a un público más amplio. Es un tema que surge en las conversaciones con César Christoforidis, cuando explica que la comunicación de los valores de una empresa «se está convirtiendo también en trabajo para las marcas, dado que al final del día tienen poder de llegar a muchos, mientras que si se acude a la página corporativa de una compañía, solo cuentan con un pequeño seguimiento». Y continúa: «Los mensajes de más éxito sobre sostenibilidad o responsabilidad corporativa han salido de los directores ejecutivos»; sin embargo, para que una empresa haga llegar bien su mensaje al público, César sugiere que se «recluten marcas reales, aquellas con las que los consumidores colaboran a diario», para que actúen de embajadoras de la labor que están haciendo en gobierno corporativo, etc. Desde la perspectiva vivencial, es la diferencia entre comunicar un mensaje en el ámbito de las experiencias de ASG a través de la marca Ben & Jerry's, por ejemplo, frente a su empresa matriz, Unilever. Cuando un cliente puede meter la cuchara y mascar una experiencia sensitiva directa de una marca cuyos productos proceden de una fuente ética y sostenible, la calidad de la interacción será mucho más evocadora que cualquiera respuesta que pueda generar un anuncio de la empresa matriz. Es sobre todo por esa razón por la que la resiliencia de un negocio, o de una empresa en su caso, depende en gran medida del éxito y de la integridad de su división con cara al público.

La resiliencia de un negocio, o de una organización en su caso, depende en gran medida del éxito y de la integridad de su división de cara al público.

Luego, ¿de qué modo los valores conectan y conforman las decisiones de los consumidores? Seamos conscientes de ello o no, siempre que compramos algo nuestros valores actúan de baremo con el cual evaluamos a las marcas y sus productos, de modo que distintos tipos de productos ponen de manifiesto distintos juicios. Por ejemplo, los objetos útiles (como unas tijeras) tienden a generar evaluaciones más racionales relativas a su función (¿cortan bien?). Por otra parte, objetos, como una guitarra, que se compren por placer o para manifestar un aspecto de nuestra identidad invitan a un tipo de evaluación distinta (¿suena bien?, ¿es agradable al tacto?, ¿expresa la persona que soy yo?). En este caso, el producto asume un significado más «simbólico» y privado, generando un juicio más holístico como comprarlo o no comprarlo.

Además de configurar el modo en que evaluamos los productos (lo cual, a su vez, influye en lo que compramos), los valores también predicen de otros modos interesantes las conductas del consumidor. Los estudios muestran, por ejemplo, que es más probable que se avalen productos que reflejen nuestros propios valores,[221] lo cual, teniendo en cuenta la proliferación de un consumo ostentoso, infravalora de nuevo la importancia de expresar lo que se defiende como marca. Sea para gestionar cómo nos vemos a nosotros mismos, o la impresión que producimos en los demás, lo que compramos también ayuda a transmitir lo que somos. Si retomamos el tema de la congruencia personal (el deseo de mantener una coherencia entre nuestro yo ideal y nuestro yo real), las opciones como consumidores también potencian o socavan los esfuerzos por vivir conforme a los valores, razón por la cual solemos comprar productos que nos ayudan a crear, mantener y reforzar nuestro sentido de identidad[222] (por ejemplo, comprar productos ecológicos quizá refuerce el concepto de nosotros mismos como ciudadanos ecológicamente responsables). Dado que preferimos mantener la coherencia interna (y que experimentamos angustia cuando no es así), si pudiésemos comprar marcas cuya ética coincidiera con la nuestra, es probable que nos sintamos mucho mejor por nuestra decisión y, por extensión, por nuestra relación con esa marca. Sin embargo, el poder de los valores no acaba aquí. Desde la perspectiva empresarial, nos permiten predecir mejor y adaptarnos a las conductas del consumidor, e incluso ayudan a entender y cambiar las opiniones del consumidor sobre un producto.[223] Luego, ¿cómo utilizarlos?

Nuestros valores actúan de baremo en base al cual evaluamos a las marcas y sus productos.

Todo es cuestión de valores

A la vista del cambio que estamos viendo, del distanciamiento de un consumo puramente hedonista hacia otro más consciente y eudaimónico, es importante que entendamos la relación fundamental entre los valores y nuestro sentido de la salud y el bienestar. Quien esté en la afortunada posición de ser capaz de actualizar (o vivir de acuerdo con) sus valores, probablemente esté familiarizado con el maravilloso sentido de mejora del bienestar que ello puede acarrear. El reverso es que, cuando nuestros esfuerzos se frustran y nuestros valores se bloquean, el bienestar sufre un golpe significativo.[224] Pero, ¿esto qué tiene que ver con lo empresarial? Bueno, dado que (1) afrontamos múltiples crisis que suponen un riesgo para la salud y el bienestar; dado que (2) las generaciones más jóvenes en particular buscan un mayor sentido y una satisfacción eudaimónica en sus vidas, y dado que (3) por lo general preferimos comprar productos que manifiesten nuestros valores e identidad, las empresas capaces de encarnar una serie de valores que reflejen los de sus consumidores (y del público en general) es más probable que cubran sus necesidades eudaimónicas basadas en valores, y, por lo tanto, mejoren su bienestar, y así establezcan los fundamentos necesarios para desarrollar relaciones más resilientes con los clientes. Y esto solo en lo que se refiere a la parte situada de cara al público.

Como se apresura a apuntar el catedrático Tomas Chamorro-Premuzic, vivimos en un momento en que «existe cierta presión moral, o presión externa, para que de veras juguemos nuestras cartas y mostremos aquello por lo que luchamos». Aunque asumir una postura ciertamente acarrea el riesgo de trastornar a ciertas personas (como veremos en el capítulo 6), Tomas explica que «también hará que otras personas se sientas orgullosas y sean más leales a la marca». De hecho, «el problema surge desde dentro, porque con frecuencia las marcas... ni siquiera han asistido a un curso de ética. No tienen a los problemas morales o filosóficos como prioridad en su agenda». Pero el problema no es solo sucumbir a la presión externa, o aumentar la lealtad del consumidor: se trata de asegurar la resiliencia desde la perspectiva organizativa. Sea cual fuere la industria u oferta, Tomas afirma que «si se desea atraer a los trabajadores más listos y brillantes, más trabajadores y valiosos, por supuesto esta gente joven ciertamente será más precavida, y mayor será el escrutinio sobre qué significa realmente trabajar en esta empresa». Una vez más, los valores desempeñan un papel fundamental, ya que los ideales de los empleados en esencia sirven de «brújula mental interna o de mapa de hacia dónde ir para ser feliz y prosperar». En lo que se refiere a la motivación intrínseca, los estudios son claros. «Sabemos desde hace mucho que la mejor forma de motivar a la gente es no motivarla en absoluto. Limitémonos a asignarles un papel o tarea que les guste y estarán auto-motivados. Serán más creativos y estarán en estado de flujo, y probablemente tendremos que hacer que dejen de trabajar porque van a querer trabajar demasiado».

Aunque suene como proposición atractiva, sumerjámonos más en el mundo de los valores para aprender a trabajar con ellos. Concebidos inicialmente por científicos sociales para entender y explicar las respuestas de la gente a los conflictos (morales, sociales o políticos), los modelos de valores se desarrollaron originalmente para entender los principios de orden superior con los cuales parece ser que tomamos decisiones. Aunque existan diversos marcos académicos, hay uno en concreto que se considera el más sólido e influyente. Propuesta por el psicólogo social Shalom H. Schwartz, allá por 1994, la Teoría de los valores humanos básicos ha llegado a ser la más ampliamente aceptada. Refinada a lo largo de décadas para medir exactamente los valores reconocibles entre culturas y en el tiempo,[225] la teoría de Schwartz propone diez valores universales básicos que se ordenan en cuatros grupos de orden superior.

Figura 5.1 Continuo circular de Schwartz

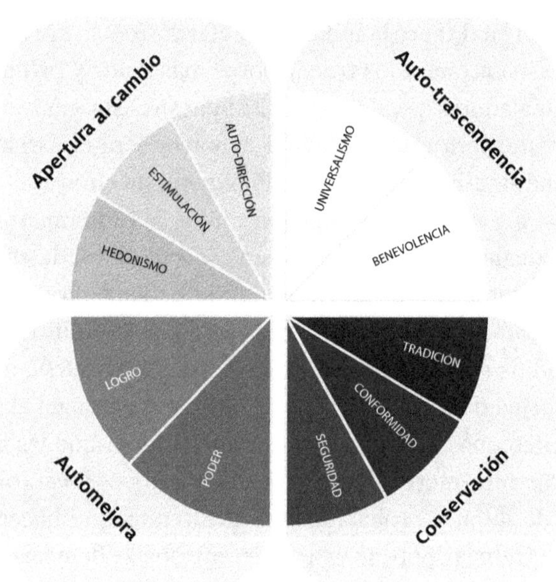

Dependiendo de quién sea cada uno, estos valores diferirán en importancia en la vida de cada cual, y es posible distinguir su disposición en el continuo circular de Schwartz de la figura 5.1.

Como se aprecia en este continuo, el primer valor de orden superior es la apertura al cambio, que comprende los siguientes valores básicos: auto-dirección (independencia de pensamiento y acción, con libertad de crear, explorar y elegir), estimulación (búsqueda de novedades, emociones y retos en la vida) y hedonismo (valoración del placer y las gratificaciones sensuales). En términos conductuales, todo consumidor que dé prioridad a estos valores se verá más atraído por experiencias, oportunidades laborales y marcas que le aporten una mayor sensación de autonomía, novedad y disfrute. Un buen ejemplo de marca comercial con identidades similares sería Apple, cuyo famoso eslogan «Piensa diferente» es la pura encarnación de un valor como es la auto-dirección. Otro ejemplo de marca compatible sería Red Bull, cuyos espectáculos multisensoriales de elevado octanaje proporcionan una experiencia de hedonismo y estimulación visceral (como vimos con anterioridad).

El segundo valor de orden superior de Schwartz es la mejora personal, que incorpora logros (búsqueda del éxito personal demostrando competencia de acuerdo con las normas sociales) y poder (búsqueda de estatus social y de control o dominancia sobre personas y recursos). Los consumidores movidos por estos valores se ven más atraídos por marcas que transmitan éxito, estatus y prestigio: características bien ejemplificadas por la marca de coches BMW. Mundialmente reconocido como un coche de lujo y altas prestaciones, su uso como símbolo de estatus y riqueza es ampliamente aceptado en distintas culturas, lo que hace de ella una marca popular entre consumidores que buscan algo excepcional y costoso de conseguir.

El tercer valor de orden superior es la conservación, que incluye los valores básicos de seguridad (búsqueda de armonía, seguridad y estabilidad social, en las relaciones personales y con uno mismo), conformidad (cumplimiento de las leyes y reglas, y evitación de acciones que trastornen a otros y violenten las expectativas sociales) y tradición (respeto, aceptación y compromiso con las costumbres y tradiciones religiosas). Los consumidores que prefieren la fiabilidad y el *statu quo* de la tradición se ven atraídos por mensajes que prometen continuidad, siendo especialmente atractivas las marcas clásicas y las marcas de legado. Un gran ejemplo sería la marca de relojes de lujo Patek Philippe, cuyo eslogan publicitario «Nunca un Patek Philippe es del todo suyo. Suyo es el placer de custodiarlo hasta la siguiente generación» capta a la perfección la calidad atemporal del patrimonio, la longevidad y la conservación ejemplificadas en este valor.

El cuarto y último valor de orden superior es la auto-trascendencia, que atiende a valores como la benevolencia (el deseo de preservar y mejorar el bienestar de la gente con la que se mantiene un trato frecuente) y el universalismo (comprensión, aprecio, tolerancia y protección del bienestar de todo el mundo y de la amplia red de la vida). A medida que empeoran las crisis climática y de la biodiversidad, estos dos valores cada vez atraen más el foco del marketing motivado por propósitos. Desde marcas activistas que ahora nos resultan familiares como Patagonia y Ben & Jerry's, hasta compañías que sacan al mercado productos sostenibles con submarcas (como «Space Hippie», calzado de Nike bajo en carbono que emplea plásticos reciclados), empresas de todos los sectores empiezan a encauzar la atención de los valores de auto-trascendencia. Aunque esto nos hable, por supuesto, de las tendencias más tempranas respecto a las diferencias generacionales, a medida que los consumidores se vuelven más sensibles a los daños causados por la industria alimentaria, petrolífera, etc., estos valores se volverán más atractivos si cabe y resultará imposible que las empresas los dejen de lado.

Desde luego, los valores a los que se da prioridad varían mucho de una a otra persona, y en ellos también media e influye el contexto cultural. Esto supone que, desde la perspectiva empresarial, cuando se trata de la estandarización de la estrategia es imposible que funcione un enfoque polivalente. Pongamos, por ejemplo, que representamos a una marca británica con identidad de auto-mejora y queremos atraer a consumidores muy individualistas del Reino Unido (en este caso, dirigiéndonos a personas que consideran la personalidad como plenamente autónoma). Si se desea expandir su repercusión en el extranjero, habrá cierta dificultad en comunicar con otros consumidores individualistas de mercados culturalmente similares, como Estados Unidos. Pero intentemos penetrar en mercados colectivos como China (donde el yo se considera parte del colectivo, y en donde la jerarquía está más ampliamente aceptada) y entonces sí que habrá que cambiar de táctica.

Para entrar con éxito en un segundo mercado tan culturalmente distinto del primero, el concepto de marca debe hacerse eco de los perfiles de valores de ambas audiencias, sin perder tampoco lo que la marca matriz representa. En términos prácticos esto supone identificar dónde se asienta cada mercado en el diagrama de valores y luego localizar el enfoque fabricando submarcas que encarnen distintos significados (aunque coherentes) al de la marca matriz.[226] Volviendo al ejemplo anterior, si una empresa vende coches eléctricos de lujo y la identidad de la marca se asienta en un valor como el de la mejora personal (y ayudar así a la gente a mostrar dominancia y éxito), el anuncio en el Reino Unido podría mostrar a alguien en un coche con tapicería de lujo conduciendo por las calles de Londres, desplegando todos los símbolos de un estilo de vida libre de carbono, pero también exudando poder, prestigio y estatus. En un mercado chino, sin embargo, la estrategia de las submarcas podría centrarse en un valor afín como la conservación (situada junto a la mejora personal en la escala de valores), y así el anuncio presentaría a un hombre de negocios de éxito conduciendo el mismo coche con sus colegas, valorado principalmente por su seguridad y conformidad.

Fundados en pilares culturales y genéticos, los valores a los que aspiramos también se adecuan a nuestra educación, variando el grado de influencia de un valor al siguiente.[227] No obstante, y pese a su relativa estabilidad, los valores cambian bajo ciertas circunstancias, sobre todo cuando entran en conflicto unos con otros, o cuando alguien que nos importa arroja luz sobre inconsistencias en nuestros valores y comportamientos[228] (por ejemplo, enfrentamientos entre la auto-dirección y el deseo de adaptarse a los amigos). Para entender mejor el conflicto y la compatibilidad entre valores, veamos de nuevo el diagrama. Valores situados en oposición en el círculo tienden a plantear motivaciones conflictivas (que derivan también en conductas conflictivas), mientras que los valores adyacentes muestran motivaciones y conductas en común. Por tanto, aunque auto-dirección no sea lo opuesto a conformidad, las motivaciones contradictorias de cada uno darán origen a conductas que parezcan opuestas (encontrar uno su propio camino frente a la idea de seguir al rebaño, por ejemplo). En contraste, valores vecinos como universalismo y benevolencia comparten motivaciones y producen resultados similares (en este caso, tratar con cuidado y respeto a otras personas y a la naturaleza). En términos más sencillos, si partimos el círculo en cuatro factores de orden superior, podemos dividirlos en pares opuestos, donde la mejora personal entra en conflicto con la auto-trascendencia, y la apertura ante los cambios entra en fricción con la conservación. Como valores opuestos tan importantes quizá generen un conflicto interior y conductas inconsistentes (que causen problemas sociales y dañen nuestro bienestar), la mayoría tendemos a valorar más un lado del círculo que el otro.[229]

En general, cuando se producen cambios en valores y personalidad, los cambios más significativos suelen ocurrir en la turbulencia de la primera adultez, al toparnos con toda una gama de cambios vitales[230] (como irse de casa, iniciar la vida laboral, asumir nuevos roles y responsabilidades... La lista no para de aumentar). Lo interesante es que, cuando los valores cambian, no es de forma aleatoria, sino de un modo coherente. Esto significa que si un valor (como el universalismo) crece en importancia, también lo harán sus valores vecinos (como la benevolencia), mientras que los valores en conflicto (como el poder) tenderán a debilitarse.[231] Más allá del importante efecto de los acontecimientos de la vida, los valores también pueden cambiar con el tiempo. A medida que nos hacemos mayores y nuestros hábitos se asientan, nos acomodamos en unas redes sociales y nos preocupamos menos por asuntos propios, las prioridades de la auto-trascendencia y la conservación se pueden fortalecer, y disminuir así la importancia relativa de la apertura y la mejora personal.[232] Dada la diversidad de consumidores, este punto es importante si uno se plantea segmentar al público por generaciones o edades.

Cuando los valores en sí se mantienen estables, la forma de expresarlos varía dependiendo del contexto. Por ejemplo, si los amigos y la familia son tolerantes, quizá resulte más fácil expresar valores de universalismo. Si uno es rico, tal vez sea más fácil expresar poder. Pero no es solo nuestro contexto social y económico el que configura nuestros valores. Considerando la constante riada de contenido social que hay en nuestras vidas, quizá nos serene leer que los medios de comunicación a los que estamos expuestos también pueden tener un impacto,[233] un punto que plantea preguntas significativas sobre responsabilidad, ética y la difusión de desinformación (un tema para otro día). Lo preocupante (o adaptativo, dependiendo del contexto) es que parece que ajustamos nuestros valores según las circunstancias de nuestras vidas. En vez de servir de anclas inamovibles, nuestros valores se vuelven más importantes dependiendo de lo fácil o difícil que sean de obtener.[234] Por ejemplo, si el trabajo ofrece más participación y libertad de elección, pasado un tiempo se dará prioridad a los valores de auto-dirección sobre los de conformidad,[235] cambio que quizá tenga efectos multiplicadores en otras áreas de la vida. No obstante, aunque este tipo de aclimatación (en que la sencillez mejora la importancia) se da con algunos valores, no sucede con todos.

Cuando hablamos de valores que conectan con nuestro sentido de seguridad y bienestar material, si no se consiguen (a menudo por razones que escapan a nuestro control) se activa un mecanismo de compensación. Basándonos en las necesidades de carencia de Maslow respecto a las sensaciones de seguridad, pertenencia, autoestima y requisitos fisiológicos (comida, agua, refugio y calor), la privación que se experimenta en la realidad cuando se limitan estos valores materiales agudiza el sentimiento de necesidad, y con él nuestro deseo de obtener el objetivo valorado (como vimos en el capítulo 3).[236] Esa es una de las razones por las que con frecuencia poder y seguridad son los más valorados por quienes no tienen ninguno de los dos,[237] y explican por qué la estabilidad social y la obtención de riqueza son valoradas por quienes han sufrido conmociones sociales y dificultades económicas.[238] Entonces, dada la complejidad de los valores y su creciente importancia en la vida profesional, ¿cómo aplicar tales perspectivas al servicio de la resiliencia de las marcas comerciales? Antes de poner de relieve una herramienta específica que sirva para conseguirlo, describamos primero cómo se manifiestan los valores en el amplio ecosistema de mercado.

Llevarlo a la práctica

Desde la estructura cultural y organizativa de una empresa, hasta la identidad de marcas de cara al público, los valores constituyen parte integral del ADN de una compañía. Sea para prácticas de gestión interna o para las más novedosas estrategias publicitarias, a fin de que prospere, una empresa deberá poder articular y atenerse a una serie de valores que determinen su relación con empleados, colegas, clientes y la sociedad en general. Cuando le pregunté al experto en recursos humanos Perry Timms cómo se aplican los valores dentro de una compañía, él sugirió que «si bien los valores en sí son estupendos», en realidad están respaldados por principios, y que «a veces solo necesitamos una serie de principios para comenzar». Es demasiado fácil hacer una declaración de valores reduciéndola a una sola frase como «valoramos la honradez», sin que alguna vez se haya traducido en cambios tangibles en la conducta. Sin embargo, si arraigamos nuestros valores a un principio, como el sugerido por Perry –«diremos la verdad al poder y querremos una contestación sincera en cualquier momento»–, es mucho más probable que la gente se dé la vuelta y diga «asumo totalmente esos valores». Perry explica que, como los «principios ejemplifican y vertebran la ética de la que uno quiere ser parte», las declaraciones que de ella se deriven se podrán «comprobar éticamente mirando adónde vas, qué haces, en quién te apoyas». De ese modo, los valores y principios concomitantes podrían ser cuantificables a través de su expresión en resultados tangibles y mensurables.

Desde luego, no todos los valores servirán necesariamente para que las organizaciones adquieran resiliencia frente a la incertidumbre, pero, al preguntarle a Perry qué cualidades creía él que son vitales para el éxito a largo plazo de una empresa, su respuesta –«la virtud»– me dejó intrigada. Y añadió: «Cuanto más virtuosa sea una organización, más probable es que llegue a término. Así, a lo que me refiero con ético y bueno... es que tiene que mostrar su virtud en todo lo que haga».

Desde la perspectiva de la contratación de talentos, esto supone centrarse «en qué imagen se da de la empresa al mundo, cómo se contrata a la gente que va a trabajar para ti, cómo te aseguras de evitar los sesgos». En este contexto, Perry sugiere que Recursos Humanos actúe casi como un pepito grillo o la voz de la conciencia de la empresa. Luego, si el desgaste es elevado porque un liderazgo tóxico genera problemas de salud mental a la gente, no solo se limita a reclutar gente, sino que retrocede y dice: 'Un momento, ¿cuál es la brecha ética aquí en cómo se despliega, respalda o habilita al personal en el trabajo?'. Y si la encuentran, tienen que levantarse y decir: 'Esto no es humano, esto no es lo bastante bueno, esto tiene que cambiar'. Y entonces se cuenta con evidencias para respaldarlo.

Además de las prácticas de reclutamiento del personal, Perry sugiere que también se trata de «fijación de precios, distribución de beneficios, cuidar de los empleados, dar algo de vuelta a la comunidad, la regeneración del planeta». Se trata tanto de la elección que la empresa haga de socios proveedores y de la adquisición de materiales, como dónde se adquieren partes o las materias primas, o lo que fuere. Por último, aunque se diga que la responsabilidad de nuestras acciones termina en los límites de lo que controlamos directamente, quizá precisamente cuando «superamos aquello para lo que se nos contrata y exhibimos un grado de conexión y empatía, y ayuda» sea cuando se muestra claramente cuáles son nuestras verdaderas virtudes, como individuos y empresas a las que representamos.

Desde luego, no todo el mundo considera que los valores prosociales y proempresariales son tan diferentes ni divisibles unos de otros, como deduzco de la conversación con Stephanie M. H. Moore. Al preguntarle cuál creía que eran los mayores riesgos y oportunidades a los que se enfrentaban los negocios ahora mismo, ella me explicó que: «Los problemas empresariales son problemas sociales, los problemas sociales son problemas empresariales». Luego creo que las mayores oportunidades y los mayores riesgos son lo mismo. Las empresas tienen que decidir el lugar que ocupan en la sociedad. ¿Son parte de la solución? ¿Intentan ser parte de un cambio positivo global, un impacto positivo global neto? Desde la diversidad y la inclusión hasta la equidad y la justicia, Stephanie afirma que resulta «frustrante que no todo el mundo que se sienta a la mesa entienda que estas cosas son significativas e importantes para todos». En el gran orden de las cosas, y sobre todo ahora que las empresas se enfrentan a retos complejísimos, esta autora cree que «todo cuanto se hace como organización tiene que adecuarse a lo que se dice que preocupa. Esas son las empresas de mayor éxito, y seguirán siéndolo... porque sus trabajadores saben que tales empresas cumplen lo que dicen».

Y ese es el meollo de la cuestión. A medida que los valores de las empresas se vuelven más importantes para los accionistas, uno de los principales retos a que se enfrentan estas organizaciones es demostrar que de hecho están aplicando los principios que afirman apoyar. Al sacarle el tema a Perry, él sugiere que quizá empecemos a ver más servicios que «ofrecen una tarjeta de puntuación para empresas, no solo de cuál es su valor de mercado, sino casi a modo de índice ético». Algo parecido, tal vez, al enfoque adoptado por JUST Capital, una organización independiente y sin ánimo de lucro que, según su sitio web, «hace el seguimiento, analiza y colabora con grandes corporaciones y sus inversores para determinar su actuación respecto a las prioridades del público».[239] En un mundo ideal (si las tendencias y la psicología humana son algo por lo que guiarse), a medida que más organizaciones busquen canales oficiales a través de los cuales demostrar su postura, tal vez quizás seamos testigos del nacimiento de una junta de liderazgo que ilumine a los que muestran el camino.

El mapa de valores

A pesar de que la mayoría de las empresas –es natural– den prioridad a ciertos valores, como constructos pueden resultar complicados y costosos de medir. Para los negocios que quieran adecuar su estrategia a nuevos valores, elaborar un itinerario fiable resulta complicado, ya que los métodos tradicionales suelen ser caros y requerir mucho tiempo. Tomemos, por ejemplo, el método de análisis de la *means-end chain*. Aunque el proceso de entrevistar a consumidores acerca de sus preferencias (y sobre las razones subyacentes) aporte información detallada, la naturaleza de estas amplias entrevistas implica un enfoque caro y que lleva mucho tiempo. Además, encontrar e incentivar a un número suficiente de clientes dispuestos a rellenar cuestionarios autoadministrados y hacer un perfil de ellos plantea, no solo cuestiones éticas (sobre todo en la UE, donde existe un Reglamento General de Protección de Datos), sino también preguntas sobre presupuestos y escalabilidad.

Dados los avances tecnológicos en la recolección, el almacenamiento y el análisis de datos, los métodos que dependen de perfiles a distancia (como encontrarle sentido a través del análisis libre de textos) proporcionan vías alternativas, aunque éticamente cuestionables, para entender a los consumidores propios a un nivel más íntimo. Pero, para aquellos de nosotros que no queramos elaborar un perfil de consumidores concretos investigando sus datos de comportamiento *online*, existe otro modo más «virtuoso» y barato.

En el estudio sobre las relaciones humanas existe una dinámica llamada Teoría de la atracción por similitudes que propone que la gente suele preferir a personas que sean similares a ellos. Sea en términos de características demográficas,[240] valores, creencias, estilo de vida o experiencias compartidas,[241] o cualquier elemento que compartamos en común, cuando se trata de sentir más atracción por una persona que por otra también desempeña un importante papel. Ocurre lo mismo con aquellas marcas que elegimos comprar. Como vimos en el capítulo 4, solemos establecer lazos más fuertes con marcas que consideramos congruentes con nuestro yo real o ideal, y, si bien esto se aplica a los rasgos de la personalidad (si uno es muy extrovertido se verá atraído por marcas y mensajes extrovertidos), los estudios de investigación demuestran que la congruencia basada en valores facilita relaciones más sólidas con las marcas que cuando nos centramos solo en la congruencia de personalidad.[242] Y esto, ¿dónde nos deja?

Bueno, si queremos trazar un mapa de los valores de empresa, crear mensajes con más eco social, o hallar una dirección coherente para desarrollar la identidad de marca, existe un método rápido, directo y fiable. En colaboración con la doctora Kiki Leutner de la Universidad Goldsmith, he desarrollado The Values Map, una herramienta *online* basada en valores y pensada para analizar y conocer tu arquetipo de valores y lo que esto significa respecto a las características y objetivos a que apunta una empresa, marca o equipo. Basado en el Cuestionario de Valores de Schwartz, este proceso es el que uso yo en mi consultoría para que los clientes identifiquen, desarrollen y transmitan los valores psicológicos que defienden. Desde respuestas que detallan el modo en que se expresan los valores a través de la cultura empresarial, hasta recomendaciones sobre cómo mejorar el marketing y las comunicaciones, esta herramienta proporciona un conocimiento científicamente riguroso que ayuda a conformar e influir en las empresas y a que las estrategias de las marcas salgan adelante. Si el lector quiere probarla, la encontrará en el siguiente enlace: thevaluesmap.com

Claves

- Las manifestaciones llamativas y vacías de valores morales se conocen como «postureo ético».

- El lavado de imagen falso es una práctica de marketing con la que se afirma respaldar alguna causa justa, apropiándose el lenguaje del activismo social para captar a ciertos grupos específicos.

- Aunque la psicometría se emplee habitualmente para impulsar la participación, los valores son mejores para predecir y explicar las elecciones del consumidor.

- Los consumidores prefieren marcas y productos que reflejen sus valores y que los ayuden a crear, mantener y reforzar su personalidad. La Teoría de los valores humanos básicos de Schwartz proporciona un marco a través del cual medir con precisión los valores de orden superior (y básicos). Estos son: apertura al cambio (auto-dirección, estimulación y hedonismo); mejora personal (logros y poder); conservación (seguridad, conformidad y tradición); y auto-trascendencia (benevolencia y universalismo).

- En un contexto organizativo, si los valores están respaldados por principios resultan válidos para obtener resultados tangibles y mensurables.

- Según la Teoría de la atracción por similitudes, preferimos a las personas que creemos que se parecen a nosotros. En un contexto empresarial, esto podría favorecer la creación de relaciones más sólidas entre marcas y consumidores.

Capítulo sexto

Comunicación emocionalmente inteligente

Lo que no se debe hacer

«Al tratar con personas, no tratamos con criaturas lógicas, sino con criaturas emocionales».

DALE CARNEGIE[243]

Con un espejo en la mano

Allá por el año 1964, Joseph Weizenbaum estaba sentado en su despacho trabajando en el prototipo de un programa de ordenador que esperaba que un día simulara la conversación de seres humanos. Catedrático en el que por entonces era el Laboratorio de Inteligencia Artificial del MIT, sus esfuerzos por crear un procesador de lenguaje natural seguían avanzando, y parecía listo para demostrar empíricamente la superficialidad de la comunicación entre personas y máquinas. De manera sistemática, usando metodologías de coincidencia y sustitución de patrones, el programa comenzó a tomar forma, hasta que un día estuvo listo. Si todo iba bien, su invención recrearía de manera convincente la ilusión de una conversación real con un ser humano. Bautizada la máquina como ELIZA, se dispuso a desarrollar varios guiones con los que el programa pudiese funcionar, destacando sobre todo una curiosidad en particular llamada

DOCTOR[244] (supuestamente en recuerdo a los patrones lingüísticos de la psicoterapia rogeriana sobre la que estaban modelados). Concebido para imitar elementos de una conversación tecleada por un usuario humano, el guion de la máquina respondía mediante preguntas «terapéuticas» no direccionales.

Si, por ejemplo, el ordenador iniciaba la conversación con «por favor, ¿qué problema tienes?» y se le contestaba «siento ansiedad», la pregunta siguiente podría ser: «¿Cuánto tiempo llevas sintiendo ansiedad?». Si entonces la respuesta era «desde que dejé el trabajo», ELIZA te apremiaría diciendo: «Por favor, continúa» y luego contestaría sobre la base de lo que se teclease a continuación («no quiero arruinarme») en la siguiente pregunta («¿qué supondría para ti acabar arruinado?»), etc. De este modo, el programa simulaba una versión propia de una intervención terapéutica y, durante el proceso, emulaba la empatía y comprensión que uno recibiría en tales circunstancias por parte de una persona de verdad. El caso es que ELIZA resultó ser un rotundo éxito, por mucho que, pese a sus muchos y cuidadosos cálculos, Weizenbaum no consiguiese predecir algo crucial: hasta qué grado su creación iba a ser convincente.

La secretaria de Weizenbaum, que había trabajado a su lado durante todo el desarrollo de la máquina, tenía muchas ganas de probar ELIZA ella misma, y así lo hizo; sin embargo, las tentativas duraron poco. Se cuenta que solo unas sesiones más tarde, y a pesar de saber cómo se había construido la máquina, la secretaria pidió al profesor que la dejara sola con ELIZA para mantener «una conversación de verdad». Consternado porque su propósito tuviese el efecto contrario al que se había propuesto demostrar (la superficialidad de toda comunicación entre personas y máquinas), Weizenbaum, según se dice, se lamentó: «Nadie entiende que ahí dentro no hay nadie».[245] A pesar de sus esfuerzos por demostrar que el programa era incapaz de cualquier profundidad computacional o comunicativa, Weizenbaum había dado vida inadvertidamente a una entidad a la que los usuarios le estaban atribuyendo características humanas complejas. Por supuesto, ELIZA no entendía ni empatizaba con el texto que se tecleaba y llegaba a su sistema: el ordenador seguía un guion mucho más rudimentario que el de los *bots* conversacionales de hoy en día. Entonces, si ELIZA solo aparentaba inteligencia, ¿qué ocurría exactamente para que resultara tan convincente?

Todo dependía de la calidad de la interacción verbal entre las dos partes. En el caso de ELIZA, cuya conversación consistía en frases, líneas verdes de texto parpadeante en la pantalla de un antiguo monitor, la experiencia subjetiva que vivía el usuario de empatía y comprensión dependía de las palabras que apareciesen en la pantalla. En la vida cotidiana, la calidad de las conversaciones varía enormemente. Bien con compañeros del trabajo o bien con amigos, todos sabemos lo que es aguantar la verborrea unidireccional de otra persona o mantener una conversación vacía de contenido en que ambas partes no llegan a conectar. Por eso, cuando la conversación es fluida tendemos a prestar atención. Desde luego, la diferencia entre una buena y una mala conversación estriba en unos pocos puntos clave. En el caso de ELIZA, la brillantez de la interacción se fundaba en su simplicidad. A pesar de estar programada para operar dentro de unos parámetros muy limitados, el hecho de hacerse eco de la experiencia del usuario repitiendo sus propias palabras era suficiente para manifestar cierta sensación de compasión y comprensión, dando así la impresión de que ELIZA se preocupaba y entendía. Pero, ¿por qué resultaba tan impactante?

El lenguaje que empleamos, cargado de matices y significados, transmite sutiles diferencias que son importantes para el hablante. Así, quien dijese: «La otra noche fui a un espectáculo muy emocionante». Y yo le contestase: «¿Por qué fue tan excitante?», no se sentiría tan comprendido como si le hubiese preguntado: «¿Por qué fue tan emocionante?». Aunque ambas palabras guarden una relación semántica, significan cosas distintas. Si escuchara atentamente y prestase atención a los detalles estaría demostrando que me preocupaba entender su experiencia subjetiva. Por eso, cuando nos encontramos con alguien que literalmente habla en nuestros mismos términos, experimentamos una fuerte sensación de afinidad, comprensión y confianza.

Aunque la idea sea sencilla en teoría, para que esta técnica funcione se debe abordar con cierto nivel de inteligencia emocional (IE). El término se hizo famoso en 1995 gracias al libro *Inteligencia emocional* de Daniel Goleman,[246] y su origen procede de todo un *corpus* de literatura psicológica y hace referencia a nuestra capacidad para razonar sobre emociones que usamos para potenciar el pensamiento.[247] Lejos de ser sencillas expresiones de nuestro estado de ánimo, las emociones contienen valiosa información y significación, y revelan claves sobre posibles acciones que podríamos emprender en situaciones dadas. Por ejemplo, si gritamos para expresar rabia (emoción), la razón quizá sea porque no nos han tratado bien (significación). En tal caso, quizá decidamos responder mediante retribución, conciliación o retirada (acción), dependiendo del contexto y de lo que se espere conseguir. Ser emocionalmente inteligente no consiste solo en identificar sentimientos específicos: también se trata de comprender y razonar qué significan.

Según la obra fundamental de los psicólogos Peter Salovey y John D. Mayer, la inteligencia emocional abarca cuatro capacidades clave.[248] La primera es el grado en que percibimos, identificamos y discriminamos con exactitud entre distintas emociones, sean nuestras o de otras personas. Eso significa detectar y descifrar expresiones no verbales de emoción en todo, en caras, gestos y voces; hasta en cuadros y manifestaciones culturales. La segunda es nuestra capacidad para usar las emociones y facilitar distintos tipos de procesos cognitivos, como pensar y resolver problemas. En un sentido práctico eso significa entender la forma de controlar los cambios de humor y adaptarse mejor a las tareas que tenemos entre manos. Si, por ejemplo, estuviésemos con la tediosa y meticulosa tarea de hacer la declaración de la renta, lo mejor sería hacerla en cierto estado de tristeza (¡como si solo con pensar en completar la declaración no fuese suficiente para provocar ese sentimiento!). Dicho estado de pesadumbre, no solo parece alentar un cuidadoso procesamiento, sino que también beneficia todo tipo de trabajo metódico que exija atención al detalle o un razonamiento deductivo.[249] Por su parte, los estados de humor más felices tienden a estimular un pensamiento más innovador y creativo.[250] Así que, sea cual fuere el objetivo o el estado de ánimo, identificar y luego optimizar los cambios naturales en las emociones es una poderosa herramienta para mejorar el rendimiento, la competencia y el sentido de bienestar.

El tercer aspecto de la inteligencia emocional se relaciona con cómo entendemos las emociones, tanto las complejas relaciones entre ellas como los matices entre sentimientos muy afines. Por ejemplo, aunque claramente haya una conexión entre sentirse feliz y eufórico (ambos son estados de alegría vigorizantes), también hay una diferencia de calidad e intensidad entre ellos. Entender las emociones también significa reconocer y describir cómo podrían cambiar en el tiempo (por ejemplo, cómo un *shock* puede dar paso a la pena y la tristeza).

El cuarto y último elemento de la inteligencia emocional es la capacidad de gestionar y regular las emociones, tanto las propias como las de otras personas. Sin embargo, eso no significa estar feliz todo el tiempo ni evitar sentimientos incómodos. Aunque algunos prefieran tapar las cosas con el fin de evitar «embarazosas» manifestaciones de emoción (cuya definición dependerá del contexto cultural), gestionar las emociones también es saber cuándo potenciar un estado específico con el fin de provocar la reacción deseada en otros. Esto es bien sabido en el mundo de la política: solo hay que ver un debate a las presidenciales durante la campaña electoral para observar a los candidatos amplificando su justa rabia y así provocar el mismo sentimiento en los asistentes. En resumidas cuentas, las personas emocionalmente inteligentes son aquellas que han desarrollado la habilidad de identificar, regular y controlar las emociones a fin de lograr unos objetivos.

Volvamos por un momento a ELIZA. Aunque Joseph Weizenbaum no dotó a su máquina de inteligencia emocional de verdad, al elaborar un guion que reflejaba el uso de la lengua y emulaba los patrones del lenguaje rogerianos, su programa logró despertar en los usuarios la sensación de sentirse escuchados y entendidos. Sin embargo, e inadvertidamente, logró crear una experiencia subjetiva que recordaba lo que ahora se denomina escucha activa. Proceso intencional diseñado para potenciar la confianza y el entendimiento, la escucha activa versa en estar atento a la persona que habla, volviendo deliberadamente a lo dicho o parafraseándolo, pero sin aventurar opiniones, juicios ni «consejos» propios. La idea es que, al escuchar a alguien con atención como si sostuviésemos un espejo dirigido hacia ese hablante y de ese modo reflejáramos su experiencia, este se sienta más valorado y comprendido, y, por tanto, más deseoso de abrirse y hablar con franqueza.

Lo sorprendente (como demostró ELIZA) es que ser un buen oyente activo no depende necesariamente de la capacidad propia de interpretar y modular la comunicación no verbal (lo cual es curioso, dado que el lenguaje corporal desempeña un poderoso papel en la transmisión de las emociones, como veremos más adelante). Los estudios de investigación sugieren que la escucha activa se asocia sobre todo con buenas destrezas sociales verbales.[251] Eso significa que, si uno identifica y practica las técnicas para iniciar y mantener una conversación, creará una dinámica mediante la cual el compañero –sea un amigo, un colega del trabajo o un cliente– se sienta más comprendido y sus necesidades emocionales mejor cubiertas. Luego, ¿cuáles son esas técnicas exactamente?

Hay muchos factores que intervienen en la escucha activa,[252] aunque uno de los más importantes es la actitud con la que uno encara el diálogo. Como el lenguaje tiende a revelar lo que sentimos (deleite o decepción por lo que estamos escuchando), uno de los aspectos más habilidosos de la escucha activa es el uso intencionado de un lenguaje neutro y sin juicios de valor. Por ejemplo, si el compañero describe con lo que te parece un uso intencionado del lenguaje, neutro y libre de juicios de valor, una oportunidad tentadora, en vez de hacerle una pregunta de sí o no como «¿y eso no te intriga?», se le hace otra como «¿y qué sientes?». Esto no solo le permite responder con más detalle y precisión (quizá se sienta intrigado, pero quizá también sienta aprensión), sino que también abre un espacio más seguro en que contestar con más sinceridad. Al plantear preguntas abiertas como «¿y qué significa para ti?» o «¿cuál sería tu resultado ideal?», no solo se propicia una respuesta más rica y profunda, sino que también se comprende mejor a la persona con la que se habla. Si algo no se ha entendido es importante aclararlo y volver sobre lo dicho para asegurarse de que se ha captado el significado pretendido.

Aparte de las preguntas que se hagan, también es vital dejar espacio a la conversación para que discurra tranquilamente: si el contertulio necesita hacer una pausa para pensar, no hay que precipitarse en romper el silencio. Sí, quizá resulte incómodo o raro, pero al refrenarse se le brinda la oportunidad de expresarse con más claridad. También quizá resulte tentador dar consejos o interferir; sin embargo, en muchos casos, lo que la otra persona quiere es solo que le escuchen y entiendan; por tanto, si se quiere dar apoyo puede ser con el silencio, con respuestas no verbales y manteniendo un buen contacto ocular, echando el cuerpo hacia delante y asintiendo o sonriendo según sea apropiado. Cuando la conversación parezca estar llegando a su fin, o si el problema ya se ha abordado, ofrecer un resumen de los puntos clave es una forma útil de verificar lo hablado con la otra persona y poner fin al diálogo.

Aunque las técnicas expuestas arriba parezcan sencillas, pueden ser engañosamente difíciles de llevar a la práctica. De todo lo que pudiera resultar fastidiosamente evitable, los sospechosos habituales –interrupciones, distracciones, y falseamiento de las intenciones– son muy evidentes (resulta tentador evitarlos cuando se tocan emociones o temas incómodos), pero hay otros hábitos más sutiles que también hacen descarrillar una conversación. En ocasiones, quien incurre en tales errores se equivoca pensando que la suya es una manifestación de empatía. Sé por experiencia propia que la gente que se considera a sí misma emocionalmente inteligente incurre en una conducta conocida como tratar de «rematar» la historia. Imaginemos, por ejemplo, que compartes una experiencia personal emocional con un amigo, tal vez algo para lo cual necesites valor para contar. En un mundo ideal, tu amigo será alguien comprensivo y habrá un sitio tranquilo para hablar con libertad sin sentirte avergonzado ni retraído. Sin embargo, en este caso ocurre algo más.

En lugar de invitarte a compartir más o hacer preguntas para entender mejor lo que estás contando, el amigo contesta: «Oh, sí, eso me recuerda a cuando...» y deja pasar la oportunidad. Lejos de aumentar la confianza y el entendimiento, al interrumpir y cambiar de inmediato el foco de atención hacia él mismo, ese amigo dinamita la conversación y cierra el diálogo durante el proceso. Es una dinámica con la que la mayoría de nosotros estará familiarizado y quien la haya vivido sabrá lo frustrante y desagradable que puede ser. Eso no quiere decir que una buena conversación consista solo en escuchar, porque desde luego no es así. Cuando se establece conexión con otra persona, las voces y experiencias se entremezclan creando una danza dinámica que es más que la suma de las partes. Pero, si lo que se quiere es mejorar la inteligencia emocional de la comunicación, sea para crear confianza, resolver conflictos o ahondar vínculos, entonces la escucha activa es una de las destrezas más poderosas que se pueden desarrollar.

Cuidado con la brecha empática

Como sabemos, ninguna discusión o comunicación emocionalmente inteligente estaría completa sin hablar de la empatía. Palabra bien conocida, la empatía remite a la capacidad de ponerse en el lugar de otro, de entender o sentir lo que experimenta desde su punto de vista único. Aunque el concepto proceda de una larga tradición, fue Carl Rogers (el famoso psicólogo humanista cuyo trabajo inspiró el código de ELIZA) quien propuso que la empatía es central en nuestro crecimiento personal y bienestar, y estudios más recientes revelan ahora su profundo impacto sobre el mundo de las marcas comerciales y la experiencia de los clientes. Lejos de ser un concepto frívolo o un desiderátum, en la configuración del servicio, la empatía reduce la discriminación, la venganza, las conductas poco éticas y antisociales,[253] e incluso mejora el pensamiento creativo para conseguir innovaciones.[254] En el ámbito empresarial, como los trabajadores empáticos son más capaces de entender y adaptarse a las necesidades y deseos de los clientes,[255] son valiosísimos para ofrecer un servicio más profundo y personalizado, lo que a su vez mejora la satisfacción del cliente[256] y la experiencia general de la marca.

Aunque sea la forma más poderosa de sacarles sentido a las cosas y predecir nuestro entorno social,[257] la empatía no solo es vital para la supervivencia y la prosperidad, sino que también es la capacidad cognitiva social más compleja y difícil de reproducir por la inteligencia artificial (IA).[258] Como los robots y los *bots* conversacionales son cada vez más corrientes (y su amenaza para los empleos es cada vez más real), el valor de la empatía como destreza «especializada» que humaniza la atención médica[259] será cada vez más importante para mejorar la resiliencia de las empresas y los puestos de trabajo. A pesar de su ubicuidad y utilidad para encargarse de la interacción con cantidades ingentes de clientes, cuando se trata de manejar situaciones poco frecuentes, complejas o extraordinarias, los *chats* conversacionales actuales no están equipados para transmitir la empatía tan habitualmente requerida para solventar ciertas situaciones.[260] Aunque la empatía desempeñe un papel en el apoyo instrumental (por ejemplo, cuando se recibe ayuda práctica en forma de información, consejos o sugerencias), a menudo es el respaldo emocional (como la seguridad o los ánimos que transmite un trabajador humano) el que marca la diferencia entre una experiencia poco satisfactoria para el cliente y otra que lo es mucho.

Aunque se cree que la capacidad para reconocer emociones básicas es innata, los datos sugieren que la empatía también se desarrolla a través de ejercicios y una preparación específica,[261] lo cual es muy buena noticia si es algo que se quiera fomentar en uno mismo o en otros. Respecto a cómo funciona la empatía, se divide en tres componentes principales. El primero es la empatía emocional o afectiva, la capacidad de identificar y responder al estado de ánimo de otra persona con la emoción apropiada. Si, por ejemplo, reparamos en que un compañero parece triste o melancólico y está con el ceño fruncido, encorvado sobre el despacho, quizá palpemos su ansiedad y le dediquemos unas palabras de apoyo o una caricia amable. Estas respuestas de comprensión y compasión que responden al sufrimiento ajeno reciben el nombre de inquietud empática y se originan en una motivación altruista de ayudar a los demás.

Sin embargo, el repertorio empático no termina aquí. Imaginemos por un momento que estamos en la cocina viendo a un amigo cortar un limón y el cuchillo resbala y le hace un corte en un dedo. En tal tesitura, no solo responderíamos con angustia emocional, sino que probablemente haríamos una mueca de dolor simpático o empatía somática, una respuesta física proveniente de las neuronas especulares del sistema nervioso simpático.

Más allá de lo emocional y físico, la empatía también comprende entender el estado mental o la perspectiva de otras personas. Conocida como empatía cognitiva, esta capacidad implica una toma de perspectiva (saber adoptar el punto de vista psicológico de otras personas) y fantasía (identificarse con personajes de ficción o situarse con la imaginación en situaciones ficticias).[262] Lo curioso es que, aunque la empatía permita entender mejor las experiencias subjetivas de los demás, las empatías emocional y cognitiva son en realidad dos constructos diferentes. Solo porque alguien empatice muy bien a nivel emocional no significa que sea bueno adoptando mentalmente la perspectiva de otra persona. De hecho, en situaciones de emoción muy intensa, un exceso de inquietud empática puede inhibir esa capacidad.[263]

Como la empatía comporta beneficios para todos los aspectos del ecosistema empresarial, desde el centro de trabajo hasta los clientes, es fundamental crear organizaciones resilientes con buena reputación. No obstante, la empatía también impone retos peliagudos, sobre todo cuando se trata de la comunicación en el mundo virtual. Estando muchas personas acostumbradas ahora a interactuar en remoto (con los compañeros de trabajo o con los clientes), resulta más fácil que nunca caer en la brecha empática caliente-frío. Siendo uno de los muchos sesgos cognitivos que influyen en nuestras vidas, esta brecha describe la tendencia a infravalorar la influencia de las situaciones emocionales y los impulsos viscerales sobre nuestras preferencias, actitudes y comportamientos.[264]

Desde estados físicos como el dolor, la sed, el hambre o la excitación sexual, hasta el síndrome de abstinencia o las emociones fuertes, estos motores pueden tener un efecto desproporcionado sobre nuestra percepción y los procesos de toma de decisiones. En un día de calor tórrido, por ejemplo, si uno está seco como la suela de un zapato mostrará más empatía ante un anuncio en el que salga una persona en un lugar cálido y que también sienta sed. Si el anuncio se visiona un día frío con una taza de té caliente en la mano, debido a la diferencia de situaciones entre el protagonista y quien lo ve, la brecha empática resultará mucho más amplia. Sea sed, dolor o el sentimiento abrumador de estar enamorado, en cualquiera de esos estados «álgidos» podemos estar tan centrados en aplacar esa sensación que estemos ciegos ante otros objetivos, hasta el punto incluso de actuar impulsivamente y perder el control.[265]

La clave es que la capacidad de comprensión y empatía con otras personas depende del estado en que nos encontremos, hecho con importantes implicaciones para la forma en que nos relacionamos. Si queremos ser emocionalmente inteligentes al comunicarnos, sea con compañeros de trabajo y socios o en interacciones de servicio al consumidor, primero hay que determinar dónde nos encontramos en ese espectro caliente-frío respecto a la persona con la que hablamos. Si, por ejemplo, uno sabe las dinámicas que entran en juego y reconoce con rapidez la diferencia de estados, probablemente esté mejor preparado para adaptar su enfoque y manejar la situación, punto en que la escucha activa resulta inestimable.

Al plantear preguntas abiertas e identificar el lenguaje emotivo que se esté usando, no solo se generará el espacio necesario para que los clientes se expresen, sino que también uno se podrá hacer eco de su experiencia con sus propias palabras, salvando la brecha empática y dando un paso más hacia la resolución. Aunque esto sea útil en todo tipo de interacciones, es especialmente importante cuando los clientes están enfadados, no solo porque nuestra reacción primaria pueda ser quedarnos de piedra, luchar o huir –acciones que evocan conductas agresivas o de evitación–, sino porque ninguna de las mismas (en un contexto moderno) suele dar resultados productivos.

En entornos sociales existe otra respuesta posible: atender y hacerse amigos. Fundamentado por una serie de neurotransmisores (como la oxitocina, los opioides y las vías dopaminérgicas del cerebro), nuestro deseo de afiliación con otras personas es un poderoso medio para reducir el estrés, si aportan el confort y el sostén que necesitamos.[266] Quizá sea la razón por la que, cuando llega el momento de ayudar a clientes enfadados, el método más eficaz es dejar que se despachen a gusto y darles la razón en su agravio antes de brindarles palabras de apoyo emocional y proporcionarles soluciones prácticas. El problema es que, cuando se trata de adivinar, identificar e influir en las emociones de otras personas, en ocasiones hay en juego otras influencias malévolas y ocultas.

El poder del contagio

Traspasados los límites de la percepción conversacional, descubrimos una conducta curiosa en la que la mayoría de nosotros caemos a diario, sin siquiera darnos cuenta. A menudo no intencionado y automático, este proceso colabora en nuestras interacciones sociales, ayudándonos a empatizar y entender las experiencias, pensamientos y sentimientos de otros. Este extraño fenómeno se conoce como contagio emocional, y describe nuestra tendencia a sincronizar e imitar las posturas, movimientos, expresiones faciales y vocalizaciones de los demás,[267] permitiéndonos así experimentar un reflejo de lo que sienten. Si, por ejemplo, te pidiese que imitases expresiones de amor, dicha, tristeza, miedo y disgusto, mediante este sencillo acto experimentarías una versión de esa emoción específica.

Considerado un tipo de influencia social,[268] el contagio emocional es el medio por el cual «percibimos» las emociones de los demás, y ocurre con o sin nuestro conocimiento. La mayoría de nosotros habrá tenido encuentros de los que, por alguna razón en apariencia inexplicable, salimos optimistas o atribulados, y a menudo es la mano oculta del contagio emocional la que está detrás de ese efecto. Desde el estatus o carisma de una persona,[269] hasta su nivel de expresividad facial (si los niveles son altos, se incrementa la transmisión), hay variedad de factores que influyen en cuán contagioso es el estado de otra persona y el grado en que afectará a cuantos la rodeen.

Desde influir en nuestro bienestar,[270] hasta el bienestar de aquellos con los que tenemos relación,[271] el modo en que compartimos las emociones personales *online* posee todo tipo de implicaciones sobre cómo nos sentimos y comportamos, y no solo en la vida privada. Solo en esta década hemos visto de primera mano y en tiempo real el poder del contagio emocional para difundir emociones que han galvanizado algunos de los movimientos sociales más populares de la historia moderna.[272] Sin embargo, a pesar de la abundancia de experimentos dedicados a examinar este efecto en el mundo real, a comienzos del año dos mil todavía no había muchas investigaciones que estudiasen cómo se propagan las emociones *online*. Por tanto, cuando Facebook entró en escena, pareció una oportunidad demasiado buena para perdérsela. Académicamente hablando fue un momento emocionante, donde el deseo de investigadores e institutos de hacerse con esa novedosa tecnología (con un tamaño de muestreo inconcebible hasta la fecha) de repente fue posible con la adopción generalizada de las redes sociales. La gente comenzó a hacer sus pinitos aquí y allá, pero no fue hasta 2014 que se llevó a cabo un enorme experimento encubierto en Facebook, en el cual por fin se determinó a escala el verdadero alcance de la repercusión del contagio emocional.

Aprovechando el momento, un trío de investigadores se sirvió de la plataforma para investigar si los estados emocionales se podían transferir de un usuario a otro mediante *posts online*. Dentro de los límites de lo que era legal en aquel momento, el equipo «reclutó» a 689.003 usuarios involuntarios y se dispuso a manipular las noticias que les llegaban sin su conocimiento (o sin consentimiento informado), reduciendo el número de entradas de naturaleza emocional a las que se veían expuestos.[273] Los resultados fueron reveladores tal y como se había previsto, los usuarios que recibieron un número reducido de entradas positivas emitieron ellos mismos menos *posts* positivos y subieron más *posts* negativos (y viceversa). Apodado «efecto de retirada», este comportamiento demostró que era posible transmitir un estado emocional sin interacción directa entre amigos, validando así el que el contagio emocional se puede dar sin tener conciencia de ello, incluso en ausencia de claves no verbales (como el mimetismo del que hablamos con anterioridad).

De un solo golpe los investigadores habían ejemplificado con éxito el hecho de que la mera exposición a las manifestaciones emocionales de otra persona (en este caso, en forma de un *post* en línea) era suficiente para cambiar el estado emocional de un usuario, mientras que en aquellos que se expusieron a un menor contenido emocional (positivo o negativo), su manifestación fue menor. A pesar de su escaso tamaño (aunque estadísticamente significativo), este controvertido estudio aportó –en palabras de los investigadores– «evidencias experimentales para un contagio a gran escala a través de los medios sociales», cuyos efectos podrían tener «importantes consecuencias adicionales» al desperdigarse por las redes sociales a tan grandiosa escala.[274]

Desde luego, cuando se filtraron las noticias y los usuarios de Facebook se dieron cuenta de que podían haber sido manipulados involuntariamente, el escándalo que se provocó se intensificó y se multiplicó gracias a los canales sociales, de nuevo ejemplificando irónicamente el efecto que los investigadores habían identificado en primera instancia.[275] De hecho, la gente estaba tan descontenta con el experimento que los científicos que escribieron el artículo acabaron disculpándose públicamente con un *post* en Facebook, admitiendo que «los beneficios del artículo de investigación quizá no justificasen toda esa ansiedad».[276] Sea lo que fuere que pensemos acerca de la dudosa ética de ese experimento, lo cierto es que sirvió para evidenciar lo que ya sabemos: que la calidad emocional de la comunicación tiene un impacto real y tangible sobre el receptor.

Pero, si el objetivo de las plataformas sociales es modular al alza las emociones de los usuarios y amplificar los efectos del contagio emocional (para que participe más gente y durante más tiempo), entonces, elevar la intensidad y la frecuencia de la exposición al contenido emocional no es suficiente. En su lugar, para mejorar la transmisión de las emociones *online* hay que animar a la gente a que comparta sus sentimientos, una conducta que las plataformas digitales no paran de incentivar. Desde los «me gusta» y los «compartir», hasta los *reposteos* y el «recuento de seguidores», las palancas digitales de refuerzo positivo que caracterizan a las plataformas sociales se han vuelto tan ubicuas que casi pasan desapercibidas. No obstante, si examinamos su influencia en el uso de las redes sociales a nivel personal, veremos lo poderosos que son los efectos de semejante condicionamiento.

Tomemos Instagram, por ejemplo. Sé por experiencia personal que, cuando llevo un tiempo inactiva y vuelvo a la aplicación, ver tanta actividad (*likes*, comentarios, etc.) «por lotes» (en vez de por goteo) genera una mayor sensación de recompensa y emoción, dándome más incentivos para seguir participando, subir más contenido y esperar el siguiente chute de dopamina. Pero podemos llevarlo todo un paso más adelante. En Twitter es posible predecir cuántos «me gusta» y *retuiteos* recibirá un *tuit*, basándonos solo en la intensidad emocional del contenido: cuanto más intensa sea la emoción, mayor la actividad, disfrutando las emociones positivas de un mayor efecto que las negativas.[277] Por último, sin importar de qué plataforma se trate, cualquier potenciador de la participación lo que hace en esencia es recompensar (y reforzar positivamente) nuestra conducta, animándonos a expresar más emociones y, de este modo, a perpetuar más si cabe los efectos del contagio emocional.

Aviso para caminantes

¿Y qué tiene esto que ver con la comunicación en general? Bueno, del mismo modo que la inteligencia cognitiva no implica sabiduría, tampoco la inteligencia emocional implica compasión. A pesar de la potencia y vitalidad de los contenidos diseñados para inflamar y airar, conseguir la participación de la gente de un modo tan explosivo no es muy ético ni tampoco el medio más eficaz de obtener resultados generativos. Aunque quizá tales enfoques misántropos demuestren de veras la destreza propia para usar a favor dinámicas psicológicas, manipular las emociones de la gente para obtener una mejora métrica en la participación (sin importar su impacto en el usuario) está a años luz de aplicar los propios conocimientos de un modo amable y positivo. Cuando se trate de ejercer poder, sobre todo en un vasto territorio como Internet, querremos desplegar esta responsabilidad que nos diferencie de la competencia.

Esto es especialmente irónico dado que las decisiones que tomamos emanan de procesos racionales y deliberados de razonamiento. Al contrario de lo que nos gustaría creer, incontables estudios demuestran que, cuando se trata de tomar decisiones, estamos lejos de ser agentes objetivos. Al contrario, tal y como dice la renombrada escritora científica Rita Carter: «Donde el pensamiento entra en conflicto con las emociones, estas están diseñadas para ganar en virtud del circuito neuronal del cerebro».[278] En la comunicación *online*, al participar en los medios y redes sociales inundados de contenidos cargados emocionalmente, nuestra capacidad de recabar, analizar y procesar información con el pensamiento se ve comprometida, así como frustrada la capacidad para vivir según nuestros valores. Como todos estamos sometidos a estas fuerzas ocultas, ¿de qué modo podrían las empresas y marcas implicarse en una comunicación emocionalmente inteligente que sea ética y tenga difusión?

¿De qué modo podrían las empresas y marcas implicarse en una comunicación emocionalmente inteligente que sea ética y tenga difusión?

Sea invirtiendo en anuncios que esperamos que «se vuelvan virales», u orquestando campañas que fomenten la participación y el alcance, la mayoría busca encontrar medios mejores para conectar y convertir al siguiente posible cliente. No obstante, y por lo general, cuando hablamos de contenido viral solemos pensar en esos vídeos, titulares y memes que evocan rabia o miedo, emociones intensas que, una vez desencadenadas, provocan una reacción imparable. Lo que quizá se nos pase por alto son las otras dinámicas, menos visibles, que determinan el impacto emocional del contenido, y si lo compartimos o no. Cuando se trata de transmitir nuestras emociones a otras personas, existen otros elementos que influyen en el modo (y hasta el grado) en que funciona el proceso de contagio. Las emociones no son sencillas y, en el ámbito virtual, donde el contenido se puede compartir por innumerables canales y en todo tipo de formatos, si queremos transmitir emociones con éxito debemos entender los tres factores funcionales que las caracterizan.

El primer factor es la valencia de la emoción, es decir, cuán positivo o negativo es el sentimiento; la alegría, por ejemplo, tiene una valencia positiva, mientras que la del miedo es negativa. El segundo factor es la estimulación, la energía o nivel de excitación con que se expresa la emoción. El nivel de energía es alto cuando se siente rabia (y, por tanto, la estimulación es elevada); por su parte, en la tristeza el factor es más moderado y, por tanto, la estimulación es baja (véase la Figura 6.1). Sin embargo, las emociones también varían en cuanto a su dominancia, en el grado en que nos sentimos sometidos o controlados al experimentarlas. Por ejemplo, en caso de ver algo que infunda miedo, se aprecia que el control es menor (dominancia baja) que en un contexto que despierte un sentimiento de admiración o inspiración (dominancia alta).

En contextos *online* esta tríada de características (valencia, y niveles de estimulación o dominancia de la emoción elicitada) determinan la viralidad de cualquier contenido.[279] El problema no es que todo el contenido ni los canales de distribución se crean iguales. Si nos fijamos en las entradas o artículos, por ejemplo, los que generan mayor número de comentarios evocan diversas emociones que cuesta mucho «despertar» y son profusas en excitación (como expresiones de felicidad y rabia), y dominancia leve (por ejemplo, miedo, razón por la cual la gente siente que tiene menos control), lo que de alguna manera explica por qué los contenidos visitados con más frecuencia son los más cargados y polémicos.

Figura 6.1. Modelo VAD

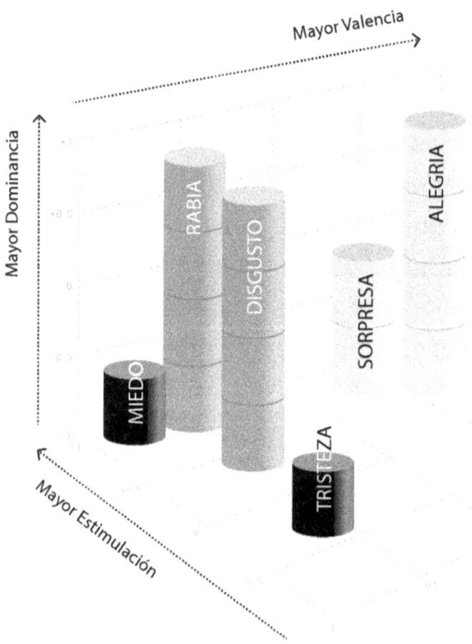

Fuente: Basado en el diagrama de Buechel y Hahn (2018). La ubicación de la representación de las emociones para la construcción automática de léxico (sobre todo) se produce a nivel humano.[280] Autorizada su reproducción.

Sin embargo, cuando se trata de las redes sociales, el modelo VAD nos cuenta otra historia. A diferencia de la combinación de elevada estimulación y baja dominancia que impulsa las conductas comentadas en artículos, el factor que más conexión tiene con el contenido social que compartimos es el de dominancia elevada. *Posts* y actualizaciones que evocan sentimientos de admiración o inspiración, por ejemplo, no solo elevan nuestro estado de ánimo, sino que también nos ayudan a sentir más control, lo que quizá explique por qué tantas noticias se rodean de una constelación de amigos que suben entradas con buenas historias y actualizaciones de momentos felices. Claro –posiblemente diga el lector–, pero eso no explica por qué tanto contenido compartido en los medios sociales es negativo. Para dar respuesta a esto fijémonos en algunas de las fuerzas que conforman aquello a lo que le prestamos atención.

Por desgracia (sobre todo por razones evolutivas), cuando se trata de reacciones humanas, nuestras respuestas cognitivas, emocionales y conductuales tienden a ser mucho más fuertes y rápidas cuando nos enfrentamos a estímulos negativos que cuando lo hacemos a estímulos positivos o neutros.[281] Esto, combinado con nuestra tendencia a decantarnos y prestar más atención a la información negativa, hace que no sorprenda el que las emociones desagradables sean a menudo más contagiosas que las placenteras. Desde luego, muchos de estos efectos se vuelven más visibles por mediación de la tecnología, con lo cual resulta tentador asumir que los efectos del contagio emocional son más frecuentes, amplios e intensos cuando se expresan *online*. No obstante, aunque es verdad que la tecnología facilita un mayor alcance y la velocidad con la que se extienden los contenidos apasionados, la elevada frecuencia a la que nos vemos expuestos con tales emociones (de cualquier valencia) puede tener efectos inesperados, como cansancio emocional y habituación. Si no tenemos cuidado, el mismo hecho de la sobre-exposición a tantas y tan variadas emociones puede desensibilizarnos y anular nuestra capacidad de empatizar.

Pero existe otro fenómeno que también canaliza la difusión y el impacto del contenido emocional *online*. Desde que se produjeron las revelaciones del escándalo de Cambridge Analytica y la consiguiente preocupación por el uso de anuncios destinados a un público específico, como los de la campaña del voto a favor del Brexit en el Reino Unido,[282] en la que periodistas, académicos y empresarios por igual advirtieron del riesgo potencial de su contenido politizado a fin de influir y subvertir el proceso democrático. Desde la Primavera Árabe hasta las elecciones de Estados Unidos,[283] las plataformas sociales han desempeñado un papel fundamental en la difusión de ideas políticas y morales, y, como tales, están influyendo en la historia del ser humano. Habiendo tanto en juego, los académicos que estudian la ciencia de las emociones, la moralidad y las redes sociales han empezado a investigar dichas dinámicas, aportando resultados inquietantes en el proceso. Del mismo modo que las emociones se transmiten de una a otra persona, los datos sugieren que también pueden hacerlo las ideas morales.

Con sorprendentes similitudes con su pariente emocional, el contagio moral describe el modo en que la expresión de emociones morales (a través de los contenidos que compartimos y creamos) expande ideas políticas y morales aprovechándose de las redes sociales. En un estudio clave de 2017, los investigadores de la Universidad de Nueva York estudiaron el contenido de 563.312 *tuits* de usuarios de Estados Unidos, en un intento por aprender el modo en que la gente se comunicaba al hablar sobre temas polémicos como el cambio climático, los matrimonios homosexuales o el control de la venta de armas.[284] Poco sorprende que los resultados revelaran que la mera «presencia de palabras de contenido moral y emocional en los mensajes aumentase su transmisión un 20 % por palabra», ni que esa mayor difusión se produjese dentro de (más que entre) grupos que compartían las mismas fronteras ideológicas (los liberales compartían contenidos con liberales, y los conservadores con conservadores). Como los resultados revelaron un mayor efecto de contagio de las palabras de contenido moral y emocional (con palabras como «odio», «lucha» y «vergonzoso») que las palabras de sentido solo moral o emocional, el estudio planteó preguntas importantes sobre la responsabilidad que asumimos con el lenguaje que usamos, sobre todo cuando debatimos *online* temas que polarizan a la sociedad.

Dadas las implicaciones de este estudio, no sorprende que las redes sociales hayan comenzado a participar de estos temas, llevando a Twitter y a Facebook a imponer el equivalente a las «advertencias a los padres» en aquellos artículos políticamente provocadores o engañosos durante las elecciones presidenciales estadounidenses de 2020.[285] No obstante, cuando se trata de los medios de comunicación actuales y de nuestra capacidad para moldearlos, la valencia emocional del contenido (cómo de «bien» o «mal» nos hace sentir) está en realidad menos conectada con su viralidad que la dominancia de la emoción o los niveles de motivación.[286] Esto significa que si, por ejemplo, queremos aumentar la difusión de un vídeo, hay que recurrir a invocar la ira, la tristeza, el miedo o el disgusto de otros. En lugar de eso, optemos por crear un contexto social emocionalmente complejo, sorprendente y alegre (cuando sea apropiado), con lo cual inclinaremos la dinámica del contagio emocional para elevar los estados emocionales de quienes nos rodean (incluso cuando se pisa el terreno político).

Tal vez un candidato poco probable que hace esto bien, uno de mis ejemplos favoritos de empresa, sea el Washington Post. Donde medios de comunicación *online* han recurrido históricamente a sacar artículos tentadores y titulares provocativos en su deseo de llamar la atención y obtener ganancias, este periódico en particular ha tenido el asombroso éxito de llegar a un público nuevo (en gran medida más joven) en Tik Tok, mezclando para ello anuncios de pago dentro de esa corriente de vídeos orgánicos originales. Aunque muy alejado del contenido provocativo que se podría hallar en otros sitios, este editor habitualmente tradicional sube oportunos vídeos satíricos sobre asuntos del momento (a menudo con su personaje «Dave») proporcionando una voz más edificante a las noticias, en una estrategia que les ha valido millones de impresiones, comentarios y compartidos.[287] Desde temas ligeros hasta informes impactantes, han hallado la forma de comunicar los hechos a una audiencia que aprecia un enfoque más juguetón, y parece que funciona.

Si se desea consolidar asociaciones positivas con una marca, o simplemente difundir diversión, optar por esparcir sensaciones agradables *online* y *offline*, puede arrojar toda una serie de efectos deseables, y no solo a la audiencia pretendida. Desde potenciar las conductas de ayuda al cliente de los vendedores,[288] hasta aumentar la cooperación[289] y hacer concesiones en contextos de negociación, no solo se consigue que los estados de ánimos positivos nos hagan sentir bien, sino que también puede tener un impacto significativo en la operación de nuestras organizaciones. Cuando se trata de rendimiento cognitivo y esfuerzo, por ejemplo, los estados emocionales positivos se asocian con una mayor capacidad de implicarse en la resolución de problemas complejos y el razonamiento lógico,[290] y en el sector de los servicios al cliente, con mejores índices de rendimiento.[291] Mientras la presencia de emociones negativas se asocia con conflictos (que a su vez se alimentan con el mal humor, y nuestro rechazo a otros), los estados de ánimo positivos se conectan con una mayor aceptación de otros.[292] En un sentido muy real, por tanto, al optar por hacer el bien podemos ponérnoslo más fácil para ser buenos.

Comunicación clara

Al hablar de comunicación, los artículos y el contenido social no son los únicos medios a través de las cuales las emociones puede viajar *online*. Debido a la ubicuidad de las transmisiones en vivo y las plataformas de conferencia virtual, es importante que también entendamos cómo se despliega el contagio emocional entre vídeos. Sean pregrabados, o acontecimientos en vivo o virtuales, existen diversos factores que influyen en cómo se transfieren las emociones en la pantalla, muchas de las cuales emanan de nuestras interacciones en el mundo físico. Por ejemplo, en el cara a cara, la energía con la que transmitimos nuestras emociones influirá en el alcance de su transmisión a otros. Desde los patrones y gestos faciales, hasta el tempo, el volumen, la gama y el nivel tonal, la intensidad con la que nos expresamos determina lo contagiosas que son nuestras emociones. Por eso la misma emoción, con el mismo grado de amabilidad, se experimentará y transmitirá mucho más poderosamente cuando se comunique con mayor energía.

Tomemos, por ejemplo, una desagradable emoción de baja energía como la pereza: esperaríamos que este sentimiento fuese menos contagioso que su par de alta energía, la irritabilidad hostil,[293] lo cual tiene sentido si pensamos en la forma en que prestamos atención a los estados de ánimo de quienes nos rodean. Si volvemos al carisma, por ejemplo, hay posibilidades de que conozcamos a alguien que sea el alma y la salsa de las fiestas, cuya mera presencia ilumina cualquier lugar en el que esté. Aquí, los estudios de investigación confirman lo que sabemos intuitivamente: que las personas más expresivas e intensas en sus emociones también es más probable que atraigan más atención, ganando mayor exposición y una más amplia plataforma desde la que transmitir sus emociones a otros.[294]

Lo curioso es que el efecto es observable incluso cuando nadie está hablando, como muestra un inusual estudio en que los investigadores pidieron a tríos de participantes que se sentaran en silencio dos minutos en una habitación unos de cara a los otros.[295] Diseñados los tríos intencionadamente para incluir una persona muy expresiva y dos inexpresivas, los científicos invitaron a cada persona a revelar su estado de ánimo antes y después de la experiencia. Como se podría predecir, los resultados revelaron que, aunque era más probable que en los sentimientos de los participantes inexpresivos influyera la persona expresiva, lo contrario era mucho menos probable que ocurriese. Al mostrar los efectos del contagio emocional en un marco tan breve y estático, este experimento ratifica el poder que tenemos para influir en otros, incluso en ausencia de una sola palabra. ¿Y qué supone esto para nosotros en términos prácticos?

Siendo tantas las interacciones diarias que se producen *online*, si entendemos la mejor forma de crear las condiciones para que la comunicación tenga resonancia estaremos en mejor situación para relacionarnos con otros en un nivel más satisfactorio y emocionalmente significativo. Como toda comunicación eficaz bascula en gran parte sobre nuestra capacidad para transmitir y decodificar con exactitud las emociones, cuando optamos por que ciertas personas representen a nuestra marca comercial en el ámbito público es importante plantearse sus habilidades expresivas. Tomemos por ejemplo otro rasgo de la personalidad: la extroversión (que comparte cualidades similares con las emociones positivas y muy enérgicas). Cuando se trata de entender el tipo de emoción que alguien está transmitiendo, la gente muy extrovertida suele ser mejor comprendida.[296] La otra cara de la moneda es que ante el despliegue de una emoción de baja energía, como la depresión, quizá resulte mucho más duro identificar correctamente la emoción experimentada y manifestada por la otra persona.[297]

Sin embargo, esto no quiere decir que demos prioridad a ciertos rasgos de la personalidad, a ciertas emociones y estados emocionales sobre otros. En cambio, si queremos comunicarnos con claridad, tendremos en cuenta el contexto y los objetivos que se quieran conseguir, teniendo presente que los despliegues de alta energía serán recibidos y entendidos con más exactitud que sus pares de baja energía. Como es más probable que respondamos y compartamos emociones fuertes, y que la energía potenciada intensifique nuestras experiencias emocionales,[298] cuando se trata de desarrollar estrategias de marketing (o cualquier forma de comunicación) es importante considerar si nuestros objetivos se cumplen mejor si se llevan a cabo por personas carismáticas, expresivas y extrovertidas, o por otras más calladas o reflexivas. Toda comunicación exitosa es, después de todo, mucho más que una transmisión unidireccional y estridente.

Claves

- Usar palabras y frases a modo de espejo constituye un poderoso medio para el entendimiento y para crear una sensación de comprensión común.

- A fin de comunicarnos con persuasión, hay que cultivar la inteligencia emocional, lo cual significa percibir las emociones con precisión, usar las emociones para pensar y resolver problemas, entender los matices de las emociones, y gestionar las emociones entre nosotros y otros.

- La escucha activa nos ayuda a entender y comunicarnos mejor con los demás al prestar atención a quien habla, al hacer preguntas abiertas, al usar un lenguaje sin juicios de valor y al reflejar en nuestras palabras lo que dice nuestro interlocutor.

- Empatía significa meternos en la piel de otros, y comprende tres elementos: la empatía emocional, la empatía somática y la empatía cognitiva. Básica para nuestro crecimiento y bienestar es la capacidad más difícil de reproducir por la IA.

- La capacidad de empatizar con otras personas depende del estado de ánimo y, en ausencia de un esfuerzo deliberado, podemos caer en la brecha empática fría-caliente.

- El contagio emocional es un tipo de influencia social a través del cual captamos las emociones de otras personas. Se transmite mediante posturas, movimientos, expresiones faciales y vocalizaciones, muchas veces sin ser conscientes de ello.

- Las emociones se caracterizan por su nivel de valencia, motivación y dominancia, lo cual, en un contexto *online*, determina la viralidad del contenido.

Capítulo séptimo

Cómo recuperarse de un duro golpe

«Superar dificultades es experimentar todo el placer de la existencia».

ARTHUR SCHOPENHAUER[299]

Bregar con lo inevitable

Hace un par de años me mudé a un bonito apartamento en el corazón de un barrio de Barcelona. Recién renovado, con suelos de madera oscura en patrón de espiga y con altos ventanales, era prácticamente perfecto, excepto por una cosa. Nos habíamos mudado un verano tórrido y el piso de al lado estaba vacío; durante esos primeros meses no pareció faltar nada. Sin embargo, a medida que fue entrando el otoño, que trajo consigo nuevos inquilinos (una familia de seis, sin contar el perro), notamos una subida enorme en la factura de la luz. Nuestro piso era la parte más pequeña de lo que había sido un gran y único apartamento, y parecía que, por culpa de las reformas, el contador de electricidad se había invertido con el de los vecinos. Lo que habían sido facturas de unos 50 euros al mes, ahora eran de 500, y se cobraban directamente a mi cuenta de débito sin aviso previo. En teoría arreglarlo era sencillo; la empresa eléctrica responsable de controlar el consumo enviaría un ingeniero a hacer las comprobaciones pertinentes, informar y remplazar los contadores, mandando un aviso al proveedor eléctrico para que corrigiese los registros y nos devolviera el dinero.

En la práctica aquello se convirtió en una pesadilla de dieciocho meses, que sigue sin resolverse mientras escribo estas líneas. Entre llamadas interminables a ambas compañías (las dos se negaron a ponerse en contacto entre ellas), varios intentos fallidos de los ingenieros de concertar inspecciones (errando el diagnóstico cuando lo hicieron) y un aviso de que nos cortarían la electricidad si no pagábamos las facturas de los vecinos, acabamos completamente exasperados. Ahora mismo, que ya nos tuteamos con los simpáticos pero inútiles representantes de ambas empresas y, a pesar de las continuas garantías ofrecidas por ambas partes, seguimos perdiendo un precioso tiempo y dinero tratando de resolver lo que es culpa suya. No habiendo oficinas físicas a las que ir a reclamar (qué conveniente), ni un servicio eficaz de correo electrónico, nos vimos forzados a pasar horas escuchando la musiquilla exasperante del contestador, esperando a que alguien cogiera el teléfono, diera un palo al agua e hiciese su trabajo.

Aunque fallos del servicio de atención como estos son inevitables, no lo es su impacto negativo sobre las marcas comerciales. Los errores ocurren y, cuando lo hacen, la forma en que las compañías los subsanan es lo que determina el alcance de los daños para empresas y clientes por igual. Desde luego, tras la tierra quemada del año horrible que fue 2020, muchas compañías tienen ahora más miedo si cabe de cometer errores, por el riesgo de sufrir la ira de las masas. Hacer las paces puede ser un proceso delicado en el mejor de los casos, pero para hacerlo *online* cuando el sentimiento del público está dividido y la política de identidad está en primer plano, se requiere un tipo muy específico de resiliencia. Si las empresas tienen que abordar esos errores de forma creativa, primero deberán identificar y evitar las múltiples trampas en las que podrían caer, lo cual incluye el impacto que la tecnología tiene sobre la conducta.

En las plataformas sociales, por ejemplo, la posibilidad de actuar anónimamente (o como mínimo con un pseudónimo) causa, no solo cierta pérdida temporal de identidad, sino también la liberación de impulsos[300] que de otro modo se limitarían al ámbito del mundo físico. Conocido como efecto de desinhibición *online*, dicha tendencia a comportarse con menos inhibición y hacerlo de forma más habitual y con más vehemencia virtualmente que en persona[301] provoca el que las conversaciones sean más intensas y se descontrolen, lo que hay que evitar para enmendar errores con integridad. Debido a las presiones sociales a las que se debe responder en tiempo real, resulta tentador escribir *tuits* con prisa o dejar que afloren opiniones personales e ideas en la discusión, la acción o la causa del momento. Sin embargo, si queremos actuar de acuerdo con nuestros valores, dejaremos pasar tiempo para reflexionar sobre las consecuencias potenciales de nuestras acciones antes de iniciarlas, sobre todo cuando haya mucho en juego.

Los errores se producen en cualquier punto del ecosistema empresarial: entre compañías en sociedad, dentro de la misma organización, o entre los representantes de las marcas y sus clientes. Sea cual fuere el problema, si no se maneja bien, situaciones que de otro modo tendrían solución se pueden ir rápidamente de las manos y descontrolarse, dañando en el proceso las relaciones, el desempeño de los trabajadores, la cultura organizativa y la lealtad de los clientes. Sin embargo, si encontramos una forma de eludir las estrategias de respuesta reactiva y recurrimos a opiniones científicas que guíen nuestras acciones estaremos mucho mejor preparados para optar por estrategias de petición de disculpas y estrategias de recuperación de clientes que arrojen los resultados que deseamos.

Venganza y reconciliación

Luego, ¿qué hacer cuando las cosas se ponen feas? Por lo general, el primer paso es desactivar la situación antes de que empeore, por ejemplo, recurriendo a los principios de la escucha activa expuestos en el capítulo anterior para obtener una mejor comprensión de la situación e identificar qué acción práctica y emocional necesita la parte agraviada. Desde luego, si el propósito es la reconciliación y mitigar la posibilidad de que haya conductas de búsqueda de venganza (un *tuit* o un *post* furiosos se puede hacer virales en un segundo), disculparse y mostrar empatía es un buen comienzo. Cuando se producen fallos en el servicio, los estudios demuestran que los clientes a los que se les muestra empatía y se les da una disculpa genuina, no solo tienden a experimentar que tienen más control (una vez más la autonomía), sino que también se potencia su autoestima, y ambas cosas aumentan la posibilidad de una reconciliación positiva.[302]

Sin embargo, cuando se trata de disculpas, algunas son más persuasivas que otras. Como mencioné con anterioridad, las que son explícitas y sinceras suelen ser las de mayor éxito, aunque hay cuatro factores adicionales que, si están presentes, ejercen un efecto a añadir a la hora de percibir cómo de apropiada es una disculpa.[303] El primero de estos factores son los remordimientos, lo que supone expresar tristeza por lo que se ha hecho (por ejemplo, «siento no haberle llamado en la fecha que acordamos»). El segundo es asumir la responsabilidad, reconocer que las propias acciones (o su ausencia) transgredieron una norma o regla social de conducta (p. ej., «sé que hice mal»). Tercero, una promesa de contraprestación, un compromiso de cumplir la palabra dada en el futuro («prometo que esto no volverá a pasar»), mientras que el último factor es una oferta de reparación, mediante la cual se ofrece una recompensa o reparación para excusarse por una mala acción («por favor, díganos cómo compensarle»). Aunque disculparse pocas veces sea agradable (sobre todo porque requiere admitir errores y afrontar las consecuencias), no tiene por qué ser arduo ni doloroso.

De hecho, una de mis campañas favoritas de los últimos años fue concebida precisamente como una forma de disculpa pública. Fue un típico día frío inglés a finales de febrero de 2018; los propietarios de KFC se dieron cuenta de que, debido a un inesperado desabastecimiento, no podrían servir su productos durante un tiempo. Con cientos de establecimientos de KFC en el Reino Unido obligados a cerrar y con la amenaza de un desastre en el horizonte tenían que hacer algo y rápido. Pero, ¿qué? Como marca, KFC era conocida por no tomarse a sí misma muy en serio, y así fue que en 24 horas el equipo de marketing (que pertenecía a la agencia Mother London) dio con una respuesta apologética y graciosa a la vez, irreverente pero sincera.

Sacaron una página a todo color en dos periódicos del Reino Unido de tirada nacional (The Sun y Metro), con la foto de un cubo de pollo de KFC, vacío, con un fondo rojo, su famoso logotipo con las letras cambiadas de orden para decir FCK. El titular, en mayúsculas, rezaba: «Lo sentimos»; el texto que venía a continuación admitía: «Un restaurante de pollos sin pollos. No parece lo ideal», reconociendo que había sido «una semana infernal». KFC prometía que estaban «avanzando, y que cada día que pasaba más y más pollo fresco estaba llegando a los restaurantes». Con una despedida en la que daba las gracias a los clientes por «tener paciencia», la campaña fue un bombazo y se imprimieron más de mil millones de copias del anuncio, así como una avalancha de reseñas en los noticiarios de todo el mundo. Elogiada como una clase magistral de «gestión de crisis de recursos humanos»,[304] el truco publicitario ganó el codiciado premio Print Gold en Cannes. Al crear un mensaje de remordimientos, responsabilidad y un compromiso de mejorar (o de contraprestación) con un estilo propio e inimitable, no solo fueron capaces de dar con el tono adecuado para disculparse, sino que lo hicieron sin comprometer la identidad de su marca.

Aunque KFC no ofreció ninguna oferta de reparación a los clientes afectados (ni un descuento en la siguiente comida ni una ración gratis de patatas fritas), su descarada campaña funcionó porque vino acompañada de una resolución competente del problema (allanaron los problemas operativos con el proveedor). La cuestión es que, en ausencia de reparaciones, no todas las disculpas se reciben con semejante acogida. Si los problemas se agravan en grado suficiente, los clientes terminarán adoptando estrategias de superación que recuerdan mucho a una venganza o represalia, sobre todo si el fallo en el servicio es un duro golpe a las necesidades fundamentales de competencia, autonomía y afinidad (cuando no tenemos la habilidad, la capacidad o el poder para cambiar la situación).

Incluso cuando las empresas consiguen enderezar las cosas, los efectos de errores críticos en el servicio en la relación entre clientes y marcas son perniciosos y duraderos.[305] Y no sorprende que, cuanto más grave y profundo el fallo, mayor sea el impacto en la satisfacción, el compromiso y la confianza del cliente, y más probable que esa persona empiece a generar mala prensa con el boca a oreja.[306] Dado que por lo general es más costoso para las empresas adquirir nuevos clientes que conservar los que ya tienen, si queremos mitigar esos riesgos y reducir la posibilidad de que haya represalias deberemos entender las dinámicas de las que proceden esas conductas. Los científicos conductuales Kahneman y Tversky lo demostraron por vez primera en 1979; su observación de que las «pérdidas amenazan con ser mayores que las ganancias»,[307] no solo reveló que solemos preferir evitar pérdidas que conseguir ganancias –fenómeno conocido como aversión a perder–, sino que también allanó el camino a otros estudios que demostrarían que la percepción de la pérdida es el doble de poderosa, psicológicamente hablando, que la percepción de las ganancias (razón por la cual sentimos más perder 100 euros que ganar la misma cantidad).[308]

En el ámbito de los servicios, la tendencia a cargar más el peso en las pérdidas por un fallo de servicio que en las ganancias de la reparación[309] significa que las empresas deben ser especialmente cuidadosas sobre cómo proceden para conservar la lealtad y la buena consideración del cliente. Dado que el rendimiento de un negocio depende en gran medida del modo en que los trabajadores gestionen esos fallos y recuperaciones, vale la pena reparar en que, cuando se maneja eficazmente la resolución de reclamaciones, eso redunda en una mayor lealtad por parte de los clientes.[310] Desde luego, para que la recuperación funcione, el cliente la debe considerar justa, tanto en el valor del intercambio (sea un reembolso o un descuento) como del proceso en sí (ser tratado con respeto y cortesía, siguiendo un procedimiento justo y rápido).[311] Si dichos elementos faltan, los consumidores quizá se sientan agraviados y respondan con una de las tres estrategias de superación a fin de rebajar el estrés. Para allanar el problema adoptarán un enfoque activo centrado en el problema; seguirán una vía más expresiva dejando salir su frustración o buscando alivio para gestionar esas emociones desagradables; o intentarán evitar, negar la situación, o desestimar el problema de una forma más pasiva.[312]

Cuando la reconciliación no es posible quizá recurran a las represalias con el fin de castigar el sufrimiento vivido.[313] Con las redes sociales a un paso, tales intentos de «quedar en paz» a menudo reciben mucha publicidad, recurriendo esos clientes exasperados a Twitter (o cualquiera que sea su plataforma social preferida) para darle una buena reprimenda a la parte infractora. Aunque este último recurso provoque grandes quebraderos de cabeza a las empresas en cuestión, se suele evitar practicando la escucha social (para la cual existen muchas herramientas) y el suministro de apoyo oportuno y proactivo a los clientes cuando hay fallos. Si bien estos problemas se suelen poder subsanar de raíz y evitar que se agraven, en ocasiones los fallos del servicio provocan respuestas más agresivas y desastrosas para las empresas. En tales casos, en vez de reclamar directamente a la compañía, el cliente quizá busque vías más subversivas de represalia, desde quejarse a familiares y amigos, hasta provocar pérdidas a la compañía implicada, y, en casos extremos, recurrir a robos y vandalismo.[314]

Dado que las represalias y la venganza son las vías que más esfuerzos requieren y, por tanto, un último recurso, la mayoría prefiere la reconciliación si es posible. Cuando los trabajadores recurren a ella si hay reclamaciones de clientes, la empatía no solo se asocia con manifestaciones de gratitud por parte del cliente, sino también con una mayor lealtad por su parte,[315] y mediante el esfuerzo por entender al cliente mejoran las posibilidades de alcanzar una resolución más satisfactoria. Luego, ¿cómo apoyarse en esas dinámicas para dar con vías más exitosas para la reconciliación cuando las cosas se tuercen?

La mayoría prefiere la reconciliación cuando es posible.

El poder oculto de la compasión

Como el lector ya sabrá llegados a este punto, la capacidad de crear relaciones resilientes (y, por extensión, empresas) depende no poco de nuestra capacidad para una hábil comunicación. En ningún lugar es esto más importante que al tratar con rupturas y, cuando hay que enfrentarse a «situaciones socioemocionalmente exigentes» (del tipo que implican un conflicto entre varias partes y un malestar emocional) solo existe un enfoque: la CNV, que es especialmente eficaz, como veremos.[316] Dado que es más probable que los trabajadores estresados sufran desgaste profesional, absentismo y problemas de salud mental, y haya fuga de empleados,[317] hallar un medio sólido y práctico de apoyar al personal, no solo tiene sentido desde la perspectiva de la productividad y el bienestar de los empleados, sino también para la resiliencia del ecosistema empresarial en su conjunto.

Si se brega con interacciones emocionalmente difíciles en casa o en el trabajo, y estamos mal equipados para afrontarlo, eso puede derivar en angustia empática. Definida como la incapacidad de tolerar el sufrimiento percibido de otra persona, la angustia empática se produce en todo tipo de contextos y provoca el que la gente se encierre en sí misma. Si no logramos regular bien nuestras emociones, o si tenemos una percepción disminuida de la distinción entre el yo y otro (entre tú mismo y la persona que sufre),[318] los sentimientos resultantes de tensión y malestar que experimentamos pueden llevarnos a retraernos en un intento de protegernos de las emociones desagradables.[319] A diferencia de la inquietud empática (sentir compasión y simpatía por la otra persona), la angustia empática es una experiencia egocéntrica que, cuando se experimenta durante períodos prolongados, fomenta una falta de compasión por los que nos rodean. En algunos casos asimismo provoca depresión, ansiedad y otras dolencias mentales y físicas, lo cual, no solo causa pérdidas en el individuo, sino también para el grupo en conjunto. Aunque el conflicto y el estrés en el centro de trabajo sean inevitables, hay varios métodos probados que reducen la angustia empática.

Apreciada por sus múltiples beneficios, la práctica de la meditación (de distintos tipos) se sabe que mejora la regulación de las emociones,[320] la calidad de las relaciones y potencia más ampliamente el bienestar psicológico.[321] En nuestro contexto, ayuda a la gente a gestionar mejor el sufrimiento de otros. En un estudio que exploró los efectos de la meditación de cinco tradiciones contemplativas distintas, cuando el objetivo del especialista es beneficiar a otros, la meditación se relaciona, no solo con una disminución de los niveles de angustia empática, depresión e inestabilidad emocional, sino también con mayores niveles de resiliencia, altruismo y empatía cognitiva.[322] Aunque sea complicado generalizar, los datos sugieren que las prácticas de atención plena nos refuerzan al volvernos más compasivos y capaces de procesar las emociones.

Sin embargo, hay otra técnica que también sirve para reducir la angustia empática, que funciona mejorando nuestras destrezas emocionales e interpersonales. Conocida como comunicación no violenta (CNV), este marco fue desarrollado inicialmente por Marshall Rosenberg en la década de 1960 a partir de su trabajo con el movimiento de los derechos civiles en Estados Unidos.[323] Basándose en la premisa de que todos compartimos la capacidad de la empatía y la compasión, Rosenberg propuso que solo incurrimos en conductas violentas o dañinas cuando no encontramos formas más apropiadas o eficaces de cubrir nuestras necesidades. En vez de recurrir a la retribución y la dominación (mediante el uso de la coerción, la culpa, la culpabilidad, la humillación, la vergüenza y las amenazas), el enfoque de la CNV apunta a aclarar la comunicación para que todas las partes logren lo que realmente importa. Al permitir que haya un cambio en el individuo, entre la gente y dentro de sistemas y grupos sociales más amplios, el objetivo es fomentar unas relaciones más abiertas y de mayor confianza, basadas en el respeto mutuo, con las que las necesidades propias se cubren más fácilmente.

También llamada comunicación compasiva, esta técnica se basa en cuatro supuestos filosóficos clave, cada uno de los cuales se vincula con el modo en que nos relacionamos con otros. El primer supuesto es que los seres humanos comparten las mismas necesidades universales (como sentirnos queridos y aceptados), las cuales, cuando se consiguen, se traducen en estados de satisfacción (sentirnos alegres, satisfechos y en paz). El segundo es que toda acción emprendida es un intento por cubrir esas necesidades. El tercer supuesto es que los sentimientos reflejan si se cubren esas necesidades (cuando no es así, pueden aflorar emociones como la rabia, la frustración y el miedo). El cuarto y último supuesto es que las necesidades se cubren mediante relaciones interdependientes con otras personas.

Con el fin de cubrir las necesidades de un modo más compasivo y productivo, el enfoque de la CNV sugiere que centremos la atención en los siguientes cuatro elementos. El primero es la observación, que significa prestar atención a los hechos de la situación sin manifestar evaluaciones subjetivas. Al separar los juicios de valor personales de aquello que observamos, no solo reducimos la posibilidad de activar las defensas de otras personas, sino que también creamos condiciones con las que hacer posible un intercambio más abierto y un mayor entendimiento. Por ejemplo, en vez de decir «pocas veces prestas atención cuando hablo», podríamos optar por «en la reunión de esta tarde reparé en que estabas mirando el teléfono».

El siguiente paso es responsabilizarnos de nuestros sentimientos, afirmando las sensaciones y emociones que experimentamos en relación con lo que observamos, sin añadir pensamientos ni elaboraciones. Aunque parezca sencillo, quizá exija renunciar a los supuestos que tenemos acerca de cómo funcionan las emociones. Aunque normalmente podríamos asumir que los estados emocionales son el resultado directo de las palabras y acciones de los demás, la CNV sugiere que la conducta de las personas es más estímulo que causa de los sentimientos. Cuando se ven a través de este marco, los sentimientos que experimentamos afloran debido a cómo elegimos responder a los estímulos, lo cual significa que tenemos más libertad sobre el modo en que nos relacionamos.[324] Por ejemplo, si alguien nos criticase y dijese «qué terco eres», podríamos responder de varias formas. Podríamos reaccionar automáticamente, tomándonoslo como algo personal, «pues, sí, soy terco», o contraatacar: «El terco no soy yo, sino tú». Se podría dejar que pasase el momento y repasar conscientemente necesidades y sentimientos: «Cuando te oigo decir que soy terco, me pongo triste porque necesito algo de reconocimiento por el esfuerzo hecho para adaptarme a tus requisitos». En vez de reaccionar impulsivamente, conectando explícitamente sentimientos con necesidades se crea un espacio en el que a la otra persona le resulta más fácil responder con más compasión. Se podría incluso dar un paso más e incluir las necesidades y los sentimientos de la otra persona, diciendo algo como: «¿Sientes (una emoción X) porque necesitas (una necesidad Y)?».[325] En este caso, al preguntarle directamente por sus necesidades subyacentes, le invitamos a compartir lo que espera conseguir de la interacción.

El tercer estadio de la CNV es dirigir la atención hacia el interior de uno mismo a fin de identificar las necesidades subyacentes que generan nuestros sentimientos (o adivinar qué necesidad está causando el sentimiento en la otra persona). El objetivo aquí es determinar la necesidad de uno mismo, sin ningún juicio moral, para comunicar con claridad lo que sucede en ese momento. Por ejemplo: «No me siento cómodo (emoción) porque ahora mismo necesito estar solo (necesidad). ¿Nos podríamos ver mañana?».

El cuarto aspecto de la CNV plantea peticiones específicas que ayudan a cubrir la necesidad que acabamos de plantear. En lugar de hacer insinuaciones o inferir implicaciones o aseverar que no queremos, las peticiones reales deben ser claras y positivas, para dejar que la otra persona consienta voluntariamente, diga que no u ofrezca una alternativa (de lo contrario estaríamos de vuelta en el territorio de las exigencias y la dominación). El postulado central es que, sean cuales fueren los sentimientos, es responsabilidad nuestra cubrir esas necesidades, así como es responsabilidad de otros asumir las suyas. Por ejemplo, si uno está con un amigo o un compañero en un acontecimiento social muy concurrido y se inquieta al hacerse el silencio, podría decir: «Veo que no has dicho nada en los últimos quince minutos (observación). ¿Estás nervioso (emoción)?». Si su respuesta es afirmativa, comparte cómo te sientes tú y plantea una solución: «Yo también, ¿por qué no dejamos este grupo y nos acercamos a la barra?». O bien: «Me gusta esta conversación. ¿Qué tal si nos vemos dentro de media hora cuando haya acabado aquí?».

Aunque los aspectos básicos de la CNV se cumplan practicando los pasos enumerados arriba, para que el proceso funcione también necesitamos cierto nivel de conciencia de nosotros mismos para identificar con precisión y citar nuestros propios estados emocionales y necesidades subyacentes, así como los de otras personas. Dado que este tipo de alfabetización emocional es fundamental para todo tipo de cosas, desde la regulación emocional o la resolución de problemas hasta la calidad de las relaciones e interacciones sociales,[326] la capacidad para adquirir un agudo y sutil entendimiento de nuestro paisaje interno, tanto dentro como fuera del lugar de trabajo, no se puede minusvalorar.

Estemos tratando de comunicarnos más eficazmente con los clientes, los compañeros de trabajo, la familia o los amigos, estas destrezas, no solo nos ayudarán en las conversaciones cara a cara, sino que también serán inestimables durante los intercambios virtuales. Cuando se trata de la comunicación *online*, por ejemplo, problemas que de otro modo podrían entorpecer el desarrollo de las relaciones (como los silencios inesperados o el entono sensorial limitado que proporcionan las pantallas) se reducen empleando la CNV con un sencillo acto, como centrarse en las necesidades y los sentimientos.[327] Aunque la tecnología actual aún no pueda compensar la pérdida de las numerosas claves no verbales que enriquecen las interacciones físicas con matices y significación, prestando cierta atención consciente es posible conseguir que la tecnología disponible garantice comunicaciones con la atención y la consideración que todos merecemos.

Una cuestión de identidad

Del mismo modo que la empatía y la compasión son importantes en la comunicación, hay ocasiones en las que les sirven a las marcas comerciales para apuntarse un tanto y adoptar una postura ante el riesgo de distanciarse de la gente. Mientras que la mayoría de las marcas intentan actuar sobre seguro, hay otras que intencionadamente buscan cierta disrupción y participan en actos y campañas concebidas deliberadamente para provocar debate. Sea intencionadamente o no, cuando se opta por marcar una línea muy pública a nivel de mercado entre un valor y otro es probable que eso genere halagos y críticas en igual medida. Eso es exactamente lo que ocurrió cuando, allá por 2018, Nike tomó la decisión poco acertada de contratar al ex *quarterback* de la NFL Colin Kaepernick para que fuera uno de los rostros de su campaña de celebración del trigésimo aniversario de la marca.

Famoso por ser el iniciador de las protestas de «Dobla la rodilla» en la NFL en 2016, la decisión de Kaepernick de hincar una rodilla en el suelo mientras sonaba el himno nacional para mostrar su repulsa contra la brutalidad policial y la injusticia racial[328] fue elogiada por muchos como una poderosa manifestación de esperanza y solidaridad, pero también fue denunciada por otros, entre los cuales quizá el más famoso fuera Donald Trump, quien lo describió como un «terrible mensaje... que no se debería mandar».[329]

La contrarréplica fue rápida e intensa. Las redes sociales se vieron inundadas de gente furiosa que subía vídeos e imágenes de productos de Nike quemados bajo la etiqueta #justburnit, y no pasó mucho tiempo hasta que ciertas celebridades empezaran a tomar partido. Como la etiqueta #NikeBoycott se hizo tendencia en Twitter, la consecuencia fue que el precio de las acciones de la empresa se desplomó un 3,2 % al final del día,[330] un *shock* que dejó a muchos cuestionándose la sabiduría de la decisión de la marca de llevar a cabo esa campaña. A pesar de su historial de campañas provocadoras, este anuncio en concreto generó consternación en el cuartel general de Nike, donde el verano anterior ya había sido arduo el debate sobre si despedir o conservar al controvertido *quarterback*.[331] Al convertirse Kaepernick en agente libre al terminar aquella temporada de protestas (y algunos afirmaban que sin equipo por razones políticas),[332] su negativa pública a exponer sus valores había concertado la adoración y la indignación de muchos.

Sin embargo, resultó crucial el haberse ganado el corazón y la mente de un segmento concreto de la población: de aquellos cuyos ideales y aspiraciones se veían reflejados en el gesto inquebrantable de esta estrella del fútbol americano. Como los analistas (y también el público) especularon sobre los porqués y por tantos de Nike, ello dio pie calladamente a algunas tendencias en diversas encuestas de todo el país. Al comentar la encuesta YouGov de 2018, que, atendiendo a la edad, tanteó el respaldo y la oposición a las protestas que se produjeron durante el himno nacional, el científico político y catedrático de Estudios Cívicos de la Universidad de Tufts Brian Schaffner tuiteó que las generaciones más jóvenes tenían más posibilidades de apoyar estas protestas que sus pares más mayores (un hecho, sugiere él, que podría haber sido captado por el radar de Nike).[333] Si avanzamos rápidamente en el tiempo un par de años y atendemos a encuestas más recientes del Washington Post[334] y el NBC-Wall Street Journal,[335] estas sugieren que la mayoría de los estadounidenses consideran tales protestas apropiadas y apoyan el derecho de los atletas a decir lo que piensan. Si volvemos a la campaña publicitaria del aniversario de Nike, sean cuales fueren sus razones originales, su provocativo «Cree en algo, aunque signifique sacrificarlo todo», no solo sirvió de aprobación implícita de los valores por los cuales se arrodillaba Kaepernick, sino que también fue un grito de movilización que envalentonó o distanció a muchos consumidores.

Aunque la campaña publicitaria no fue inmune a críticas por «postureo ético» (tomar públicamente partido en temas polémicos es probable que atraiga este tipo de acusaciones), sí evidenció el poder de adoptar explícitamente una postura sin fisuras, incluso ante el riesgo de pagar un gran precio potencial. Luego, ¿qué hizo que esta campaña fuese material inflamable? Si miramos más allá de los valores en sí y nos fijamos en la mecánica subyacente de nuestras estructuras sociales, hallaremos que existe un fenómeno concreto que influye en el modo en que valoramos e interpretamos las relaciones que iniciamos.

Concebida por los psicólogos sociales Henri Tajfel y John Turner allá por la década de 1970, la Teoría de la identidad social fue postulada inicialmente para explicar cómo en el concepto de nosotros mismos (la idea que tenemos de quienes somos) influyen los grupos sociales a los que pertenecemos.[336] Tanto si se trata de nuestro equipo deportivo favorito, religión, trabajo, nacionalidad, o el sexo de cada uno, la etnia o la orientación sexual, nuestra pertenencia a un grupo dado influye en nuestras actitudes, conductas e incluso en nuestra autoestima. Empleada para ayudar en conflictos y relaciones intergrupales (sea una reyerta en un pub o una disputa entre adversarios políticos), la teoría original propone que exageramos tanto las cualidades positivas de nuestro propio grupo como los rasgos negativos del «grupo externo», y que reforzamos o protegemos nuestro sentido de identidad. Desde otorgar privilegios basados en el sexo (el favoritismo dentro del grupo que plantea el sexismo), hasta los límites impuestos a gente de distinto color de piel (la discriminación fuera del grupo propia del racismo), nuestras identidades sociales y los grupos a los que pertenecemos ejercen fuerzas reales y profundas en nuestras vidas.

Cuando nos identificamos en grado suficiente con un grupo que define quiénes somos, este entonces tiene poder de configurar la forma en que nos percibimos a nosotros mismos y a los que nos rodean. Desde cómo nos comportamos dentro de un grupo (cómo de susceptibles somos a la influencia social), hasta la percepción que tenemos de los demás (la propensión al estereotipo), la pertenencia a un colectivo dado influye poderosamente en el modo en que definimos e interpretamos nuestra posición en diferentes contextos sociales. Luego, ¿cómo funciona esto exactamente? Bueno, Tajfel y Turner sugirieron que hay tres estadios psicológicos que configuran cómo clasificamos a otros como «nosotros» (de nuestro grupo) o como «ellos» (del grupo externo).[337]

El primero de estos estadios es la categorización social, nuestra tendencia a percibir a la gente como perteneciente a grupos específicos, a fin de entender nuestro entorno social con más facilidad. Al usar categorías como clase social, identidad de género y ocupación laboral disponemos de un breviario que nos informa sobre cómo comportarnos adecuadamente conforme a las normas de ese grupo. Si, por ejemplo (como ha ocurrido en alguna ocasión), entrevisto en *The Hive Podcast* a un invitado de edad parecida a la mía y descubro que compartimos la afición por Star Trek, nuestra «afiliación» a este grupo influirá en cómo nos relacionamos. Quizá nos comuniquemos como hacen algunos *trekies* (larga y próspera vida) o gente de nuestra generación (por referencias culturales) que otros grupos consideran irrelevantes o incluso irritantes. Al identificar esos grupos a los que pertenecemos nosotros u otros (un individuo puede pertenecer a muchos), adquirimos información vital sobre qué conductas son bienvenidas y aceptables en un contexto social dado.

El segundo estadio es el de la identificación social, que es cuando adoptamos la identidad o características del grupo, o grupos, al que pertenecemos. Si, por ejemplo, decidimos ir a estudiar pintura en Florencia y adoptamos la nueva categoría de «estudiante de arte» es probable que asumamos esta identidad y nos comportemos según las normas de ese grupo (participando en debates sobre técnicas de pintura mientras tomas unas cervezas después de clase, por ejemplo). Aunque identificarse con un grupo indudablemente enriquezca y aporte un lenguaje social compartido, también acarrea problemas, lo cual nos lleva al tercero y último estadio.

Conocida como comparación social, esta parte del proceso se refiere a la asignación de valor o mérito a un grupo o a sus miembros. Nuestro sentido de la identidad está ligado a un colectivo concreto, al mantenimiento de una autoestima positiva que nuestro grupo se merece porque actúa favorablemente contra rivales potenciales, que es donde las cosas se pueden complicar. Cuando tu grupo se compara con otra cohorte de población en competencia (una cuyas opiniones políticas entren en conflicto con las tuyas, por ejemplo), la experiencia no solo puede estar emocionalmente cargada, sino que cualquier amenaza al grupo puede percibirse como muy personal.[338] En tales casos, el deseo de preservar nuestro amor propio puede derivar en prejuicios y en la creencia errónea de que reducir el número de miembros fuera del grupo protegerá el estatus social. Lo fascinante es que, aunque luchemos contra otros por alianzas tribales, muchas de las comparaciones son arbitrarias y cambian cuando el contexto lo permite. Durante la pandemia del coronavirus, por ejemplo, a trabajadores clave como enfermeros, basureros y tenderos –gente a la que de otro modo se le adjudicaría un estatus social inferior al de médicos y abogados– se les tuvo en cuenta por el valor real de sus contribuciones a la sociedad, dando la vuelta en su cabeza a las comparaciones sociales asumidas y cotidianas (las condiciones en que este giro podría durar es un tema para tratar otro día).

Sean estas comparaciones hechas por la gente, la prensa o las marcas comerciales, el resultado puede ser catastrófico para los miembros del grupo «perdedor», cuya angustia se manifestará no solo con sentimientos de rabia, sino con una mayor vigilancia y gusto por asumir riesgos. Por otro lado, la alienación de las personas puede derivar en actos de represalia y desafío público, como la quema de mercancía de Nike que vimos antes. Desde luego, dado que cada cual pertenece a una mezcla heterogénea de grupos (uno puede ser padre, londinense, abogado y feminista), el grado en que nos identifiquemos con un grupo en un momento dado dependerá del contexto en que nos encontremos. Por tanto, en el caso de Nike, cuando las identidades sociales de los seguidores de la marca entraron en conflicto con su identidad como patriotas (aquellos cuyos valores no toleran actos de protesta durante la emisión del himno nacional), ganó la identidad más sobresaliente de cada persona, lo cual provocó una gran fractura y numerosas pérdidas.

Como marca, cuando se trata de elegir el camino correcto por el que andar resulta difícil sopesar en qué identidad social ampararse y cuál dejar ir. Las identidades que valoran la inclusión social, por ejemplo, quizá atraigan a mentes liberales y repelan a las más conservadoras. Pero, ¿qué ocurre si quieres apelar a ambas? Aunque siempre habrá gente en la periferia grupal a las que jamás agradarás, hay un medio de que distintas identidades y perspectivas dialoguen. Donde la mayoría de las marcas comerciales se atienen al camino conocido y probado de lanzar mensajes cómodos y predecibles (del tipo que mantiene el *statu quo*), algunas han hallado rutas alternativas para llegar a audiencias diferentes.

Dada nuestra preferencia por la similitud y, debido a que las fuentes homófilas (aquellas similares a nosotros mismos) tienden a percibirse como más creíbles, y por tanto más influyentes a la hora de conformar nuestras conductas,[339] tiene sentido el que tantas marcas prefieran ir sobre seguro. No obstante, si queremos apelar a las necesidades cambiantes de la población creciente debemos aprender a estar cómodos rompiendo moldes y asumiendo riesgos informados. Aquellos contadores de historias que hallen la experiencia universal que conecta incluso las vidas más dispares, no solo despertarán la curiosidad y la imaginación de su audiencia, sino que también reconocerán de modo más profundo que todos compartimos las mismas esperanzas y sueños.

Esto es exactamente lo que la compañía india de té Brooke Bond Red Label consiguió con su vídeo publicitario, «El gusto por la convivencia: ese tipo de mujer».[340] Sobre un telón de fondo negro, aparecían las siguientes palabras en la pantalla: «Todos hemos crecido creyendo que algunas personas son 'malas'». A continuación, el texto se desvanecía y lo sustituía esta pregunta: «¿Qué pasa cuando conocemos a una persona 'mala'?». Había entonces un corte directo que daba paso a una escena bulliciosa en la atestada estación de trenes de Bombay, donde se veía a personas montando una caseta de Brooke Bond: «Tómate un té gratis», del tipo que uno se encuentra en las fiestas de verano. Las paredes interiores estaban adornadas con imágenes y motivos locales que escondían cuatro cámaras ocultas, y se veía a una mujer elegante vestida con un sari fucsia que entraba y se sentaba; corte directo y la cámara muestra una escena en lo que esa mujer cuenta su historia.

De camino a casa al volver del trabajo, el cartel de «té gratis» le ha llamado la atención y por eso ha entrado en la caseta. Una vez sentada, entra otra mujer y se sienta frente a ella a la misma mesa. Corte directo y vemos a la segunda mujer, joven y sonriente, la cual, vestida con un sari de llamativos colores veraniegos, explica que la compañía de té la ha invitado a charlar con la gente. La primera mujer da rienda suelta a sus dudas diciendo: «¿Quién querría hablar con una chica de compañía?». Corte directo y vuelta a la caseta: vemos a dos mujeres a las que les sirven un té, mientras mantienen una animada conversación y la mujer mayor le cuenta que trabaja en una compañía de seguros cercana. Ofreciéndose a explicarle cómo funciona, le pregunta a su joven compañera dónde vive, y, cuando se entera de que su casa está en el barrio chino, ambas guardan silencio.

La incomodidad es palpable y la mujer joven teme que la otra se vaya. De hecho, si no hubiera sido por el ritual del té (es un insulto irse una vez se te ha ofrecido), la conversación podría haber acabado ahí. Pero la mujer joven le pregunta: «¿Qué tipo de seguro me recomendarías?», a lo cual ella contesta: «Deberías comprar un seguro de salud». Y responde: «¿Por qué? ¿Por a lo que me dedico?». Justo cuando parece que han llegado a un punto muerto, la joven le pregunta qué tipo de seguro le compraría a su hija y, pillada desprevenida, a la mujer mayor se le ilumina la cara. Se intercambian historias sobre sus hijas y se dan cuenta de que, pese a sus aparentes diferencias, ambas abrigan las mismas esperanzas y miedos comunes a todas las madres. A medida que el vídeo llega a su fin con una banda sonora emocionante de fondo, la mujer mayor admite que en circunstancias normales nunca habría hablado con una «chica de compañía» si sus caminos se hubiesen cruzado. Sin embargo, ahora que han compartido el té y han intercambiado historias, entiende que «también ella es una mujer trabajadora», una madre que «se preocupa por los exámenes de su hija igual que yo». Al acabar el vídeo con un fundido aparece un mensaje final en la pantalla: «A veces lo que nos une está a tan solo una taza de té de distancia».

Aunque pueda parecer un cliché para dar conclusión a lo que muchos considerarían una campaña provocativa, al optar por recalcar esta nota, Brooke Bond envía un mensaje claro y poderoso del compromiso de la marca con ciertos valores sociales. Aunque la decisión de abordar temas tabú no esté exentas de riesgos, estas marcas comerciales que quieren retar a quienes mantienen puntos de vista atrincherados ofrecen perspectivas alternativas y se vinculan con sus audiencias a un nivel más profundo; no solo dan un paso al frente para llamar más su atención, sino que también generan un espacio para que surja un diálogo más compasivo y razonado.

Claves

- Las disculpas son más eficaces cuando revelan remordimientos, asumen responsabilidades, hacen promesas de contraprestación y ofrecen una reparación.

- Cuanto peor sea el fallo cometido por un servicio, mayor será el impacto sobre la satisfacción del cliente, su compromiso, la confianza y los comentarios negativos del boca a oreja.

- En ausencia de una resolución satisfactoria, los consumidores pueden asumir rutas activas, expresivas o evitativas para estar en paz con el problema.

- Cuando los empleados muestran empatía ante las reclamaciones de los clientes, ello suele generar gratitud, lealtad y que haya más posibilidades de llegar a resoluciones satisfactorias.

- La angustia empática es la capacidad de tolerar el sufrimiento de otras personas, lo que en ocasiones deriva en falta de compasión por parte de los demás.

- La comunicación no violenta es una poderosa herramienta para resolver conflictos, y se basa en observar los hechos, asumir responsabilidad sobre los propios sentimientos y luego declarar nuestras necesidades sin emitir juicios, haciendo peticiones claras.

- La Teoría de la identidad social sugiere que en nuestro concepto de nosotros mismos influyen los grupos sociales, y que clasificamos a la gente como «nosotros» frente a «ellos» conforme a tres estadios: categorización social, identificación social y comparación social.

Capítulo octavo

Adaptarse a las relaciones virtuales sin perder el tacto

«La tecnología no solo hace cosas por nosotros. También nos hace cosas a nosotros, pues cambia, no solo lo que hacemos, sino quienes somos».

SHERRY TURKLE[341]

El espíritu de la máquina

Antes de que nos golpeara la pandemia del coronavirus llevándose con ella los viajes en avión, gran parte de mi trabajo implicaba viajar y dar ponencias y talleres en salas atestadas de gente. Desde grandes escenarios como el Symphony Hall de San Francisco y el Barbican de Londres, hasta los enclaves de las 500 mayores empresas de la lista Fortune, el éxito (o fracaso) de tales intervenciones dependía en gran medida de mi capacidad para responder en tiempo real a las necesidades de la audiencia a medida que transcurrían esas sesiones. Un gesto como echar el cuerpo hacia atrás, o el movimiento ondulante de las cabezas en el auditorio, son ejemplos de que observar y adaptarse a las respuestas de los demás es clave para conseguir actuaciones dinámicas y atractivas. Desde luego, la moratoria en la movilidad de personas cambió todo eso. Al adentrarnos en el confinamiento, las restricciones exigieron que las empresas se transformaran prácticamente de la noche a la mañana, iniciando sectores enteros una carrera por digitalizar los servicios y las cadenas de suministro para todo que el personal teletrabajase. En mi área de trabajo, pasar a lo virtual no supuso un gran salto y tuve suerte de poder seguir trabajando desde casa. Al principio, la idea de no tener ya que soportar vuelos atestados (y no dejar la correspondiente huella de carbono) fue un alivio bienvenido, pero a medida que pasó el tiempo me hice consciente de los nuevos inconvenientes a los que todos nos enfrentaríamos en ese nuevo mundo feliz. Por mi parte, decidida a ofrecer una experiencia cálida y atractiva pese a las condiciones, desplegué todas mis habilidades para crear y mantener ese delicado equilibrio entre profesionalismo e intimidad, todo ello confinada a las dimensiones de una pantalla. Desde cuidar la escenografía y seleccionar la correcta iluminación, hasta garantizar una mirada emotiva por debajo del cañón de la cámara, estaba decidida a crear una conexión tan «real» como fuera posible dadas las limitaciones. Aunque la respuesta fue positiva (sobre todo el contacto ocular simulado), a nivel personal no pude evitar sentir que faltaba algo. Más allá de la consabida fatiga ocular, también echaba en falta la presencia del «otro», esa vibrante y energizante sensación que da la proximidad física con otros seres humanos. A pesar de todos mis esfuerzos, sin importar las tácticas que aplicase, no logré trascender los límites de la pantalla, no logré traspasar los límites de mi escenario virtual y participar del modo que realmente quería: con todo mi ser. Me di cuenta de que, a pesar de todos mis esfuerzos, me había convertido en un eco pixelado de mí misma, en un espíritu de la máquina. Esta frase elegante, atribuida al filósofo oxfordiano Gilbert Ryle,[342] se refiere a la idea cartesiana de la relación entre cuerpo y mente, una perspectiva dual que todavía persiste hoy en día. Aunque ya hayan pasado setenta años desde su concepción, la idea de una mente superior (y distinta) del cuerpo es una falacia a la que tercamente no queremos renunciar, a pesar de las crecientes evidencias de lo contrario. A medida que nos implicamos cada vez más con la tecnología, la noción de que quizá algún día remplacemos las interacciones en persona por otras virtuales parece menos rebuscada de lo que fue alguna vez, sobre todo a medida que los avances con avatares (robots que controlamos y que «habitamos» remotamente) van ganando terreno. Sin embargo, para que exista una paridad cualitativa y positiva entre las experiencias presenciales y las virtuales debe haber lo que la célebre doctora psicoanalista Gillian Isaacs Russell y autora de *Screen Relations*[3] describe como equivalencia funcional: las experiencias físicas y virtuales tendrían que ser en gran medida intercambiables. Por supuesto, si alguna vez el lector ha compartido cervezas virtuales con amigos sabrá que tales encuentros distan mucho de ser la ruidosa y alegre experiencia de reunirse en un bar entrañable, y aunque Gillian me diga que desde luego es tremendamente positivo tener estas tecnologías, también es verdad que «la comunicación es más pálida, más anémica de lo que sería si estuviésemos juntos en persona». Pero, ¿por qué debería de ser así?

Volviendo a la relación entre cuerpo y alma, en los últimos años un campo particular de la ciencia que explora ese ámbito se ha cuestionado muchos de los modelos binarios adoptados por filosofías y religiones. A diferencia de sus predecesores dicotomistas, este nuevo enfoque, conocido como cognición corporizada, sugiere que, del mismo modo que la mente influye en las acciones corporales, también el cuerpo influye en la mente. Según esta perspectiva, todo, desde los juicios de valor y los razonamientos, hasta los constructos mentales que creamos alrededor de categorías y conceptos, están conformados (e incluso determinados) por las interacciones físicas y corporales con el mundo. En oposición a la visión computacional de la cognición (que afirma que las mentes operan como sistemas de procesamiento de la información mediante la actividad neuronal del encéfalo), la corporización propone que el encéfalo no es la única fuente cognitiva que existe a nuestra disposición, sino que actualmente dependemos de un repertorio mucho más rico de *inputs* que proceden, no solo de los sistemas motor y sensorial, sino también de las interacciones corporales con el entorno físico.

Se han realizado diversos y extravagantes experimentos para estudiar esta relación, desde inducir ciertas sensaciones físicas con el sonido generado por la fresa de un dentista (solo pensar en ello me provoca una mueca de dolor), hasta aumentar la velocidad con la que la gente procesa frases agradables sosteniendo un lápiz entre los dientes (activando así muchos de los músculos que usamos para sonreír). Solo en la década pasada, los neurocientíficos han dado grandes pasos en el mapeo de las conexiones entre el cuerpo físico, ciertas estructuras específicas del encéfalo y las diversas facetas de la mente: desde el sentido de la emoción y la conciencia de uno mismo, hasta la misma conciencia y voluntad.[343] De hecho, esta área de la investigación se ha vuelto tan dinámica que algunos científicos en el campo de la robótica sugieren que seremos capaces de crear una verdadera inteligencia artificial si (y cuando) se diseña para habitar un cuerpo con movilidad y capacidad sensorial través del cual interactuar con el entorno (se hablará más de ello en el capítulo 9).[344]

Si a lo que le atribuimos sentido en el mundo depende de nuestra integración en él, parece lógico que el remplazo total de las interacciones presenciales por otras virtuales resulte insatisfactorio en el mejor de los casos, o nos deje aturdidos, agotados y alienados en el peor. Cuando le pregunté a Gillian qué pensaba al respecto, apuntó a la obra del renombrado neurólogo Antonio Damasio, quien sugería que éramos seres encarnados y no solamente seres «encerrados en el cerebro».[345]

En palabras de Gillian, «percibimos y nos comunicamos con todo el cuerpo, no solo con palabras; con una comunicación verbal explícita, y no solo con lo que se nos pasa por la mente». Quizá por esa razón, una vez que se desvaneció la novedad inicial de las videoconferencias, una nueva serie de enfermedades ocupó los titulares durante el confinamiento, enfermedades que se sumaron a la lista de la pandemia: la «fatiga por zoom», conocida por todo el que haya pasado alguna tarde espantosa atendiendo llamada tras llamada.

Asociado por los investigadores de la Universidad de Stanford con un aumento del estrés por una «sobrecarga no verbal» causada por interminables videollamadas, parece que el agotamiento se debe en parte al «incremento de la autoevaluación por estar mirando imágenes de una cámara en la que sale uno mismo» y por el «exceso de miradas en primeros planos», así como por la reducción de la movilidad y el aumento de la carga cognitiva (esfuerzo mental) necesaria para enviar y recibir señales no verbales.[346] Los efectos son tan pronunciados que incluso se ha creado una «Escala Zoom de Agotamiento y Fatiga» para que las organizaciones midan el grado de agotamiento de la gente y descubran la forma de cambiar las tecnologías y reducir el número y grado de elementos estresantes.[347] A medida que se recababan datos de lo que, en efecto, se ha convertido en un enorme experimento social no oficial, parece que la ciencia esté empezando a confirmar lo que ya barruntábamos: que la comunicación sostenida y mediada tecnológicamente comporta un peaje, tanto para el cuerpo como para la mente.

La naturaleza exacta de este peaje y por qué surge es una pregunta que ha recibido muchas contestaciones, y sobre todo la pérdida de interacciones y entornos ricos y diversos que aportan textura a nuestras vidas cotidianas. Donde antes quizá íbamos a pie al trabajo, nos veíamos en cafés e íbamos paseando al gimnasio, ahora, a medida que se promulgaban restricciones, nos vimos repentinamente forzados a cubrir todas esas necesidades dentro de cuatro paredes. Enseguida, los distintos locales en que trabajábamos, descansábamos y practicábamos deporte quedaron cerrados, hasta que todas cupieron dentro de la pequeña pantalla bidimensional del ordenador, generando un estado que Amy C. Edmondson describió como «mundo desvanescente». Me explicó que «cuando nos sentamos en la misma silla delante del mismo portátil y en la misma casa, celebrando las reuniones en el mismo lugar, resulta más duro, creo yo, retener en la memoria los detalles de las experiencias vividas». Al preguntarle cómo compensar esa empobrecida forma de relacionarse, Amy sugirió que, en ausencia de «interacciones humanas espontáneas» y de «esos pequeños momentos que surgen cuando acudes a un encuentro y estás en la sala y la gente llega a intervalos e inicias la charla, conectando y diciendo: ¿Cómo fue el fin de semana?», nos corresponde a nosotros «esforzarnos más por invitar, aclarar y conectar». Desde luego, entre esos tremendos retos de la vida en el confinamiento fue precisamente el salvavidas social (y económico) de la tecnología el que nos permitió a muchos proseguir con nuestras vidas de formas que generaciones previas jamás hubiesen imaginado. Al no ser capaces de encontrarnos físicamente, la tecnología sirvió de canal de comunicación para trabajadores y enamorados por igual, al generar una sensación de telepresencia que la doctora Gillian Isaacs Russell describe como «una ilusión en la que unos estamos en presencia de otros... como si no hubiese mediación entre nosotros». Aunque encantadora mientras dura, esta ilusión precisa «temporalmente de la retroalimentación apropiada» de gestos de asentimiento, exclamaciones y respuestas que se intercambien a tiempo real para que la ilusión se mantenga. En un mundo virtual, donde esta retroalimentación depende de la latencia de la plataforma y de la fluidez de la experiencia global, la sensación de la telepresencia resulta frágil y volátil. Tal y como apunta Gillian: «Hay cosas que siempre interfieren cuando se recurre a la tecnología». Eso significa que la ilusión de que estamos juntos, esa sensación de presencia, se hace pedazos, se viene abajo y se tiene que restablecer sobre la marcha.

Por supuesto, dado que sabemos de la existencia de la cognición corporizada, no debe sorprender que, en ausencia de claves sensoriales, busquemos compensación por las pérdidas experimentadas. Desde prestar más atención a las palabras, hasta descifrar las mínimas expresiones de los rostros que aparecen en la pantalla, estamos en todo momento recogiendo cualquier atisbo de información que dé colorido y dimensión a una experiencia, por otra parte achatada. Cuando nos relacionamos de este modo, las principales víctimas suelen ser los gestos y las señales no verbales de las que dependemos para comunicarnos con los demás y que haya entendimiento. Sin la posibilidad de leer (y, cuando todo fluye, de imitar inconscientemente) las expresiones faciales y gestuales de los demás, la capacidad de interiorizar y reflejar su estado emocional[348] se ve mermada, entorpeciendo la conexión empática y volviendo más difícil interpretar la cadencia de la conversación. Entonces, ¿qué hacer para revivir lo que rápidamente deviene una experiencia descolorida? Me dirijo para ello al doctor Aaron Balick, psicoterapeuta, escritor y director del Centro Internacional de Psicología Stillpoint International, quien me dice que primero debemos ser capaces de reconocer plenamente la diferencia entre intercambios virtuales y en vivo, y que tal vez también haya que «incorporar modos de ser que difieran en lo posible y enteramente de la forma en que interactuamos de modo natural en los encuentros cara a cara. Eso quizá suponga dedicar tiempo a mirar intencionadamente hacia nuestro interior para indagar sobre las sensaciones corporales, a fin de ser activamente más conscientes de ellas. Podría significar pedir a la gente que participe en algún tipo de ritual antes y después de los encuentros, para contar con ese espacio necesario para mirar primero dentro de nosotros mismos».

Que haya contacto físico

El problema es, por supuesto, que, si bien estas estrategias son de veras útiles, no remplazan la sensación real de presencia que experimentamos cuando interactuamos físicamente con alguien en un espacio compartido. Definido como un fenómeno neuropsicológico fundamental que procede de la capacidad de interactuar con el mundo externo (y así localizarnos en él), este tipo de presencia es algo que los ámbitos virtuales solo consiguen emular vagamente, razón por la cual a veces resulta tan agotador e insatisfactorio pasar tiempo ahí.[349] Como dice la doctora Gillian Isaacs Russell, la presencia real no solo influye en el modo de comportarnos, sino también en adónde acudimos y cómo procesamos y recordamos las experiencias. Según ella, la experiencia de estar presentes «surge de una capacidad del organismo... para situarse en un mundo externo según la acción que desarrollemos para influir en él. Y las personas experimentan la presencia cuando son capaces de actuar en un mundo externo y transformar con éxito sus intenciones en acciones. Por tanto, no es lo mismo que participación; presencia no es lo mismo que absorción ni grado de inmersión tecnológica. En el ser humano, estas acciones incluyen específicamente su capacidad, o incluso su capacidad potencial, de interactuar con otros en un entorno externo compartido». Es la potencialidad de extender la mano y coger la de otra persona, de compartir comida, de abrazarse al despedirse.

Lo interesante es que esta pérdida de presencia también influye en la calidad de las experiencias y los recuerdos.

Apoyándose en estudios de asesoramiento y psicoterapia, el doctor Aaron Balick explica que «las sesiones *online* son más fáciles de olvidar que las que se producen en la vida real. Creemos que una de las razones es porque el cerebro no participa en el mismo grado... No vamos a un sitio y luego volvemos a casa. No usamos los cinco sentidos, no contamos con los olores ni las sensaciones que transmite la habitación en la que estaríamos... Nos limitamos a sentarnos a ver Netflix o a hacer la declaración de la renta». Pero, ¿por qué esta experiencia tiene que ser menos vívida que otras?

Cuando tres neurocientíficos (O'Keefe, estadounidense, y los Mosers, un matrimonio noruego) decidieron estudiar el modo en que generamos mapas mentales del entorno, ninguno de ellos pudo predecir adónde les llevaría su indagación. Tras varias décadas de estudio minucioso e independiente durante las cuales investigaron las células de red y de lugar –un sistema de nervios que llegó a conocerse como el «GPS» del encéfalo–, en 2014 se les concedió el Premio Nobel de Fisiología o Medicina. ¿Su descubrimiento? Que el sistema neuronal que determina nuestra percepción y la evocación del entorno en que estamos también está conectado con los acontecimientos experimentados allí. En resumen, su obra reveló la profunda relación entre la capacidad de viajar físicamente por el espacio y la capacidad de viajar mentalmente con la memoria. Este es un aspecto que podría cambiar el modo en que entendemos los problemas de pérdida de memoria espacial en el caso de enfermedades como el Alzheimer, y su puntero descubrimiento se anunció como un «cambio de paradigma» en la comprensión del modo en que las células colaboran y realizan ciertas funciones, un descubrimiento que abriría «nuevas vías» al entendimiento de cómo funcionan los procesos de planificación, pensamiento y memoria.[350]

¿De qué manera es esto relevante para nosotros? Pues en que el cerebro parece responder de formas totalmente distintas dependiendo de si estamos en un ámbito físico u otro virtual. Es precisamente esta peculiaridad la que un equipo de neurofísicos de la UCLA esperaba investigar cuando colocaron diminutos arneses de realidad virtual a un grupo seleccionado de ratas para observar cómo respondían al sumergirse en un entorno virtual. Los resultados fueron sorprendentes: al moverse por una habitación virtual, el patrón de actividad del hipocampo (área del cerebro asociada con el aprendizaje espacial) fue totalmente distinto que cuando otras ratas se movieron por la misma habitación, pero esta vez física y real. A pesar de mostrar conductas similares en ambos casos, en el espacio virtual más de la mitad de las neuronas del hipocampo de las ratas se apagan y las restantes se activan al azar, provocando que, en esencia, desaparezca el mapa del entorno exterior.[351] Aunque ambos espacios generasen una parecida experiencia consciente en las ratas, a nivel neuronal el cambio de situación produjo respuestas acusadamente distintas. Como el hipocampo es vital para todas las criaturas a la hora de crear mapas mentales de su entorno, el hecho de que opere de un modo completamente distinto en entornos virtuales podría tener implicaciones importantes que todavía están por descubrir.

En el día a día, esta tal vez sea una de las razones por las que, después de tener una reunión virtual más sentados en el mismo despacho, nos sentimos aturdidos u olvidadizos, como si la información compartida no se procesara realmente. Es por estas razones por las que a menudo yo lo compenso tomando notas por escrito (para mejorar la comprensión y acordarme),[352] u opto por una llamada de audio para poder salir y caminar mientras hablo (lo cual es sabido que aumenta la generación de ideas creativas, tanto en tiempo real como durante cierto tiempo después).[353] También es la razón por la que a veces me levanto para moverme, de modo que las manos y el cuerpo gesticulen con más libertad mientras pienso. Lo interesante es que gran parte de la investigación sobre los gestos subraya los beneficios que he mencionado. Desde ayudar a los niños pequeños a aprender y retener nuevos conocimientos hasta transmitir conceptos o procesos con más claridad, la gesticulación ejerce muchas funciones y desempeña un papel vital en el aprendizaje basado en la corporeidad incluso cuando entramos en la adultez.[354]

Como los gestos también nos ayudan a interpretar y expresar emociones, resulta una forma de comunicación que los empresarios (sobre todo los que deseen una mayor vinculación con unos trabajadores cada vez más perceptivos y exigentes) no se pueden permitir pasar por alto.

Igualmente vital para la transmisión de emociones es el contacto visual. Si es excesivo o insuficiente, si es inconfortablemente intenso o seductoramente intermitente, la naturaleza de las miradas revela, no solo cómo nos sentimos en un momento dado, sino también nuestras intenciones respecto a otras personas. El problema es que, *online*, el contacto visual real y mutuo no es posible, lo cual es una de las razones por las que las videollamadas inhiben la confianza.[355] Incluso cuando intentamos emularla (mirando directamente a la cámara, como describí con anterioridad), la mirada es unidireccional en el mejor de los casos, y da origen a otro problema: la parte activa debe renunciar a la posibilidad de observar y responder a las respuestas faciales de las otras partes. Dado que evitar el contacto visual, incluso durante un tiempo corto, nos hace sentir marginados y la autoestima baja (lo cual podría aumentar el deseo de actuar agresivamente),[356] no extrañe que tratemos de compensarlo cuando interactuamos a distancia.

El problema es que, en ese intento bienintencionado de fingir, corremos el riesgo de generar nuevos problemas, como los que se identificaron en un fascinante experimento por parte de un equipo de psicólogos de la Escuela Universitaria de Londres, que recabó datos de más de 400 voluntarios. Dichos investigadores pusieron videoclips en que aparecían actores mirando directamente al espectador durante distintos períodos de tiempo. Cuando se les preguntó por su nivel de confort, los participantes refirieron que preferían un contacto visual que durase una media de 3,2 segundos (o más, si el actor parecía de fiar). Como explicó Alan Johnston, uno de los autores del estudio, puesto que la mirada le transmite a uno que «es un objeto de interés», y que ese «interés está ligado a la intención», si alguien te mira un tiempo (incluso a través de una pantalla), no pasa mucho hasta que el cerebro asume que abriga ciertas intenciones hacia ti, buenas o malas.[357]

Sin embargo, gestionar el contacto visual resulta complicado cuando se mantiene la conversación con una sola persona; no obstante, si se añaden unas pocas adicionales con vista de galería, surgen otros problemas inesperados, tipo medusas flotando. A medida que aumenta el número de medusas, la visión central acumula más trabajo y tensión, dado que trata de recabar información de un mosaico de rostros demasiado pequeños y numerosos como para lograr una descodificación significativa. Desde luego, la solución más sencilla es centrar la pantalla y visualizar solo a la persona que esté hablando. Sin embargo, como existen tantas funciones disponibles, tanto en la plataforma (con chateo, preguntas y respuestas, etc.) como fuera de ella (las incontables pestañas y aplicaciones que quizá estemos usando), sean cuales fueren las intervenciones seguimos corriendo el riesgo de incurrir en una atención parcial continua. Acuñado por Linda Stone, ex ejecutiva de Apple y Microsoft, este término describe la tendencia a prestar atención a actividades y oportunidades de un modo que, no solo crea «una sensación artificial de crisis constante» y un estado de alerta elevada, sino también sentimientos de agotamiento, hastío e insatisfacción.[358] Con el tiempo, esta continua división de la atención y la anticipación de la conexión (pensemos en las redes sociales) provoca hiperestimulación y estrés, estados que, irónicamente, no nos permiten acceder al momento presente.

No queremos minimizar los extraordinarios beneficios que ofrece el teletrabajo, si bien, al ser ya habituales las reuniones virtuales en el firmamento empresarial, sería un descuido ignorar las complicaciones potenciales que acarrean. Desde problemas a la hora de marcar unos límites claros y salvaguardar una atención de gran calidad, hasta problemas de colaboración por la falta de contacto en persona, no extraña el que algunas de las empresas más grandes del mundo hayan elegido responder duplicando el espacio de oficinas.[359] Y, sea cual fuere tu relación con la oficina o el espacio laboral compartido, está claro que, en algunos casos por lo menos, estaríamos mejor relacionándonos en presencia física unos de otros, y no a través del frío velo de una pantalla. Por lo que se refiere a las videollamadas, los estudios realizados en el campo de la criminología sugieren que resulta más difícil discernir si los demás están mintiendo a través de una pantalla que cuando los juicios de valor se hacen solo a partir de transcripciones y archivos de audio.[360]

En ausencia de señales y claves interpersonales significativas, por tanto, puede ser difícil evaluar y sopesar la plenitud de la comunicación, tan fácilmente disponible en los entornos habituales, lo cual es sobre todo cierto a la hora de juzgar la veracidad de personas desconocidas, donde, el mero hecho de estar expuesto a las claves no verbales de la otra persona (como echar el cuerpo hacia atrás o asentir con la cabeza) puede mejorar la precisión con la que predecimos su comportamiento económico[361] (y muchos otros). Puesto que los entornos multisensoriales con mucho contacto proporcionan un espacio mucho más rico para el florecimiento de la cultura, la colaboración y la concepción de ideas, toda empresa que cubra las necesidades de su personal, tanto de flexibilidad como de contacto, tendrá mucho a su favor cuando quiera generar resiliencia a largo plazo.

Incomodidad, peligro y seguridad psicológica

De entre los debates más vivos en la actualidad, uno de los más fascinantes es el que examina nuestras ideas sobre la incomodidad y la seguridad. Desde el bloqueo disimulado de usuarios en las redes sociales (se suprime a una persona o su contenido, y ambos dejan de aparecer en una comunidad, pero sin que esa persona lo sepa), hasta no dejar entrar en plataformas sociales a figuras controvertidas (se les niega acceso a sitios en los que la gente opina), se libra una guerra de ideas en el corazón de la cultura moderna para dirimir qué discursos se consideran aceptables y cuándo juzgar que se ha llegado demasiado lejos. Sean cuales fueren tus opiniones en esa materia, cuando se trata de la resiliencia de una empresa y, especialmente cuando esté implicada la innovación, la capacidad de proporcionar seguridad psicológica es la que marcará la diferencia entre una empresa de veras visionaria y otra mediocre. Pero, ¿qué es exactamente la seguridad psicológica?

Para entenderlo, pongamos primero en limpio lo que no es. En una era marcada por conversaciones sobre bienestar y salud mental sería fácil asumir que la seguridad psicológica equivale a protección general ante cualquier incomodidad, una hazaña que considero imposible de realizar incluso en la más protegida de las existencias. En el contexto actual, los problemas surgen cuando, como describen Jonathan Haidt y Greg Lukianoff en su libro *The Coddling of the American Mind*, nuestra idea de seguridad pasa por la «fluidez de conceptos», que va más allá de las definiciones de daño físico y abarca también la protección frente al malestar emocional (proceso que con demasiada frecuencia termina en una fusión de ambos).[362]

Son estos conceptos divergentes sobre seguridad y sus consecuencias inintencionadas las que derivan en esa CNN que Van Jones ilustró elocuentemente cuando en 2017 se dirigió a los estudiantes de la Universidad de Chicago para preguntarles respecto a dos ideas en competencia sobre espacios seguros.[363] En relación a la primera idea, la de estar físicamente seguros, protegidos de abusos sexuales o físicos y de acoso, él estaba totalmente a favor (comprensiblemente). Sin embargo, sobre la segunda idea, que estipulaba la «necesidad de estar seguros ideológicamente», opinaba que era una «perspectiva horrible». ¿Por qué?, podrías preguntarte. La respuesta se deduce de la petición que hizo a su audiencia. En vez de preocuparse por su seguridad ideológica, él deseaba que los estudiantes fuesen fuertes, que se les animase a cultivar esa cualidad robusta y resiliente que procede de encuentros con fricción cognitiva, porque nuestras ideas e ideales hayan sido desafiados por parte de los que nos rodean.

Si alguna vez has experimentado con prácticas de atención plena, probablemente tengas un sentido de la disciplina y el coraje necesario para sentarse con incomodidad, sobre todo a la vista de las distracciones. Sin embargo, es precisamente esa habilidad la que, al desarrollarse en el tiempo, nos permite descolgarnos de la montaña rusa emocional el tiempo suficiente para observar y juzgar con mayor claridad nuestro paisaje interior y el contexto exterior. Es también esta capacidad la que empodera a los miembros de los equipos de apoyo y los lleva a desafiarse y empujarse unos a otros, de modo que asuman el tipo de riesgos que realmente tienen un peso específico. Dado que cuando estamos al límite es cuando tendemos a dar los mayores saltos de creatividad, tal vez no sea la seguridad de la incomodidad la que deberíamos estar buscando, sino la seguridad de asumir riesgos, la cual puede resultar en grandes avances de todo tipo.

Este es el sentido de la seguridad psicológica a la que Amy C. Edmondson dio protagonismo en su influyente artículo de 1999,[364] y más ampliamente en su libro *The Fearless Organization*.[365] Es la experiencia de sentirse lo bastante seguros como para comunicar y expresarnos sin miedo a incurrir en consecuencias negativas para nuestro estatus, para la imagen de nosotros mismos y para nuestra carrera profesional. Desde facilitar el aprendizaje y el cambio organizativo, hasta fomentar la participación de los empleados, la seguridad psicológica aporta todo tipo de beneficios, sobre todo cuando se trata de navegar por entornos inciertos, interdependientes y de rápida evolución. No solo potencia la innovación en equipo y cuánto aprendemos de los errores, sino que también aumenta la posibilidad de un exitoso proceso de innovación (por lo cual me refiero a nuevos y deliberados intentos organizativos de cambiar el servicio y los procesos productivos).

No obstante, crear contextos de seguridad psicológica también genera retos propios. Cuando le pregunté a Amy qué objetivos podríamos poner en orden para que las organizaciones se movieron en esa dirección, ella contestó: «Generar un clima de sinceridad requiere un esfuerzo deliberado... porque el instinto natural de los seres vivos es el de contenerse, esperar y ver; leer las hojas del té y figurarse cómo mostrar su mejor imagen a los ojos de sus pares o jefes. De modos sutiles, la gente siempre es consciente de lo que podría o no ser 'bienvenido por aquí'. Somos tan buenos al tomarle la medida a las cosas que lo hacemos sin pensar, espontáneamente». Dado que el instinto de conservación es tan poderoso, también exige más que una declaración de objetivos y buenas intenciones para someterlo. Luego, si tenemos que cambiar el patrón, Amy sugiere anular los instintos naturales y hacerlo con esfuerzo y un intento deliberado... empezando por ser claros y explícitos respecto al por qué. Si la gente no aprecia por qué su voz podría ser bienvenida por otros, entonces lo más sencillo, lo más fácil, es contenerse. Pero, si reciben un mensaje tras otro que dice: «Te necesitamos, dependemos de ti. Quizá veas algo que yo no veo. Tus ideas han sido estupendas en el pasado. Tu perspectiva sobre lo que quieren los clientes es única, entonces sí estarán dispuestos a hablar claro. Oír ese tipo de mensajes todo el tiempo ayuda a tomarlos en serio.

Cuando se trata de equipos, es cuestión de mantener la creencia común de que a nadie se le culpará, ni será humillado ni castigado por decir lo que piensa, y conducirse con generosidad de espíritu al interpretar las intenciones de los demás, de modo que se reciba alguna contestación tan útil como crítica. Por último, exige que intencionadamente creemos un entorno apropiado para el aprendizaje y el crecimiento, en donde los miembros del equipo se sienten respetados, aceptados y lo bastante seguros como para asumir riesgos, sobre todo cuando el resultado de tales riesgos sea incierto.[366] Según Amy, es cuestión de entregarse al trabajo de modo que las «diferencias sean discutibles», una habilidad cultivable que «comienza con curiosidad, con un recordatorio de que deberíamos interesarnos unos por otros». Sea en persona u *online*, si queremos promover una «orientación más colaborativa», primero «habrá una aproximación entre nosotros atravesando una frontera –entre naciones, o funciones o experiencia– con curiosidad, con un sentido genuino de que la persona que hay al otro lado de esa frontera es un tesoro, alguien que aporta algo que yo no tengo».

Mientras la seguridad fisiológica es vital para motivarnos a decir lo que pensamos y mejorar el equipo en el lugar donde trabajamos,[367] tiene especial importancia cuando interactuamos con otros a distancia, sobre todo porque los equipos virtuales tienden a registrar niveles más elevados de conflicto.[368] Más allá de los problemas cotidianos inherentes a la colaboración, cuando se trata del trabajo virtual en equipo, el sentido de seguridad, tan crucial para un intercambio eficaz de conocimientos, resulta socavado por la conciencia de uno mismo (piensa en el vídeo en la esquina de la pantalla), lo cual a su vez limita el grado en que contribuimos a la conversación.[369] Al temer que nos puedan juzgar con dureza, el deseo de proteger nuestra autoestima, reputación o bienestar (e incluso las oportunidades de promoción) se traduce en silencio, un resultado que limita nuestro crecimiento personal y de la retroalimentación que podría resultar esencial para el éxito.

Una forma de reducir estos problemas es celebrar una reunión inicial en la que se anime a los miembros del equipo a conocerse entre ellos informalmente antes de empezar a trabajar.[370] Estas reuniones de trabajo virtuales mejoran los niveles de cooperación y confianza,[371] si bien las interacciones no planeadas ayudan incluso a suavizar y prevenir conflictos antes de que surjan.[372] Otra vía para minimizar los conflictos en equipos virtuales es reducir la estructura de la tarea en sí. Aunque suene contradictorio, al permitir que la tarea sea menos reglada, menos inflexible y estrechamente definida creamos espacio para que los miembros del equipo pasen más tiempo relacionándose entre sí y formen vínculos que, a largo plazo, proporcionen mejores resultados.[373] Sea cual fuere el enfoque adoptado, si uno trabaja con un equipo diseminado, esta es la oportunidad para una interacción espontánea donde falta con más frecuencia, y también es uno de los aspectos más importantes de una relación que tenemos que reconstruir conscientemente.

Por supuesto, si queremos favorecer la seguridad psicológica también debemos dirigir la atención a mejorar la confianza. Aunque conceptualmente relacionadas, la seguridad psicológica se refiere a nuestras creencias sobre las normas existentes en los grupos, mientras que la confianza es la estructura básica de toda relación entre dos personas, y guarda relación con las expectativas que tenemos sobre los motivos y futuras conductas de otra persona. Si creemos que la otra persona se comportará con nosotros de forma predecible y benevolente, nuestra disponibilidad a mostrarnos vulnerables con ellas (confiar en ellas) tenderá a aumentar. Por eso, al trabajar con equipos ya establecidos, la seguridad psicológica se potencia respaldando relaciones sólidas entre los miembros (cultivando la confianza interpersonal) y favoreciendo el respeto mutuo, los conocimientos y los objetivos compartidos, para así relacionarse mejor y aprender de los fallos.[374]

En el caso de equipos autogestionados que se dedican a tareas estables, tener una estructura de equipo clara y formal (con una jerarquía definida y niveles de especialización) ayuda a reducir el conflicto y favorece el compartir información, lo cual impulsa el aprendizaje y un ritmo más continuo de mejora.[375] No obstante, sea cual fuere la estructura o el propósito del equipo, si se desea que sus miembros desarrollen sus propias fuentes sociales y psicológicas, entonces es esencial crear las condiciones en las que florezcan la confianza, la curiosidad, la inspiración y la seguridad. Desde luego, cuanto más dependa un equipo de las comunicaciones virtuales para funcionar, más importante se volverá la confianza existente en ese equipo para su rendimiento,[376] lo cual puede ser problemático cuando pensamos que la confianza requiere más tiempo para adquirirse *online* que cara a cara.[377] Luego, ¿cuáles son las técnicas utilizables para optimizar la comunicación virtual, desarrollar la confianza y mejorar el rendimiento y el bienestar de nuestros equipos?

Sacar el máximo provecho

Un buen punto desde el cual empezar es entender las trampas y limitaciones de las comunicaciones virtuales, de modo que evitemos algunos de sus escollos más perniciosos. A pesar de la ubicuidad de un servicio como el correo electrónico, como herramienta para la expresión de uno mismo resulta especialmente mendaz. Quizá debido a su simplicidad y comodidad, cuando se trata de la comunicación basada en textos escritos tendemos a sobrevalorar nuestro nivel de persuasión aunque al mismo tiempo infravaloramos el poder de las interacciones cara a cara. Aunque tal vez nos sintamos igualmente seguros dando órdenes con cualquiera de estos medios, un estudio reciente halló que las peticiones durante las interacciones cara a cara eran treinta y cuatro veces más eficaces que las peticiones solicitadas vía *e-mail*, lo que significa que, para obtener los mismos resultados que se obtendrían pidiéndoselo a seis individuos en persona habría que mandar la enorme cantidad de doscientos correos.[378] En un estudio de seguimiento, los mismos investigadores señalaron una posible razón: que las señales no verbales presentes en los intercambios cara a cara sirven para dar legitimidad a nuestras peticiones (una dinámica que los participantes ignoraban totalmente).[379]

Sin embargo, por muy avanzada que esté la tecnología, parece que solemos pasar por alto e infravalorar la riqueza de la interacción personal, los matices con los que hemos evolucionado elegantemente para responder a ellos. En ausencia de claves contextuales y de retroalimentación no verbal, los textos se malinterpretan fácilmente y se pierde el tono de voz, con los cual los receptores interpretan los correos de trabajo como más neutros o emocionalmente más negativos de lo que intenta que sean el emisor.[380] Cuando se emplean como canal primario de comunicación, esto nos lleva a percibir las relaciones con los compañeros de trabajo como impersonales e incluso frías, una tendencia que no ayuda a reducir los conflictos.[381] Dado que incluso un error de transcripción o el uso equivocado de las mayúsculas puede distanciar a la gente,[382] si lo que buscamos es persuasión es más probable conseguir resultados viéndose en persona, o al menos optando por un medio marginalmente más rico como las llamadas de audio y las videollamadas.

Solemos pasar por alto e infravalorar la riqueza de la interacción personal, los matices con los que hemos evolucionado elegantemente para responder a ellos.

Es en parte por estas razones por lo que muchas empresas crean intencionadamente oportunidades periódicas de reunirse en persona, sea en conferencias, reuniones o eventos, aunque, en ausencia de cambios operativos a más largo plazo, los mismos problemas tenderán a reaparecer cuando todo el mundo regrese a las bandejas de entrada.[383] En lugar de eso, una solución más duradera para mejorar la comunicación es procurar al equipo ejercicios de preparación específicamente diseñados para cultivar la confianza del grupo.[384] Al brindar a los miembros del equipo la oportunidad de practicar y trabajar juntos, y recibir retroalimentación constructiva para mejorar las interacciones, los líderes ayudan a fomentar una mayor confianza y entendimiento, lo que a su vez potencia la resiliencia del equipo frente a retos futuros. Este entrenamiento también aporta valiosas ventanas con las que enseñar a los empleados las destrezas interpersonales, las actitudes y la cultura que la empresa quiere promover, con *coaching* sobre su rendimiento y la misión del equipo ofreciendo sostén adicional.[385]

¿Y qué ocurre cuando los equipos y los compañeros de trabajo están alejados entre sí y las reuniones en persona no son posibles? Bueno, si el equipo en cuestión comprende personas muy especializadas en sus respectivos campos (y cuyas especialidades no se solapan), la confianza como equipo parece no quedar relativamente afectada por un aumento de las comunicaciones virtuales.[386] Sin embargo, para los demás, cuando se trata de videollamadas, hay varias intervenciones que resultan útiles. Quizá la más importante sea exponer explícitamente las reglas del juego por adelantado (como mantener la confidencialidad y el permiso de hablar libremente) como un medio para sentar las bases de la confianza y la colaboración, en equipo o trabajando cada uno solo. El subrayar los parámetros de antemano permite abordar preguntas y preocupaciones en un marco más personal, libre de la presión de los compañeros o de estresantes restricciones de tiempo.

En los talleres virtuales que he dirigido, por ejemplo, ha habido ocasiones en que los organizadores han querido grabar las sesiones por razones internas, ya fuese para aprender o mejorar la estructura del evento o para crear fuentes continuas. En tales casos, dirigirse a los participantes para pedir el consentimiento informado un par de semanas antes ha demostrado ser algo inestimable, no solo por el respeto que transmite a los implicados, sino por la capacidad de decidir que garantiza a los que desean excluirse o sugerir una alternativa. En términos prácticos me parece poco habitual que alguien se excluya por completo, y cuando surgen discusiones, sirve para mostrar formas con que mejorar la experiencia general para todos, lo cual se traduce en mejores resultados y en un entorno más sincero en el que florezcan la colaboración y la creatividad.

Más allá de marcar expectativas y límites claros, también hay cosas que los líderes pueden hacer para establecer equipos psicológicamente seguros. La primera es invitar activamente y apreciar la contribución de los demás, tanto de palabra como de acción. Este tipo de liderazgo inclusivo no solo favorece una mayor colaboración entre miembros del equipo, sino que también reduce parte de los efectos negativos del estatus, como la tendencia a ignorar las ó de los que son más jóvenes que nosotros, o la tentación de retener información importante de nuestros superiores por miedo a las represalias.[387] Además de solicitar y apreciar activamente las contribuciones de otros, los líderes también pueden aumentar el rendimiento de sus equipos dando explícitamente la bienvenida a una diversidad de pensamiento, sobre todo si trabajan con información heterogénea (o divergente). En tales casos, los equipos persuadidos del valor de la diversidad tienden a superar en rendimiento a otros de valor similar,[388] con lo que las creencias que uno instila como líder (sean pro similitudes sean pro diversidad) tienen un efecto significativo en el rendimiento de los equipos y, por extensión, de las empresas.

Tal vez uno de los estudios de casos más tristemente célebres que buscan el modo de aumentar la productividad sea el Proyecto Aristóteles de Google, un estudio diseñado para identificar dinámicas clave en equipos eficaces. De los factores considerados importantes (como la fiabilidad, la significación, el impacto, la estructura y la claridad), la seguridad psicológica fue el que ocupó el primer lugar, y por un gran margen. No solo fue menos probable que se bajaran del barco usuarios de Google presentes en equipos con mucha seguridad psicológica, sino que también consiguieron más réditos, tuvieron más posibilidades de «controlar el poder de la diversidad de ideas de sus compañeros de equipo», y los ejecutivos los catalogaron como el doble de veces de eficaces que sus compañeros.[389] En su informe anual State of DevOps, Google acreditó la cultura de la seguridad psicológica como «predictiva del rendimiento en la creación de *software*, el rendimiento organizativo y la productividad»,[390] una aseveración que no les ha pasado desapercibida a los encargados del rendimiento organizativo, ni a los cientos de miles de personas que han visionado la charla *online* de Amy C. Edmondson sobre el tema.

Titulada «*Building a Psychologically Safe Workplace*»,[391] la conferencia de Amy pone de manifiesto tres casos diferenciados en que una enfermera, un piloto joven y un ejecutivo recién llegado al cargo, todos con miedo a declarar sus preocupaciones a sus superiores o compañeros, cayeron presas del silencio en el puesto de trabajo. En vez de parecer incompetentes, ignorantes, negativos o entrometidos, estos profesionales se muerden la lengua, una decisión que tiene grave consecuencias, como uno se puede imaginar. Si bien las decisiones que tomamos en el trabajo tal vez no tengan consecuencias de vida o muerte, no obstante, los intentos por evitar cualquier atención negativa pueden provocar que no salgan a la luz preguntas e ideas, que se nieguen errores o debilidades, y que por lo general se intente no complicar las cosas. Aunque este tipo de estrategia funcione como gestión de impresiones (porque, por supuesto, no quedaremos mal en ese momento), Amy arguye que nos priva de una inestimable oportunidad de aprender, innovar y crecer.

Para solucionar este problema, ella subraya tres pasos sencillos para fomentar la seguridad psicológica en los equipos. El primero es conceptuar el trabajo más como un problema de aprendizaje que como un problema de ejecución, lo que significa ser explícito al determinar niveles elevados de incertidumbre e interdependencia donde surjan (como en los tres casos citados antes, de la enfermera, el piloto y el ejecutivo). Al proporcionar «una razón para decir la verdad», esta conceptualización establece el tono para que esa conducta sea aceptable e incluso se estimule en el contexto. El segundo paso es aceptar abiertamente la propia falibilidad delante del equipo, reconociendo, en palabras de Amy, que «puede que me haya dejado algo; necesito oírlo de vosotros». Al reconocer que errar es humano, uno se sitúa a la misma altura que el resto del equipo, con lo cual todos los miembros están seguros, con independencia de su estatus, de poder decir lo que piensan. El tercer y último paso que ofrece Amy es modelar la curiosidad haciendo muchas preguntas, dando ejemplo y generando una dinámica que invite a hacer más preguntas, contribuyendo así a aumentar la seguridad para que otros hablen claro.

Desde luego, esto tiene sentido cuando se trabaja con otras personas en un espacio físico compartido (sea un quirófano, la cabina de un piloto o una sala de juntas), pero ¿qué ocurre cuando nuestro trabajo es sobre todo a distancia? Al preguntar a Amy, ella señala que, aunque la comunicación mediada por la tecnología tal vez no sea tan rica ni matizada como en la vida real, sin embargo «resulta útil recurrir a algunos rasgos compensatorios de la tecnología». Por ejemplo, puedes invitar a que la gente exprese sus reacciones con emoticonos, usar encuestas para dar sentido a los puntos de vista sobre un problema, pedir a la gente que le dé al botón de sí o no para votar rápidamente sobre algo, para decidir si hay que debatir más el tema, por ejemplo». Cuando se trata de estas herramientas, ella apunta que «aunque sean algo artificiales o rudimentarias, sí obligan a la participación», la cual actúa de «tarima sobre la que conectar y relacionarnos de una forma distinta, cuando no estamos conectando ni relacionándonos de la forma habitual».

Entonces, ¿cómo usar esas características para favorecer la participación? Primero veamos la función de las simples encuestas. Aunque sean una herramienta sencilla, cuando se usan en una escala lineal de evaluación son útiles para valorar el grado en que las personas están de acuerdo o no con lo que estás diciendo, aportando así respuestas cualitativamente más ricas. Por ejemplo, si quisieras determinar el éxito de las iniciativas de inclusión de tu empresa, podrías preguntar: «En una escala del 1 al 5, por favor valora el nivel en que te sientes integrado en esta empresa». Al ofrecer una respuesta clara y una escala para responder, se obtienen resultados más precisos a partir de los cuales establecer observaciones creativas e intervenciones potenciales. Si lo que buscas son respuestas binarias, entonces una sencilla función de «sí y no» invitará a una aportación más rápida, además de procurar una forma ágil de anotación y bienvenida a los que falten por contestar. Desde luego, en virtud del anonimato, esta función también ofrece un medio atractivo de recabar información más sincera que cuando se relaciona con un nombre o una persona específica. Sin embargo, aunque esto nos ayude a identificar agravios, en realidad solo soslaya a largo plazo el problema de la seguridad psicológica (nadie sabe quién compartió qué, por lo que el riesgo de sentirse humillado es bajo). A pesar de su utilidad, para conseguir un enfoque realmente valioso se debe desplegar en un contexto de sinceridad en el que la crítica constructiva sea bienvenida y bien recibida.

Cuando se trata de lo cualitativo, la mayoría de nosotros volvemos instintivamente a la función de la conversación, la cual, aunque útil para que la gente contribuya a su tiempo (a menudo todos a la vez), puede generar un torrente de texto en que las «joyas» se pasen por alto y se pierda información crucial. Además de dividir la atención, esto puede causar frustración y agobio cuando la conversación se sobrecarga de este modo, con lo que un porcentaje de los participantes se desconecta. En tales casos resulta útil tener un facilitador o un equipo a mano para gestionar el flujo; uno simplemente puede salirse de la conversación para prestarle total atención. Una vez más, establecer instrucciones o parámetros desde el principio sobre cómo funciona (o debería funcionar) la cosa ayuda a crear unas expectativas y límites definidos, garantizando así una experiencia global más contenida y fluida.

En el caso de que los grupos sean grandes y los problemas complejos, la mejor forma de crear un entorno de seguridad psicológica puede ser con habitaciones de descanso más pequeñas. Al dejar que la gente se encuentre virtualmente en grupos de tres o cuatro, la dinámica virtual se vuelve más natural con participantes con libertad para hablar sin tener que enmudecer y habilitarse para hablar de forma intermitente. Dentro de este contexto más conversacional, a cada grupo se le puede asignar una tarea o problema específico para debatir y aportar ideas, antes de seleccionar a un portavoz y compartir sus ideas o soluciones con el grupo más amplio. Este enfoque, no solo genera un espacio en que escuchar las voces que hablan más bajo, sino que también permite un abanico más amplio de opiniones para compartir con el conjunto. Si se consigue un *chat* de descanso automatizado, o se usa un programa informático con el cual los participantes se reúnan en mesas virtuales, este tipo de configuración es una forma estupenda de reducir el miedo y la presión de los compañeros cuando participan en grandes grupos *online*.

Por último, unas palabras sobre los buenos y anticuados vídeos y audios. Como ya hemos visto, el empleo de videoconferencias contempla todo tipo de consecuencias no intencionadas en nuestra atención y experiencia subjetiva, razón por la que ocultarse uno mismo y poner al que habla a pantalla completa son por lo general buenas reglas básicas. Si se trabaja con un grupo pequeño (en mi opinión, tres personas es la cifra máxima para tener comodidad), pasar a utilizar solo el audio permite prestar más atención al que habla, y al contexto y tono de su parlamento. Al suprimir las claves y distracciones visuales (además de la fatiga ocular y la vigilancia sobre uno mismo), pasar a conversaciones solo de audio, quizá no solo demuestre que son más íntimas y vinculantes, sino también más enriquecedoras y sencillas. Por último, sea cual fuere el enfoque o tecnología usados, si lo que se está fomentando es un equipo de gran rendimiento, innovador y solidario, entonces establecer las condiciones adecuadas para la seguridad psicológica, *online* y *offline*, debería ser una de las grandes prioridades.

Claves

- Las interacciones personales y virtuales no son experiencias intercambiables ni funcionalmente equivalentes.

- Los estudios sobre cognición corporizada sugieren que nuestras mentes y acciones corporales influyen unas sobre otras.

- La comunicación tecnológicamente mediada impone un peaje al cuerpo y la mente, y nos priva de claves no verbales vitales de las que dependemos para inferir significado.

- En las condiciones correctas, las interacciones virtuales generan la ilusión de que estamos todos presentes, un fenómeno conocido como telepresencia.

- En contextos físicos, la presencia es un fenómeno neuropsicológico fundamental que surge de la capacidad de interactuar con el entorno y ubicarnos en él.

- La pérdida de contacto ocular real de las interacciones virtuales genera molestias, inhibición de la confianza y tensión psicológica.

- Estando *online*, buscamos constantemente oportunidades de conectar, lo que nos deja en estado de alerta, agotados, abrumados e inaccesibles al momento presente. Se conoce como atención parcial continua.

- Seguridad psicológica significa sentirse lo bastante seguros como para decir la verdad sin miedo a sufrir consecuencias negativas, y es vital para facilitar el aprendizaje, la vinculación de los trabajadores, la innovación y aprender de los errores. Exige un esfuerzo deliberado.

- Potenciar la seguridad psicológica requiere de un liderazgo inclusivo y dar la bienvenida a la diversidad de las contribuciones de los miembros de un equipo.

- En las interacciones virtuales, herramientas tales como las encuestas, funciones de *chat*, emoticonos, y preguntas y respuestas, sirven para obligar a la participación, así como de andamio sobre el que desarrollar una conexión más significativa.

Capítulo noveno

Business, unusual

«Nada como un sueño para crear el futuro».

VÍCTOR HUGO[392]

El gran reinicio

A medida que la primavera de 2020 se abría paso, y con ella el confinamiento, pocos podrían haber predicho la transformación que se produciría cuando el mundo cerrara sus puertas. Desde la inimaginablemente rápida adopción del teletrabajo hasta el cierre de tiendas y empresas de servicios, engullidas por las enormes plataformas en expansión, la pandemia obligó a la aceleración de muchas tendencias que de otro modo hubieran tardado años en cuajar. Fuese el acceso a los estudios y la asistencia sanitaria, o los medios para el consumo de entretenimiento y alimentos, en unos pocos meses los sistemas de los que dependíamos se volvieron irreconocibles frente a los de una década antes.

De los cambios impuestos, muchos fueron descorazonadores y dolorosos. Ya se tratase de la aflicción por los seres queridos muertos y los puestos de trabajo perdidos, o de la factura pasada a la salud mental de muchos por el aislamiento prolongado, ninguna vida quedó indemne ante el azote de la pandemia. Donde la gente tenía suerte de teletrabajar surgían nuevos retos sobre el uso de espacios compartidos, las exigencias de la vida familiar y el acceso a los recursos materiales, problemas todos ellos que, a menos que se abordasen con tacto, probablemente persistirían al entrar en un modelo más fluido y mixto de empresa. En buenas condiciones, el teletrabajo proporciona esa bienvenida autonomía y flexibilidad que tanto deseamos, siempre que se acompañe de un esfuerzo concertado y una autogestión eficaz. Pero, si el confinamiento nos enseñó algo es que la sustitución a gran escala del trabajo de oficina por ese sustituto virtual y disperso resulta todo un reto incluso en los ámbitos empresariales mejor equipados.

A pesar de los múltiples beneficios del teletrabajo, los estudios preliminares sugieren que tal vez no sea tan bueno ni adecuado para todo el mundo como podríamos esperar. Un estudio inicial en 3.200 trabajadores británicos a cargo de Chidiebere Ogbonnaya, profesor senior de la escuela de negocios de la Universidad de Sussex, sugiere que el grado en que estamos hechos para el teletrabajo tal vez esté supeditado a la personalidad. Lo positivo es que, cuando a estos trabajadores se les pidió que se evaluaran a sí mismos conforme a diversos rasgos de la personalidad, los que se dieron una puntuación más alta en transparencia, afabilidad y extroversión refirieron menos preocupaciones y depresión cuando trabajaban desde casa. Aquellos con una mayor puntuación en neurosis fueron más propensos a trasladar pesimismo y preocupación, junto con los que tuvieron la puntuación más baja en meticulosidad (que también reportaron mayores dificultades para planificar y organizar cuidadosamente el trabajo).[393] Entonces, aunque un trabajo a distancia y flexible aporte beneficios adicionales, es poco probable que remplace la necesidad de espacios físicos en los que reunirse, organizarse y apoyarse unos a otros para rendir al máximo. Ese tema es precisamente el que le planteé a Chris Kane, escritor y asesor.

Lugar y propósito

Después de comenzar su vida profesional como topógrafo colegiado y ejercer de experto en estrategia para la creación de lugares de trabajo y propiedades inmobiliarias corporativas, ahora es vicepresidente de Propiedades Inmobiliarias Corporativas Internacionales en la empresa Walt Disney y ha supervisado durante una década la digitalización de la cartera inmobiliaria de la BBC por valor de dos mil millones de libras esterlinas. Habiendo publicado recientemente un libro fascinante, *Where is my office? Reimagining the workplace for the 21st century*,[394] es una de esas pocas personas que existen cuya experiencia le garantiza un punto de vista ventajoso desde el cual vaticinar cómo serán los lugares de trabajo del futuro.

Durante la entrevista, Chris me explica: «Lo que ha pasado el último año es que los seres humanos hemos experimentado un enorme cambio de conducta. En el caso de quienes trabajaban en oficinas tradicionales, ahora se preguntan: '¿Para qué sirve una oficina?'. Al irse acabando las restricciones surgieron preguntas existenciales para la industria de las propiedades inmobiliarias, aunque también para las empresas», y «los empresarios son muy conscientes de que han estado viviendo en un entorno donde imperaba la guerra por captar talento. Y el desafío va a ser mayor si cabe después del coronavirus, porque la gente de talento que quiere ser contratada piensa: '¿Sabes qué? No estoy seguro de querer estar yendo y viniendo a la oficina todos los días', y esto está ocurriendo en todo el mundo».

Desde luego, para que funcione este tipo de transiciones, no solo hay que someterse a un enorme cambio estructural y logístico, sino también a un cambio de mentalidad. «Todos hemos vivido durante el siglo XX acostumbrados a seguir un pensamiento homogéneo –explica Chris–, mientras que el siglo XXI es el siglo de lo digital... También es el siglo en que las mentalidades cuadriculadas ya no tienen cabida. Porque, si observamos este cambio en las preferencias de los consumidores durante los últimos veinte años, se percibe una tendencia hacia la personalización y la venta a la carta, por lo que el lugar de trabajo también experimenta un cambio de fijo a fluido». Al preguntarle a Chris cómo podría ser la oficina del futuro, este subraya rápidamente que, «si bien no se puede apuntar en una sola dirección (después de todo, no hay dos empresas iguales), es probable que las oficinas se parezcan más a un centro social que a un lugar a donde la gente acude y se sienta a una mesa. Las oficinas estarán en alguna parte donde la gente se congregue para hacer un trabajo conjunto, resolver problemas, ser creativa».

Sin embargo, el que esto se llegue a materializar, y cómo lo haga, dependerá del contexto del negocio. «La oficina, creo yo, va a ser repetida por ciertas empresas, no todas, porque algunas empresas de servicios financieros no se pueden esparcir tanto como quisieran». Chris apunta al ejemplo del Standard Chartered Bank, el cual, en noviembre de 2020, anunció que ofrecería opciones flexibles de trabajo (tanto de horarios como de ubicación) para más del 90 % de sus 85.000 empleados antes del 2023.[395] Tanto si el personal optó por trabajar en casa, o en lugares de trabajo próximos a casa o en las mismas oficinas bancarias, este modelo de distribución fluida es el que probablemente veremos en muchas más empresas que sigan el ejemplo, una tendencia que, como sugiere Chris, «es cuestión de gustos».

Aunque algunas empresas se hayan apresurado a ensalzar las virtudes de trabajar desde casa, otras se han apercibido rápidamente de que es difícil mantener el «espíritu» de las organizaciones si sus muchas ramas se dispersan por todo el mundo. Al preguntarle al psicólogo laboral Lewis Garrad sobre cómo mitigar las desventajas de tal disposición y potenciar el sentido de comunidad, él opina que las empresas están invirtiendo mucho en el concepto de análisis de redes de organización, un sistema para «examinar las conexiones existentes entre las personas de la comunidad de una organización basado en sus interacciones digitales y cuyo seguimiento es fácil». Desde correos electrónicos e invitaciones en el calendario, hasta el uso de distintivos de geolocalización, las empresas pueden extraer datos fiables sobre la fuerza de las relaciones entre trabajadores a fin de identificar mejor la existencia de lazos fuertes o débiles en esas relaciones, los cuales de otro modo serían invisibles para las estructuras jerárquicas de la organización. Al determinar la frecuencia, fuerza y naturaleza de las interacciones, estos patrones de influencia y colaboración aportan información valiosa acerca del flujo de información, los niveles de confianza e inclusión, y sobre qué asociaciones o equipos están demostrando ser los más productivos. A medida que aumente nuestra dependencia de la tecnología, estos procesos se volverán más valiosos para ayudar a los empresarios a tomar mejores y más informadas decisiones que beneficiarán a la resiliencia de la empresa.

Desde luego, la adopción de tales estrategias también plantea preguntas fundamentales sobre confianza, supervisión y autonomía, y, al preguntar a Dan Pink sobre cómo podrían las empresas motivar e implicar a la mano de obra a distancia, su respuesta es clara y contundente: «Empecemos por la premisa de que confiamos en la gente con la que se trabaja. Si se empieza con la premisa opuesta –tal y como hacen muchas organizaciones–, lo mejor que tal vez se consiga será el cumplimiento sin más del trabajo. Nunca se llegará a la excelencia». Es una idea que tiene eco en muchas de las entrevistas que realizo, y vuelve a surgir al preguntar a John Featherby sobre las cualidades vitales para el éxito a largo plazo de una empresa. Su respuesta: «Que haya relaciones de gran calidad. La confianza, básicamente. Si no se puede confiar en la seriedad de estas relaciones encaminadas a un propósito mayor siempre se naufragará de algún modo. Casi todos los problemas surgen de una falta de voluntad, de no confiar en que nos preocupemos unos por otros, y de no confiar en el bien mayor que se persigue».

El problema, como explica la psicoanalista Gillian Isaacs Russell, es que la confianza suele ser más difícil de cultivar en entornos virtuales, más difícil pero no imposible. Aludiendo a un estudio de Rocco allá por 1998,[396] Gillian comenta que «la confianza se fragmenta en contactos mediados por la tecnología, aunque remonta cuando se establece cierto contacto inicial cara a cara», razón por la que «algo tan sencillo y esencial como la confianza se tiene que promover cuando la gente se reúne de vez en cuando y trabaja junta en reuniones presenciales». Para ejemplificar este punto, añade: «Existe un ejercicio habitual que practica la gente para aumentar la confianza, en el que alguien se echa hacia atrás y el grupo evita que caiga y toque el suelo. Claro está, esto no es físicamente posible cuando trabajamos *online*. No existe ese riesgo *online* y, si no hay un riesgo potencial de caerse, tampoco nadie te puede sostener realmente». Tal y como sugiere Gillian, aunque «volver regularmente a ser una comunidad es esencial para toda actividad empresarial segura y productiva», también cumple otra función más profunda: «Una de las cosas que ayudan a la gente a ser resiliente es formar parte de una comunidad y sentir que comparten tradiciones: tradiciones culturales, tradiciones de fe, tradiciones sociales para constituir dichas comunidades».

La confianza suele ser más difícil de cultivar en entornos virtuales, más difícil pero no imposible.

Este sentido de comunidad es el que vuelve a surgir al hablar con Octavius Black, director ejecutivo de MindGym, una empresa cuya misión es «aplicar la ciencia más moderna de la psicología y la conducta, y mejorar el rendimiento de las compañías y la vida de las personas que trabajan en ellas».[397] Y advierte: «Si no hallamos la forma de estar co-localizados durante dos o tres días por semana, eso tendrá un impacto negativo sobre el sentido de pertenencia, la cultura corporativa, la lealtad y sobre todo tipo de factores». A medida que se agudiza la dependencia tecnológica debemos recordar que nuestra capacidad de adaptación a nuevas formas de trabajar no dependerá únicamente del uso que hagamos de la inteligencia artificial y la automatización, sino más bien de la capacidad para emplear las tecnologías ya disponibles, en concierto con las cualidades humanas que nos permiten crear, relacionarnos e innovar, razón por la cual, tal vez, como sugiere Octavius, «la ciencia del comportamiento se convertirá en la piedra angular para que las empresas saquen el máximo provecho a sus trabajadores».

La guerra por el talento

Entre las muchas formas en que las organizaciones adquieren resiliencia frente a la incertidumbre, hay una que ha aflorado más que cualquier otra en todas las conversaciones, artículos y revistas especializadas que he reunido para escribir este libro. Si se observa a través de la lente de la sostenibilidad, de los recursos humanos o la tecnología, el talento es el hilo dorado que compone la urdimbre de todos los demás aspectos. Desde cómo atraer y retener a los mejores talentos, hasta los medios mediante los cuales se desarrollan y, para apoyarlos, se trata de sacar el máximo partido del potencial humano sobre el que se apoyan las grandes empresas. Al tiempo que evolucionamos a la vez que este auge de la tecnología y surge lo que indudablemente será una nueva forma de trabajar, colaborar y organizar, es esta capacidad para gestionar el talento y establecer relaciones de confianza y gran calidad lo que diferenciará a una empresa de otra, sobre todo a medida que el caladero de talentos al que tenemos acceso se expanda incluso más. Al disminuir la preocupación por la ubicación física de los empleados y por los retos a los que se enfrentan las culturas del presentismo laboral (presencial), el acceso al talento de gran calidad seguirá creciendo y se intensificará la batalla por contratar a los mejores. Al preguntarle al doctor Tomas Chamorro-Premuzic qué pueden hacer las empresas para prosperar a largo plazo, me contesta que, sea cual sea la empresa, «lo que importa es lo que hagan en el ámbito del capital humano, y si generan y fomentan un personal de talento y grandes líderes».

Se trata de sacar el máximo partido del potencial humano sobre el que se apoyan las grandes empresas.

Desde hace tiempo entendemos el valor y el potencial de generar grandes experiencias a los clientes, hasta el punto de que industrias enteras han florecido en su dedicación al tema, aunque cuando se trata de aquellos a los que empleamos parece que todavía tenemos mucho que aprender. Al hablar con Brian Solis, antropólogo digital, futurólogo, escritor, evangelista de innovación global en Salesforce, sugiere: «Existe una noción de bienestar que llevamos mucho tiempo ignorando en las empresas. El concepto de –por aplicarle una palabra o un término– experiencia del trabajador». Al mirar hacia delante, «el futuro laboral al que creo que tendremos que enfrentarnos es reprogramar una sociedad que sea más saludable, más feliz y creativa al volvernos más y más digitales». Si esto significa ofrecer bienestar, diseñar entornos ecológicos autosuficientes, o arraigar las empresas en un sentido más profundo del propósito, está claro que sea lo que sea que surja a continuación estará configurado en base a las expectativas de la mano de obra.

Es un tema que retoma David Rowan, ex editor de Wired UK: «Creo que estamos en una era en la que es muy peligroso depender de jerarquías con jefes situados en lo más alto que toman decisiones. Creo que ahora es mucho más emocionante que haya empresas que confíen en que sean los empleados en primera línea los que decidan dónde está el futuro». Y prosigue: «Las organizaciones capaces de aceptar que la fuerza creativa real son los empleados, y no necesariamente los más veteranos sino los de cualquier nivel, los empleados que hablan con los clientes, los que vigilan a diario cómo cambia la demanda; si se confiere poder a esas personas para que tengan voz sobre cómo trabajan, sobre cuál debería ser el producto, sobre qué debería estar haciendo la empresa, entonces este proceso será más transformador». Por último, para que una empresa prospere, sugiere David, «necesita declarar sus propósitos y principios, y afirmar lo que no hará».

Sin embargo, hacer el bien (y ser buenos) no consiste solo en atraer a la mejor gente y aumentar las ganancias potenciales, sino también en evitar costes abultados. Como explica Rita Clifton de forma conmovedora: «Las empresas que no son sostenibles corren un riesgo y también, francamente, son un riesgo para el talento. Si no se cuida de los empleados; si, por ejemplo, tampoco se es bueno cuidando del medioambiente ni se es socialmente responsable en general, no se atraerá al mejor tipo de empleados, y en concreto, a la gente más capaz y talentosa que quiere trabajar para organizaciones que les hagan sentirse orgullosos y estén haciendo lo correcto». Desde luego, para que ocurran estos cambios también debe haber un cambio de valores, un punto del que Dan Pink habla cuando explica que «especialmente en el liderazgo, existe una prima adicional por cuidar de los empleados... Todas estas cosas que antes se descartaban por cursis –empatía, pertenencia, propósito– se están convirtiendo en fuerzas prácticas del éxito empresarial».

En cierta manera término inapropiado, las complejas y engañosamente llamadas «habilidades blandas» no solo se están volviendo más valiosas en un mundo de expectativas en evolución y automatización progresiva, sino que también son algunas de las cualidades más vitales que estamos fracasando en enseñar a la gente que se incorpora al mundo laboral. Brian Solis lo declara sucintamente cuando afirma: «En esencia estamos criando una generación de estudiantes, y de hecho así es, para un mundo que no existirá cuando estén listos para trabajar. Y eso está ocurriendo con la mano de obra de hoy en día, porque se están volviendo irrelevantes a tiempo real». Y explica: «Estas competencias sociales, que son críticas, se han vuelto más bien competencias profesionales. No son fáciles. La empatía es en realidad otra destreza que necesita ser mucho más importante, sobre todo a nivel de liderazgo. La colaboración, trabajar con gente, la autogestión, la dirección autónoma, la autodeterminación, son cosas que van a ser muchísimo más críticas para salir adelante». A medida que la tecnología adquiera velocidad, entonces, como apunta Brian, necesitaremos que la gente se prepare para programar robots, para lo cual será necesario un nuevo abanico de destrezas. «Así, cosas como el pensamiento analítico y la innovación, la creatividad, el aprendizaje activo y las estrategias de aprendizaje, la resolución de problemas complejos, el análisis y el pensamiento crítico, la originalidad, la iniciativa, la valentía, el liderazgo, el concepto de capital social, la competencia tecnológica, la competencia digital, la resiliencia, la tolerancia al estrés... son cosas [que] no se enseñan hoy en la escuela». Pero, aunque el sistema educativo intenta ponerse al día, la carga de «inculcar tales competencias sociales y profesionales en los empleados, y prepararlos para el futuro que se despliega ahora» recaerá sobre los empresarios y quienes trabajan en Recursos Humanos. Luego, ¿por dónde empezar?

Ir con audacia...

El psicólogo laboral Lewis Garrad sugiere que tal vez la tecnología nos dé una respuesta. Al conversar me explica: «En qué invertir el tiempo es un gran problema para mucha gente ahora mismo, porque no saben siquiera por dónde empezar». Él apunta a las tecnologías de inteligencia artificial que se están desarrollando actualmente para «predecir habilidades que serán valiosas en las tecnologías de la siguiente fase», que permitirán a las empresas pagar por modelos de habilidades que identifiquen capacidades que probablemente tengan demanda. Lewis explica que tales servicios podrían ser inapreciables a la hora de definir cómo se paga y prepara a la gente, aportando otro activo para la formación continua de una mano de obra siempre cambiante. Aunque el uso de tecnología para mejorar las capacidades latentes del ser humano no sea algo nuevo, a medida que el mundo aumenta en complejidad son precisamente este tipo de aplicaciones las que podrían ayudar a encaminarnos hacia un futuro más humano.

Esta posibilidad aflora en todas las conversaciones sobre realidad virtual y realidad aumentada, y, si bien esta amplia y compleja categoría ha inspirado esperanza y bombo publicitario a lo largo de los años, tal vez finalmente estemos alcanzando un punto en que existan recursos para crear experiencias realmente envolventes y naturalistas, que podrían cambiar profundamente la forma en que vivimos. Cuando hablé con Jeremy Dalton, director de XR en PwC UK y autor de *Reality Check*,[398] predijo que «la realidad virtual y la realidad aumentada se volverán tecnologías vitales en las organizaciones, sin importar la industria. Como resultado, la tecnología llegará a un uso tan extendido que será un aparato cotidiano más junto con los portátiles y los teléfonos inteligentes». Describe el día en un futuro próximo en que simplemente nos pondremos un casco y nos veremos transportados a un mundo virtual compartido por otros muchos, en cualquier sitio (que la tecnología y el ancho de banda permitan). «Ya hacemos esto con clientes de todo el mundo: les enviamos cascos y juntos participamos en talleres creativos, pero todo resultará más sencillo a medida que la tecnología avance».

Muy distinta de las experiencias que provocaban náuseas y gran latencia en los salones recreativos de la década de 1990, esta gama de rápida evolución de la realidad virtual (RV) (en sus distintas permutaciones) parece dispuesta a cumplir las predicciones de sus primeros promotores, en buena parte por la promesa de una forma más natural de comunicación, en la que de nuevo tengamos libertad para movernos, gesticular e interactuar con más sentidos de los que permiten las pantallas. Sin embargo, mientras que su empleo con fines de colaboración y comunicación están claros, el poder real de la RV quizá resida en su capacidad para lograr un cambio emocional profundo en quienes lo experimentan. Tal y como explica Jeremy, «la fuerza de la realidad virtual procede del hecho de que somos capaces de sentirnos totalmente sumergidos en un entorno diferente. Nos ayuda a crear una conexión emocional con el contexto, aporta un entorno libre de distracciones y son muchas las formas en que suprime las restricciones del mundo físico». Desde luego, esto quizá no sea útil en todos los casos, y, aunque la RV pueda tener, por ejemplo, un uso importante en el ámbito del aprendizaje y el desarrollo, Jeremy es rápido en reflexionar:

«Para el objetivo que te propones conseguir, ¿resulta útil la tecnología? ¿Quieres crear una conexión emocional con tu contenido? Quizá lo hagas cuando hablas sobre diversidad e inclusión, pero si hablas, digamos, de riesgo regulador, quizá no estés tan preocupado por la conexión emocional con el contenido». El truco, sugiere, es usar la tecnología allí donde tenga más sentido.

No obstante, en el caso de muchos de los retos más complejos y apremiantes de nuestra época, es precisamente la capacidad de cultivar la empatía –más lo que sentimos que lo que pensamos– la que tal vez nos ayude a salvar la distancia entre perspectivas dispares, así como a hallar un terreno común para resolver las crisis irresolubles a las que nos enfrentamos. Es un tema que he tenido el privilegio de explorar con Nell Watson, especialista en ética y tecnología, investigadora de inteligencia artificial y miembro del cuerpo docente de Inteligencia Artificial de la Universidad de la Singularidad. Nell me cuenta que, aunque «la RV conlleva el problemilla de que necesita experimentarse para comprenderse de verdad», no obstante, «experiencias envolventes como los juegos, y en especial los juegos de realidad virtual, ofrecen muchas oportunidades de aumentar la empatía». Desde lanzamientos como el juego Mafia III –que incide en el racismo, siendo el protagonista un hombre de color de la Louisiana de 1968–, hasta las situaciones de guerra y en un campo de refugiados, creado por el investigador Nonny de la Peña, Nell explica que la RV nos proporciona «una experiencia vicaria de lo que es estar en tales situaciones». Al situarnos de manera tan envolvente en el lugar de otros, la RV «sortea nuestros procesos cognitivos y apunta directamente al centro emocional del modo en que se siente algo».

Es precisamente la capacidad de cultivar la empatía la que tal vez nos ayude a salvar la distancia entre perspectivas dispares así como a hallar un terreno común para resolver las crisis irresolubles a las que nos enfrentamos.

Al preguntarle a Nell cómo se imagina el futuro, me dice: «Creo que trabajar en tándem con la inteligencia artificial será una destreza clave de la década de 2020 en adelante, del mismo que la gente tuvo que aprender a escribir con un teclado a partir de la década de 1980 y 1990». Al acostumbrarnos al teletrabajo y a las posibilidades reducidas de viajar, ella predice una oleada de tecnologías de avatares, «básicamente como un robot que controlas y reproduce todos tus movimientos». Una vez estén lo bastante extendidos, aportarán «el medio definitivo de teletrabajo en cualquier punto del planeta, sobre todo gracias a redes de comunicación por satélite como Starlink, que tienen un ancho de banda tremendo y conexiones con muy poca latencia». En tales casos, «un ingeniero podría integrarse en un robot en un lugar distante de Alaska para arreglar un avión o algo similar sin necesidad de estar allí físicamente». Aunque a algunos les parezca cosa de fantasía, explica Nell, «estas tecnologías avanzan a un ritmo increíble; constantemente alucino con lo sofisticadas que son y también lo relativamente baratas –estamos hablando *grosso modo* de unos 5.000 dólares– que se están volviendo». Por el precio de un ordenador Mac tuneado no es de extrañar que Nell crea que estas tecnologías lleguen a tener ramificaciones geopolíticas. Aunque la encarnación en máquinas suene a ciencia ficción, este posible futuro quizá esté más cerca de lo que pensamos. Después de todo, ya tenemos coches sin conductor y, como señala Nell, «del mismo modo que los vehículos autodirigidos requirieron grabar millones de horas de conducción por humanos para aprender de esas experiencias, los robots aprenderán a partir de avatares pilotados por seres humanos». Si esta resulta una predicción demasiado chocante, la autora sugiere que se producirá una curva de aprendizaje, «donde la mayoría de la gente aprenderá a trabajar en tándem con la inteligencia artificial, y otros no. Casi del mismo modo que algunas personas se perdieron con la llegada de los ordenadores y acabaron privadas de ascender en el mundo laboral. Creo que una cosa parecida pueda estar sucediendo en la década de 2020, si no animamos a la gente durante la fase inicial a familiarizarse más con quienes trabajan para ellos con IA y a entender los beneficios por los que deberían hacerlo». No obstante, a medida que empleemos la inteligencia artificial y las soluciones algorítmicas para optimizar procesos, gestionar personas y automatizar tareas, Nell cree que deberemos hacer algo con el interés puesto en hallar «vías para mejorar la autonomía de la gente y respetar la dignidad de las personas».

Sean cuales fueren nuestros deseos y aprensiones, está claro que no podemos detener la marea de avances tecnológicos, ni podemos negar la complejidad de la tarea que tenemos por delante. Como estamos en la cúspide del cambio social, creo que debemos aprovechar este precioso y poco habitual momento para determinar aquello en que podríamos convertirnos. Entre el barullo y la incertidumbre, a medida que los viejos sistemas se hagan astillas bajo el peso de los nuevos retos, será la capacidad humana para la creatividad, la ingenuidad y la reinvención la que determine nuestra resiliencia, como individuos y como especie. Y será a aquellos con mayor coraje para soñar con valentía a los que les pertenecerá el futuro más brillante.

Agradecimientos

Escribir un libro pocas veces es una empresa solitaria, y la realización de este no habría sido posible sin la extraordinaria contribución de tantos investigadores, científicos, pensadores y empresarios de cuyas obras y estudio de casos me he servido en estas páginas. Mi especial agradecimiento por la generosidad, sinceridad y amabilidad de tantas personas que accedieron a que las entrevistara: Aaron Balick, Amy C Edmondson, Barbara Kellerman, Brian Solis, Cesar Christoforidis, Chris Kane, Cindy Gallop, David Rowan, Gillian Isaacs Russell, Jeremy Dalton, John Featherby, Lewis Garrad, Nell Watson, Octavius Black, Perry Timms, Rita Clifton, Scott Barry Kaufman y Stephanie M. H. Moore. Gracias especialmente a Tomas Chamorro-Premuzic, cuya visión y presentaciones no tienen precio, y a Reece Akhtar, Tara Lemméy, Toby Daniels y Yessi Bello Perez, de cuyas ideas se empapó mi pensamiento.

Este proyecto no habría sido tan entretenido ni posible sin la brillantez, afabilidad y competencia de Kiki Leutner y Aled Evans, ni sin la atenta labor de edición y apoyo de mi editora Géraldine Collard. Gracias a Kogan Page por creer en este proyecto; a Sven Buechel y Udo Hahn por el uso de vuestro modelo VAD, y a Caro C, productora de mi programa *The Hive Podcast*, por su pericia técnica y sus sugerencias. Por último, gracias de corazón, Freddy Sánchez Guzmán, por tu inquebrantable paciencia, perspicacia y apoyo. Este proyecto no habría sido tan rico sin ti.

Notas y referencias

Web de la autora: nathalienahai.com
Web del libro: businessunusualthebook.com
The Hive Podcast: nathalienahai.com/the-hive-podcast
El Mapa de Valores: thevaluesmap.com

1. Los tiempos están cambiando

1 Nin, A (1992) *Delta of Venus*, Penguin Books, Londres.

2 Taylor, S E, Lerner, J S, Sherman, D K, Sage, R M y McDowell, N K (2003) *Are self-enhancing cognitions associated with healthy or unhealthy biological profiles?* Journal of Personality and Social Psychology, 85 (4), p 605.

3 Koole, S L, Smeets, K, Van Knippenberg, A y Dijksterhuis, A (1999) *The cessation of rumination through self-affirmation*, Journal of Personality and Social Psychology, 77 (1), p 111.

4 Creswell, J D, Welch, W T, Taylor, S E, Sherman, D K, Gruenewald, T L y Mann, T (2005) *Affirmation of personal values buffers neuroendocrine and psychological stress responses*, Psychological Science, 16 (11), pp 846–51.

5 Grotberg, E H (ed.) (2003) *Resilience for Today: Gaining strength from adversity*, Greenwood Publishing Group, Westport CT.

6 Frankl, V E (1985) *Man's Search for Meaning*, Simon and Schuster, Nueva York.

7 Tedeschi, R G y Calhoun, L G (2004) *Posttraumatic growth: conceptual foundations and empirical evidence*, Psychological Inquiry, 15 (1), pp 1–18.

8 Sutcliffe, K M y Vogus, T J (2003) Organizing for resilience, en Cameron, K, Dutton, J E y Quinn R E (eds) *Positive Organizational Scholarship*, Berrett-Koehler, San Francisco CA

9 Accenture (28 abril 2020) COVID-19: *How consumer behavior will be changed*, https://www.accenture.com/us-en/insights/consumergoods-services/coronavirus-consumer-behavior-research (archivado en https://perma.cc/85QD-2J7G)

10 EY (2020) Future Consumer Index: *How COVID-19 is changing consumer behaviors,* https://www.ey.com/en_uk/consumer-productsretail/how-covid-19-could-change-consumer-behavior (archivado en https://perma.cc/RKP9-8ZS9)

11 *Plant Based Foods Association* (2020) Retail Sales Data, https://www. plantbasedfoods.org/retail-sales-data/ (archivado en https://perma.cc/ VLA9-8T4V)

12 Guardian (2020) *UK Demand For New Vegan Food Products Soars in Lockdown,* https://www.theguardian.com/lifeandstyle/2020/jul/25/ uk-demand-for-new-vegan-food-products-soars-inlockdown#: text=Latest%20figures%20reveal%20that%20 companies,vegan%20alternatives%20continued%20to%20soar (archivado en https://perma.cc/4AWL-UDSX)

13 News.com.au (2019) *More Australians Taking Up Vegan and Vegetarian Diets,* https://www.news.com.au/lifestyle/health/diet/ more-australians-taking-up-vegan-and-vegetarian-diet/ news-story/067 6836c8695a0e53c24aac4d47d9106 (archivado en https://perma.cc/ PKY4-JSAS)

14 Statista (2019) *Meat Consumption and Vegetarianism in Europe – Statistics and Facts,* https://www.statista.com/topics/3345/ meatconsumption-and-vegetarianism-in-europe/ (archivado en https://perma. cc/DW8Y-DLRS)

15 Bloomberg Green (2020) *Pandemic to Spark Biggest Retreat for Meat Eating in Decades,* https://www.bloomberg.com/ news/ articles/2020-07-07/pandemic-set-to-spark-biggest-retreat-for-meateating-in-decades#:~:text=The%20pandemic%20 is%20poised%20 to,data%20from%20the%20United%20Nations (archivado en https:// perma.cc/KH5L-5QJF)

16 *Kantar's COVID-19 Barometer,* https://www.kantar.com/ uki/ campaigns/covid-19-barometer (archivado en https://perma. cc/5HW2- YKXQ)

17 SunStar, Bacolod (2020) *Urban Farming Gaining Ground Amid Pandemic,* https://www.sunstar.com.ph/article/1862275/ Bacolod/ Business/Urban-farming-gaining-ground-amid-pandemic (archivado en https://perma.cc/7NEX-BQEA)

18 The New York Times (2020) *How This N.Y. Island Went From Tourist Hot Spot to Emergency Garden,* https://www.nytimes. com/2020/07/23/ nyregion/governors-island-nyc-urban-farm. html (archivado en https:// perma.cc/Y7ND-UAMC)

19 History.com (2018) *America's Patriotic Victory Gardens,* https://www. history.com/news/americas-patriotic-victory-gardens (archivado en https://perma.cc/PP8J-B9PM)

20 The Guardian (2020) *Ban SUV Adverts to Meet UK Climate Goals, Report Urges*, https://www.theguardian.com/environment/2020/ aug/03/ban-suv-adverts-to-meet-uk-climate-goals-report-urges (archivado en https://perma.cc/G3FL-NVKP)

21 International Energy Agency (2019) *Growing Preference for SUVs Challenges Emissions Reductions in Passenger Car Market*, https:// www.iea.org/commentaries/growing-preference-for-suvs-challengesemissions-reductions-in-passenger-car-market (archivado en https:// perma.cc/9P4H-W988)

22 Vice (2020) *The New Ford Bronco is an Obscene Monument to Climate Denialism*, https://www.vice.com/en/article/akzj4p/the-new-ford-broncois-an-obscene-monument-to-climate-denialism (archivado en https://perma. cc/GZV9-XK9M)

23 Auto Evolution (2018) *Ford Announces 'Business Transformation'*, https://www.autoevolution.com/news/ford-announces-businesstransformation-130562.html (archivado en https://perma.cc/MX2GP4BZ)

24 CNBC (2021) *Biden Plans To Replace Government Fleet With Electric Vehicles*, https://www.cnbc.com/2021/01/25/biden-plans-to-replacegovernment-fleet-with-electric-vehicles.html (archivado en https:// perma.cc/S95Q-GZVY)

25 BBC (2020) *US Farmers' Beef With Burger King Over Cow Fart Ad*, https://www.bbc.co.uk/news/business-53435857#:~:text=Fast%20 food%20chain%20Burger%20King,to%20reduce%20 greenhouse%20gas%20emissions.&text=Burger%20King%20 claims%20adding%20lemongrass,and%20dramatically%20 reduce%20methane%20emissions (archivado en https://perma.cc/T7MZ-5DP7)

26 Medium (2019) *New Study Shows Employees Seek and Stay Loyal to Greener Companies*, https://medium.com/swytch/new-study-showsemployees-seek-and-stay-loyal-to-greener-companies-f485889f9a7f (archivado en https://perma.cc/X4RA-D3PJ)

27 Weber Shandwick (2019) *Employee Activism in the Age of Purpose: Employees (Up) Rising*, https://www.webershandwick.com/news/ employee-activism-age-of-purpose/ (archivado en https:// perma. cc/5J2D-SJJM)

28 Global Climate Strike (2019) *7.6 Million People Demand Action After Week of Climate Strikes*, https://350.org/press-release/6-6-millionpeople-demand-action-after-week-of-climate-strikes/ (archivado en https://perma.cc/8KA7-WDUE)

29 World Economic Forum (2020) *COVID-19 is a Litmus Test for Stakeholder Capitalism*, https://www.weforum.org/agenda/2020/03/ covid-19-is-a-litmus-test-for-stakeholder-capitalism/ (archivado en https://perma.cc/QAX4-4SUK)

30 Kantar's COVID-19 *Barometer (nd) (canvased over 30,000 people's opinion in over 50 markets)*, https://www.kantar.com/uki/campaigns/ covid-19-barometer (archivado en https://perma.cc/5HW2-YKXQ)

31 The Guardian (2020) *Why the Covid-19 Financial Crisis Will Leave Lasting Scars on Gen Z*, https://www.theguardian.com/us-news/2020/ jul/06/gen-z-covid-19-financial-crisis-lasting-scars (archivado enhttps:// perma.cc/MFC2-E5X5)

32 Law.com (2020) *Pressure's On: Big Law Targeted by Student Activists*, https://www.law.com/2020/03/13/pressures-on-big-law-targeted-bystudent-activists/?slreturn=20210314090752 (archivado en https:// perma.cc/YWZ3-GK5S)

33 The New York Times (2021) *We Built Google: This is not the Company we Want to Work For*, https://www.nytimes.com/2021/01/04/ opinion/google-union.html (archivado en https://perma.cc/VC8K-7CU3)

34 Marsh & McLennan (nd) *ESG as a Workforce Strategy*, https://www. mmc.com/insights/publications/2020/may/esg-as-a-workforce-strategy. html (archivado en https://perma.cc/N4KV-CF7J)

35 BCG (2017) *Total Societal Impact: A New Lens for Strategy*, https:// www.bcg.com/en-gb/publications/2017/total-societal-impact-new-lensstrategy (archivado en https://perma.cc/7FHX-3H7B)

36 Financial Times (2021) *Bank of England Given New Mandate To Buy 'Green' Bonds*, https://www.ft.com/content/f436d69b-2bf0-48cdbb34-644856fba17f (archivado en https://perma.cc/3GUY-CXDN)

37 FT Adviser (2019) *FCA Moves To Protect Investors From 'Greenwashing'*, https://www.ftadviser.com/regulation/2019/10/16/ fca-moves-to-protect-investors-from-greenwashing/#:~:text=The%20 Financial%20Conduct%20Authority%20has,the%20 sustainability%20of%20their%20investments (archivado en https:// perma.cc/5AUW-YPMB)

38 CityWire (2020) *Are You Ready? New Mifid II Rules Will Make IFAs have ESG Process*, https://citywire.co.uk/new-model-adviser/news/ are-you-ready-new-mifid-ii-rules-will-make-ifas-have-esg-process/ a1321630 (archivado en https://perma.cc/8H82-W6FE)

39 Marsh & McLennan (nd) *ESG as a Workforce Strategy; Analysis uses ILOSTAT data from Q4 2019. Generation definitions are from Pew Research Center*, https://www.mmc.com/insights/publications/2020/ may/esg-as-a-workforce-strategy.html (archivado en https://perma.cc/ N4KV-CF7J)

40 Mercer (nd) *2020 Global Talent Trends Study*, https://www. mercer. com/our-thinking/career/global-talent-hr-trends.html (archivado en https://perma.cc/XF57-XTTU)

41 *Kantar's COVID-19 Barometer: Generational differences*, https:// www.pressreleasepoint.com/global-covid-19-barometer-more-halfmillennials-and-genzs-household-incomes-impacted-covid-19 (archivado en https://perma.cc/H4DY-DRAQ)

42 World Economic Forum (2020) *The Global Risks Report 2020*, https://www.weforum.org/reports/the-global-risks-report-2020 (archivado en https://perma.cc/X7D8-YPSQ)

43 McKinsey Research (2020) *How COVID-19 Is Impacting Consumer Behavior: Now and forever*, https://www.mckinsey.com/~/ media/ mckinsey/industries/retail/our%20insights/how%20 covid%2019%20 is%20changing%20consumer%20behavior%20 now%20and%20 forever/how-covid-19-is-changing-consumer-behaviornow-andforever.pdf (archivado en https://perma.cc/PH2G-ER2K)

44 Bloomreach (nd) *The State of Commerce Experience*, https:// www. bloomreach.com/en/resources/whitepapers/state-of-commerceexperience-study.html (archivado en https://perma. cc/6ZD9-75RQ)

45 McKinsey (nd) *Consumer Sentiment and Behavior Continue to Reflect the Uncertainty of the COVID-19 Crisis*, https://blog.adobe.com/ en/2020/04/01/mckinsey-research-how-covid-19-is-impactingconsumer-behavior (archivado en https://perma.cc/B4E4-2MTX)

46 Global Web Index (2020) *CBE: Consumer Behavior Evolution Through Sixty Days of COVID-19*, https://www.globalwebindex. com/ webinars/coronavirus-gwipress (archivado en https://perma. cc/EX3YQSSA)

47 *Deadline* (2020) Tom Hanks-Starrer 'Greyhound' Torpedoes Apple TV+ Opening-Weekend Records, https://deadline. com/2020/07/ tom-hanks-greyhound-apple-tv-opening-weekend-recordbreaker-1202985492/ (archivado en https://perma.cc/ LJ3N-WQCW)

48 PC Mag (2020) *AMC Strikes Deal with Universal to Release Blockbuster Films Online Much Sooner*, https://uk.pcmag.com/ digital-life/127954/amc-strikes-deal-with-universal-to-releaseblockbuster-films-online-much-sooner (archivado en https://perma.cc/ H4SF-RD9Y)

49 Adobe Blog (2020) *Adobe Unveils Comprehensive Report Analyzing Effectiveness of Premium Versus Non-Premium Media*, https://blog. adobe.com/en/publish/2020/01/07/adobe-unvei-

ls-comprehensivereport-analyzing-effectiveness-of-premium-versus-non-premiummedia.html#gs.yr4qxt (archivado en https://perma.cc/P5EL-4NSN)

50 Edelman (2020) *Edelman Trust Barometer*, https://www.edelman.com/ trust/2020-trust-barometer (archivado en https://perma.cc/RNM3- DPF9)

51 BCG (2017) *Creating Value from Disruption (While Others Disappear),* https://www.bcg.com/en-gb/publications/2017/value-creation-strategy-transformation-creating-value-disruption-othersdisappear (archivado en https://perma.cc/H77J-C9CP)

52 BCG (2020) *Managing the Cyber Risks of Remote Work,* https:// www.bcg.com/en-gb/publications/2020/covid-remote-work-cybersecurity (archivado en https://perma.cc/T239-CMMK)

53 BCG (2020) *The Digital Path to Business Resilience*, https://www.bcg. com/publications/2020/digital-path-to-business-resilience (archivado en https://perma.cc/7HGJ-3BH8)

54 BCG (2019) *The Bionic Company*, https://www.bcg.com/ publications/2019/bionic-company (archivado en https://perma.cc/P4ZM-VLPC)

2. Exigimos más

55 Grazia (2015) 132 Years of Chanel: Her best quotes, https://graziadaily.co.uk/fashion/news/132-years-chanel-best-quotes/ (archivado en https://perma.cc/H3JS-N6UB)

56 Simpson, J A (2007) *Foundations of Interpersonal Trust, in Kruglanski*, A W and Higgins, E T (eds) Social Psychology: Handbook of basic principles, 2.ª ed, Guilford Press, Nueva York, pp. 587–607.

57 *Certified B Corporation* (nd) COVID-19 *Resource Center,* https:// bcorporation.net/ (archivado en https://perma.cc/PN5G-UXC4)

58 Landrum, S (2017) *Millennials Driving Brands To Practice Socially Responsible Marketing*, Forbes, https://www.forbes.com/sites/ sarahlandrum/2017/03/17/millennials-driving-brands-to-practicesocially-responsible-marketing/#5bca8e984990 (archivado en https:// perma.cc/R7U9-APZJ)

59 Huffington Post (2016) *Corporate Social Responsibility Matters: Ignore Millennials at your Peril*, https://www.huffpost.com/entry/ corporate-social-responsi_9_b_9155670 (archivado en https://perma.cc/ Z7W5-LVPH)

60 RepTrak (nd) *2020 Global RepTrak: Ranking the Brands*, https:// www.reptrak.com/rankings/ (archivado en https://perma.cc/GYS3-BFBP)

61 Reputation Institute (2018) *What It Takes To Be a Top 10 Most Reputable Company in 2018*, https://www.reputationinstitute.com/ blog/what-it-takes-be-top-10-most-reputable-company-2018 (archivado en https://perma.cc/2TG3-SS2E)

62 *Edelman Trust Barometer* (2020) https://www.edelman.com/ trust/2020-trust-barometer (archivado en https://perma.cc/RNM3- DPF9)

63 Bozic, B (2017) *Consumer Trust Repair: a Critical Literature Review*, European Management Journal, 35 (4), pp 538–47.

64 The Guardian (2009) *Singer Gets His Revenge on United Airlines and Soars To Fame*, https://www.theguardian.com/news/blog/2009/jul/23/ youtube-united-breaks-guitars-video (archivado en https://perma.cc/ CPC6-WHC4)

65 CBS News (2017) *Teenage Girls Barred From United Flight Over Leggings*, https://www.cbsnews.com/news/girls-barred-united-flightleggings/ (archivado en https://perma.cc/E6QJ-Z3PM)

66 Inc (2017) *United Airlines Forcibly Drags Bloodied Passenger Off Flight and Doesn't Apologize* (No, He Wasn't Wearing Leggings), https://www.inc.com/chris-matyszczyk/united-forcibly-dragspassenger-off-flight-and-doesnt-apologize-no-he-wasnt-wear.html (archivado en https://perma.cc/F8R3-SRMA)

67 Independent (2020) *Dragged Off: The New Book from Dr David Dao, who was forcibly removed from a united flight*, https://www. independent.co.uk/travel/news-and-advice/united-airlinesoverbooking-david-dao-chicago-b1776123.html (archivado en https:// perma.cc/973B-QJ99)

68 Dao, D (2021) *Dragged Off: Refusing to give up my seat on the way to the American dream*, Mango Media, Miami FL.

69 Knight, J G, Mather, D and Mathieson, B (2015) *The key role of sincerity in restoring trust in a brand with a corporate apology, in Leroy Jr Robinson* (ed) *Marketing Dynamism & Sustainability: Things Change, Things Stay the Same...* Springer, Cham, Switzerland, pp 192–5.

70 Utz, S, Matzat, U and Snijders, C (2009) *On-line reputation systems: the effects of feedback comments and reactions on building and rebuilding trust in on-line auctions*, International Journal of Electronic Commerce, 13 (3), pp 95–118.

71 Xie, Y and Peng, S (2009) *How to repair customer trust after negative publicity: the roles of competence, integrity, benevolence, and forgiveness, Psychology & Marketing*, 26 (7), pp 572–89.

72 BBC (2020) *Simpsons Ends Use of White Actors to Voice People of Colour*, https://www.bbc.co.uk/news/entertainment-arts-53201667 (archivado en https://perma.cc/H4BU-NQ9E)

73 Beverland, M B and Farrelly, F J (2010) The quest for authenticity in consumption: consumers' purposive choice of authentic cues to shape experienced outcomes, Journal of Consumer Research, 36 (5), pp 38–56.

74 Emerson, R W (2014) Essays: *To be yourself in a world that is constantly trying to make you something else is the greatest accomplishment*, A Word To The Wise, Exton.

75 Netflix (2019) *Queer Eye: We're in Japan*!, https://www.netflix.com/ title/81075744 (archivado en https://perma.cc/65FB-7UK7)

76 Instagram – Naomi Watanabe (2020) https://www.instagram.com/p/B-RYrv-Abxq/ (archivado en https://perma.cc/7PYJ-NLL7)

77 Labrecque, L I, Markos, E y Milne, G R (2011) *Online personal branding: processes, challenges, and implications*, Journal of Interactive Marketing, 25 (1), pp 37-50.

78 Schallehn, M, Burmann, C y Riley, N (2014) *Brand authenticity: model development and empirical testing*, Journal of Product & Brand Management, 23 (3), pp 192-9.

79 Moulard, J G, Raggio, R D y Folse, J A G (2016) *Brand authenticity: testing the antecedents and outcomes of brand management's passion for its products*, Psychology & Marketing, 33 (6), pp 421-36.

80 Festinger, L (1957) *A Theory of Cognitive Dissonance*, vol. 2, Stanford University Press, Palo Alto, CA.

81 Beverland, M B, Lindgreen, A y Vink, M W (2008) *Projecting authenticity through advertising: consumer judgments of advertisers' claims*, Journal of Advertising, 37 (1), pp 5-15.

82 Fritz, K, Schoenmueller, V y Bruhn, M (2017) *Authenticity in branding: exploring antecedents and consequences of brand authenticity*, European Journal of Marketing, 51 (2), pp 324–48.

83 Beverland, M B, Lindgreen, A y Vink, M W (2008) *Projecting authenticity through advertising: consumer judgments of advertisers' claims*, Journal of Advertising, 37 (1), pp 5–15.

84 Turner, C y Manning, P (1988) *Placing authenticity –on being a tourist: a reply to Pearce and Moscardo*, The Australian and New Zealand Journal of Sociology, 24 (1), pp 136-9.

85 Matlin, M W y Gawron, V J (1979) *Individual differences in Pollyannaism, Journal of Personality Assessment*, 43 (4), pp 411-12.

86 Cheung, W Y, Wildschut, T, Sedikides, C, Hepper, E G, Arndt, J y Vingerhoets, A J (2013) *Back to the future: nostalgia increases optimism*, Personality and Social Psychology Bulletin, 39 (11), pp 1484-96.

87 Matlin, M W y Stang, D J (1978) *The Pollyanna Principle: Selectivity in language, memory, and thought*, Schenkman Pub. Co, Cambridge Mass.

88 Routledge, C, Wildschut, T, Sedikides, C, Juhl, J y Arndt, J (2012) *The power of the past: nostalgia as a meaning-making resource*, Memory, 20 (5), pp 452-60.

89 *Feed the Frontlines* (nd) https://www.feedthefrontlinesnyc.org/ (archivado en https://perma.cc/MTZ7-HNE4)

90 *Bloomberg Quicktake* (2020) Twitter, https://twitter.com/QuickTake/ status/1289579001837576202 (archivado en https://perma.cc/XWK6- LJML)

91 Morhart, F, Malär, L, Guèvremont, A, Girardin, F y Grohmann, B (2015) *Brand authenticity: an integrative framework and measurement scale*, Journal of Consumer Psychology, 25 (2), pp 200–18.

92 Morhart, F, Malär, L, Guèvremont, A, Girardin, F y Grohmann, B (2015) *Brand authenticity: an integrative framework and measurement scale*, Journal of Consumer Psychology, 25 (2), pp 200–18.

93 Fritz, K, Schoenmueller, V y Bruhn, M (2017) *Authenticity in branding: exploring antecedents and consequences of brand authenticity*, European Journal of Marketing, 51 (2), pp 324–48.

3. Viviendo la buena vida

94 Frankl, V E (1985) *Man's Search for Meaning*, Simon and Schuster, Nueva York.

95 Kasser, T y Ryan, R M (1996) *Further examining the American dream: differential correlates of intrinsic and extrinsic goals*, Personality and Social Psychology Bulletin, 22 (3), pp 280–7.

96 Kasser, T y Ahuvia, A (2002) *Materialistic values and well-being in business students*, European Journal of Social Psychology, 32 (1), pp 137–46.

97 Kasser, T y Ryan, R M (2001) *Be careful what you wish for: optimal functioning and the relative attainment of intrinsic and extrinsic goals*, en P Schmuck y K M Sheldon (eds), Life Goals and Well-Being: Towards a positive psychology of human striving, Hogrefe & Huber Publishers, Seattle WA, pp 116–31.

98 Bauer, M A, Wilkie, J E, Kim, J K y Bodenhausen, G V (2012) *Cuing consumerism: situational materialism undermines personal and social well-being*, Psychological Science, 23 (5), pp 517–23.

99 Teague, M V, Storr, V H y Fike, R (2020) *Economic freedom and materialism: an empirical analysis, Constitutional Political Economy*, 8, pp 1-44.

100 Esposto, A G y Zaleski, P A (1999) *Economic freedom and the quality of life: an empirical analysis*, Constitutional Political Economy, 10 (2), pp 185–97.

101 De Soysa, I y Vadlammanati, K C (2013) *Do pro-market economic reforms drive human rights violations? An empirical assessment*, 1981–2006, Public Choice, 155 (1–2), pp 163–87.

102 Krieger, T y Meierrieks, D (2016) *Political capitalism: the interaction between income inequality, economic freedom and democracy*, European Journal of Political Economy, 45, pp 115–32.

103 Gehring, K (2013) *Who benefits from economic freedom? Unraveling the effect of economic freedom on subjective well-being*, World Development, 50, pp 74–90.

104 Kahneman, D y Deaton, A (2010) *High income improves evaluation of life but not emotional well-being*, Proceedings of the National Academy of Sciences, 107 (38), pp 16489–93.

105 Twenge, J M and Cooper, A B (2020) *The expanding class divide in happiness in the United States*, 1972–2016. Emotion, doi: https://doi. org/10.1037/emo0000774 (archivado en https://perma.cc/W4YN-6Q6B)

106 Aknin, L B, Wiwad, D y Hanniball, K B (2018) *Buying* well-*being: spending behavior and happiness*, Social and Personality Psychology Compass, 12 (5), p e12386.

107 Matz, S C, Gladstone, J J y Stillwell, D (2016) *Money buys happiness when spending fits our personality, Psychological Science*, 27 (5), pp 715–25.

108 Aristotle [4th Century BCE] (1985) *Nicomachean Ethics*, trans. Irwin, Hackett, Indianapolis, IN.

109 Kahneman, D (2011) *Thinking, Fast y Slow*, Macmillan, Nueva York.

110 Gupta, A (2019) Meaningful Consumption: A eudaimonic perspective on the consu*mer pursuit of happiness and well-being*, https:// digitalcommons.unl.edu/businessdiss/57/ (archivado en https://perma.cc/ L5BJ-PLH2)

111 Ryff, C D y Singer, B H (2008) *Know thyself and become what you are: a eudaimonic approach to psychological well-being*, Journal of Happiness Studies, 9 (1), pp 13–39.

112 Ryff, C D (1989) Happiness is everything, or is it? Explorations on the meaning of psychological well-being, Journal of Personality and Social Psychology, 57 (6), p 1069.

113 Maslow, A H (1951) Resistance to acculturation, Journal of Social Issues, 7 (4), pp 26–9.

114 Ryff, C D y Singer, B (1998) *The contours of positive human health*, Psychological Inquiry, 9 (1), pp 1–28.

115 Allport, G W (1937) *Personality: A psychological interpretation.*

116 Gupta, A. (2019). *Meaningful Consumption: A eudaimonic perspective on the consumer pursuit of happiness and well-being (Dissertation),* https://digitalcommons.unl.edu/businessdiss/57/ (archivado en https://perma.cc/L5BJ-PLH2)

117 Patagonia, https://www.patagonia.com/activism/ (archivado en https:// perma.cc/S7P3-QAFS)

118 Fernando, M y Chowdhury, R (2016) *Cultivation of virtuousness and self-actualization in the workplace*, en A J G Sison (ed), The Handbook of Virtue Ethics in Business and Management, Springer, Dordrecht, pp 1–13.

119 Maslow, A H, Stephens, D C y Heil, G (1998) *Maslow on Management*, John Wiley, Nueva York.

120 Hoffman, E (1988) *The Right To Be Human: A biography of Abraham Maslow*, Jeremy P. Tarcher, Inc., Nueva York, p 42.

121 Morin, E M (2004) *The meaning of work in modern times, en 10th World Congress on Human Resources Management*, Rio de Janeiro, Brazil, vol 20, p 2004.

122 Maslow, A H (1968) *Toward a Psychology of Being*, Van Nostrand, Nueva York.

4. De cerca y personal

123 Hoda Kotb (2020) *This Just Speaks to Me: Words to Live By Every Day*, Putnam, Nueva York.

124 *Mind The Product*, Joe Tinston (2020) *How Bloom & Wild Made Customer Experience More Thoughtful: A case study*, https://www. mindtheproduct.com/how-bloom-wild-made-customer-experiencemore-thoughtful-a-case-study/ (archivado en https://perma.cc/K8MFHND5)

125 *Essential Retail* (nd) *Behind Bloom & Wild's 'Thoughtful Marketing' – Using Tech to Give Online a Human Touch*, https://www.essentialretail.com/features/bloom-and-wild-thoughtful/

126 Bloom & Wild (nd) *Meet Our Thoughtful Marketing Community*, https://www.bloomandwild.com/thoughtful-marketing-community (archivado en https://perma.cc/E2SU-LPA6)

127 Ryan, R M y Deci, E L (2000) *Self-determination theory and the facilitation of intrinsic motivation*, social development, and well-being, American Psychologist, 55 (1), p 68.

128 Waterman, A S (1993) *Two conceptions of happiness: contrasts of personal expressiveness (eudaimonia) and hedonic enjoyment*, Journal of Personality and Social Psychology, 64 (4), p 678.

129 Kim, Y, Butzel, J S y Ryan, R M (1998) *Interdependence and well-being: a function of culture and relatedness needs*, International Society for the Study of Personal Relationships, Saratoga Spring, NY.

130 Sheldon, K M, Ryan, R y Reis, H T (1996) *What makes for a good day? Competence and autonomy in the day and in the person*, Personality and Social Psychology Bulletin, 22 (12), pp 1270–9.

131 Carver, C S y Scheier, M (1990) *Principles of Self-Regulation: Action and emotion*, The Guilford Press, Nueva York.

132 Patrick, H, Knee, C R, Canevello, A y Lonsbary, C (2007) *The role of need fulfillment in relationship functioning and well-being: a self-determination theory perspective*, Journal of Personality and Social Psychology, 92 (3), p 434.

133 Ryan, R M y Deci, E L (2000) *Self-determination theory and the facilitation of intrinsic motivation, social development, and well-being*, American Psychologist, 55 (1), p 68.

134 Kasser, T y Ryan, R M (1996) *Further examining the American dream: differential correlates of intrinsic and extrinsic goals*, Personality and Social Psychology Bulletin, 22 (3), pp 280–7.

135 *Certified B Corporation* (nd) *About B Corps*, https://bcorporation.net/ about-b-corps (archivado en https://perma.cc/9PJA-JTUD)

136 Bowlby, J (1969) *Attachment and Loss*, Basic Books, Nueva York.

137 Thomson, M, MacInnis, D J y Whan Park, C (2005) *The ties that bind: measuring the strength of consumers' emotional attachments to brands*, Journal of Consumer Psychology, 15 (1), pp 77–91.

138 Bowlby, J (1980) *Loss: Sadness and depression*, Basic Books, Nueva York.

139 Richins, M L (1994) *Special possessions and the expression of material values*, Journal of Consumer Research, 21 (3), pp 522–33.

140 Mikulincer, M, Hirschberger, G, Nachmias, O y Gillath, O (2001) *The affective component of the secure base schema: affecti-*

ve priming with representations of attachment security, Journal of Personality and Social Psychology, 81 (2), p 305.

141 Bretherton, I (1992) *The origins of attachment theory: John Bowlby and Mary Ainsworth*, Developmental Psychology, 28 (5), p 759.

142 Veloutsou, C y Moutinho, L (2009) *Brand relationships through brand reputation and brand tribalism*, Journal of Business Research, 62 (3), pp 314–22.

143 Grisaffe, D B y Nguyen, H P (2011) *Antecedents of emotional attachment to brands*, Journal of Business Research, 64 (10), pp 1052–9.

144 Oliver, R L (1999) *Whence consumer loyalty?*, Journal of Marketing, 63 (4_suppl), pp 33–44.

145 Park, C W, MacInnis, D J, Priester, J, Eisingerich, A B y Iacobucci, D (2010) *Brand attachment and brand attitude strength: conceptual and empirical differentiation of two critical brand equity drivers*, Journal of Marketing, 74 (6), pp 1–17.

146 Fedorikhin, A, Park, C W y Thomson, M (2008) *Beyond fit and attitude: the effect of emotional attachment on consumer responses to brand extensions*, Journal of Consumer Psychology, 18 (4), pp 281–91.

147 Thomson, M, MacInnis, D J y Whan Park, C (2005) *The ties that bind: measuring the strength of consumers' emotional attachments to brands*, Journal of Consumer Psychology, 15 (1), pp 77–91.

148 Park, C W, MacInnis, D J, Priester, J, Eisingerich, A B y Iacobucci, D (2010) *Brand attachment and brand attitude strength: conceptual and empirical differentiation of two critical brand equity drivers*, Journal of Marketing, 74 (6), pp 1–17.

149 Schmalz, S y Orth, U R (2012) *Brand attachment and consumer emotional response to unethical firm behavior*, Psychology & Marketing, 29 (11), pp 869–84.

150 Hazan, C y Shaver, P R (1994) *Attachment as an organizational framework for research on close relationships*, Psychological Inquiry, 5 (1), pp 1–22.

151 Patrick, H, Knee, C R, Canevello, A y Lonsbary, C (2007) *The role of need fulfillment in relationship functioning and well-being: a self-determination theory perspective*, Journal of Personality and Social Psychology, 92 (3), p 434.

152 Thomson, M (2006) *Human brands: investigating antecedents to consumers' strong attachments to celebrities*, Journal of Marketing, 70 (3), pp 104–19.

153 Sirgy, M J (1982) *Self-concept in consumer behavior: a critical review*, Journal of Consumer Research, 9 (3), pp 287–300.

154 Fritz, K, Schoenmueller, V y Bruhn, M (2017) *Authenticity in branding: exploring antecedents and consequences of brand authenticity*, European Journal of Marketing, 51 (2), pp 324–48.

155 Festinger, L (1957) *A Theory of Cognitive Dissonance*, vol. 2, Stanford University Press, Palo Alto, CA.

156 Fritz, K, Schoenmueller, V y Bruhn, M (2017) *Authenticity in branding: exploring antecedents and consequences of brand authenticity*, European Journal of Marketing, 51 (2), pp 324–48.

157 Japutra, A, Ekinci, Y y Simkin (2018) *Tie the knot: building stronger consumers' attachment toward a brand*, Journal of Strategic Marketing, 26 (3), pp 223–40.

158 Malär, L, Krohmer, H, Hoyer, W D y Nyffenegger, B (2011) *Emotional brand attachment and brand personality: the relative importance of the actual and the ideal self*, Journal of Marketing, 75 (4), pp 35–52.

159 Forbes (2020) *BrewDog is Officially the First Carbon Negative Beer Business*, https://www.forbes.com/sites/emanuelabarbiroglio/ 2020/08/25/brewdog-is-officially-the-first-carbon-negative-beerbusiness/ (archivado en https://perma.cc/2NUF-NN5U)

160 Aaker, J L (1999) *The malleable self: the role of self-expression in persuasion*, Journal of Marketing Research, 36 (1), pp 45–57.

161 Kim, H R, Lee, M y Ulgado, F M (2005) *Brand Personality, Self-Congruity and the Consumer–Brand Relationship*, ACR Asia-Pacific Advances, https://www.acrwebsite.org/volumes/11876/volumes/ ap06/AP-06/full (archivado en https://perma.cc/26R4-7EGT)

162 Fournier, S (1998) *Consumers and their brands: developing relationship theory in consumer research*, Journal of Consumer Research, 24 (4), pp 343–73.

163 Kelly Wynne (2020) *On This Date In 1985 Coca-Cola Became New Coke But Not For Long-Here's What Happened, Newsweek*, https://www.newsweek.com/this-date-1985-coca-cola-became-newcoke-not-long-heres-what-happened-1499579 (archivado en https:// perma.cc/Z968-KT2B)

164 Kuehlwein, J P y Schaefer, W (2017) *Ueber-branding: how modern prestige brands create meaning through mission and myth*-part 1, Journal of Brand Strategy, 5 (4), pp 395–409.

165 Brakus, J J, Schmitt, B H y Zarantonello, L (2009) *Brand experience: what is it? How is it measured? Does it affect loyalty?*, Journal of Marketing, 73 (3), pp 52–68.

166 Stokburger-Sauer, N, Ratneshwar, S y Sen, S (2012) *Drivers of consumer–brand identification*, International Journal of Research in Marketing, 29 (4), pp 406–18.

167 Brown, T J y Dacin, P A (1997) *The company and the product: corporate associations and consumer product responses*, Journal of Marketing, 61 (1), pp 68–84.

168 Vlachos, P A y Vrechopoulos, A P (2012) *Consumer-retailer love and attachment: antecedents and personality moderators*, Journal of Retailing and Consumer Services, 19 (2), pp 218–28.

169 Vlachos, P A y Vrechopoulos, A P (2012) *Consumer-retailer love and attachment: antecedents and personality moderators*, Journal of Retailing and Consumer Services, 19 (2), pp 218–28.

170 Eccles, R G, Ioannou, I y Serafeim, G (2014) *The impact of corporate sustainability on organizational processes and performance, Management Science*, 60 (11), pp 2835–57.

171 Khan, M, Serafeim, G y Yoon, A (2016) *Corporate sustainability: first evidence on materiality*, The Accounting Review, 91 (6), pp 1697–724.

172 Hyde, J S (2005) *The gender similarities hypothesis*, American Psychologist, 60 (6), p 581

173 Follett, M P (1924) *Creative Experience*, Longmans, Green and Company, Nueva York.

174 Penta, L J (1996) *Hannah Arendt: on power*, The Journal of Speculative Philosophy, 10 (3), pp 210–29.

175 Collins, M A y Amabile, T M (1999) *Motivation and creativity, en R J Sternberg* (ed.) Handbook of Creativity, Cambridge University Press, Cambridge, pp 1051–7.

176 Kaufman, S B (2020) *Transcend: The New Science of Self-Actualization*, TarcherPerigee, Nueva York.

177 Steinmann, B, Klug, H J y Maier, G W (2018) *The path is the goal: how transformational leaders enhance followers' job attitudes and proactive behavior*, Frontiers in Psychology, 9, 2338.

178 Mercado Libre (2018) *Great Place to Work*, https://www.greatplacetowork.com/best-workplaces/worldsbest/2018/mercadolibre (archivado en https://perma.cc/QPR6-WAF4)

179 BBC (2020) *The Boss Who Put Everyone on 70K*, https://www.bbc. co.uk/news/stories-51332811 (archivado en https://perma.cc/VK9U8UNV)

180 The New York Times (2015) *Praise and Skepticism as One Executive Sets Minimum Wage to $70,000 a Year*, https://www.

nytimes. com/2015/04/20/business/praise-and-skepticism-as-one-executive-setsminimum-wage-to-70000-a-year.html (archivado en https://perma.cc/ S28U-ZNUW)

181 Weiss, M, Norton, M I, Norris, M y McAra, S (2015) *The $70K CEO at Gravity Payments*, https://hbsp.harvard.edu/product/816010-PDF-ENG (archivado en https://perma.cc/PY9V-EAPF)

182 Market Watch (2020) *This Company Pays Its Workers a $70,000 Minimum Salary, and That's Helping It Weather the Coronavirus Crisis*, https://www.marketwatch.com/story/how-giving-employeesa-70k-minimum-salary-is-helping-this-company-weather-thecoronavirus-crisis-2020-04-07 (archivado en https://perma.cc/MFH8- 3B89)

183 Kraft, A G, Vashishtha, R y Venkatachalam, M (2018) *Frequent financial reporting and managerial myopia*, The Accounting Review, 93 (2), pp 249–75.

184 Polman, P (2014) *Business, Society, and the Future of Capitalism*, McKinsey, https://www.mckinsey.com/business-functions/sustainability/ our-insights/business-society-and-the-future-of-capitalism (archivado en https://perma.cc/YQU5-8KFM)

185 Department for Business, Energy and Industrial Strategy (2019) *Corporate Governance: The Companies* (Directors' Remuneration Policy and Directors' Remuneration Report) *Regulations 2019-Frequently Asked Questions*, https://www.gov.uk/government/ publications/companies-directors-remuneration-policy-and-directorsremuneration-report-regulations-2019 (archivado en https://perma. cc/6MMR-26RR)

186 Aitken, M J, Harris, F H D B y Ji, S (2015) *A worldwide examination of exchange market quality: greater integrity increases market efficiency*, Journal of Business Ethics, 132 (1), pp 147–70.

187 McFall, L (1987) *Integrity, Ethics*, 98 (1), pp 5–20.

188 Murphy, P E, Laczniak, G R y Wood, G (2007) *An ethical basis for relationship marketing: a virtue ethics perspective*, European Journal of Marketing, 41 (1/2), pp 37–57.

189 Brown, M T (2006) *Corporate integrity and public interest: a relational approach to business ethics and leadership*, Journal of Business Ethics, 66 (1), pp 11–18.

190 Davis, A L y Rothstein, H R (2006) *The effects of the perceived behavioral integrity of managers on employee attitudes: a metaanalysis*, Journal of Business Ethics, 67 (4), pp 407–19.

191 Nahai, N (2017) *Webs of Influence: The psychology of online persuasion: the psychology of online persuasion*, Pearson, Harlow.

5. El aliciente del lavado de imagen falso

192 Roosevelt, E (1983) *You Learn By Living*, John Knox Press Londres.

193 Forbes (2020) *#BlackOutTuesday Brings Music Industry to a Pause, But Some Artists Warn Against Obscuring Black Lives Matter Posts*, https://www.forbes.com/sites/isabeltogoh/2020/06/02/blackouttuesday-brings-music-industry-to-a-pause-but-some-artistswarn-against-obscuring-black-lives-matter-posts/ (archivado en https:// perma.cc/9GHF-BDUK)

194 Marketing Week (2020) If 'Black Lives Matter' to Brands, Where Are Your Black Board Members?, https://www.marketingweek.com/ mark-ritson-black-lives-matter-brands/ (archivado en https://perma.cc/ DKZ3-V7Q6)

195 Bartholomew, J (2018) *The awful rise of 'virtue signalling', The Spectator*, https://www.spectator.co.uk/article/the-awful-rise-of-virtuesignalling (archivado en https://perma.cc/4ALF-VCHC)

196 Wills, M (2020) *Abolitionist 'Wide Awakes' Were Woke Before 'Woke'*, JSTOR Daily, https://daily.jstor.org/abolitionist-wide-awakeswere-woke-before-woke/ (archivado en https://perma.cc/UJS6-5R5C)

197 Wallace, E, Buil, I y De Chernatony, L (2020) *'Consuming good' on social media: what can conspicuous virtue signalling on Facebook tell us about prosocial and unethical intentions*? Journal of Business Ethics, 162 (3), pp 577–92.

198 Vogel, E A, Rose, J P, Roberts, L R y Eckles, K (2014) *Social comparison, social media, and self-esteem*, Psychology of Popular Media Culture, 3 (4), p 206.

199 Hawes, T, Zimmer-Gembeck, M J y Campbell, S M (2020) *Unique associations of social media use and online appearance preoccupation with depression, anxiety, and appearance rejection sensitivity*, Body Image, 33, pp 66–76.

200 Dexerto.com (2020) *TikTok & Instagram Influencers Exposed For Renting Fake Private Jet Set*, https://www.dexerto.com/entertainment/ tiktok-instagram-influencers-exposed-for-renting-fake-private-jetset-1424440/ (archivado en https://perma.cc/5XT6-UNL4)

201 Jezebel (2020) *'Fake Private Plane Girls': The Deceptive Genius of the Influencer Backdrop Economy*, https://jezebel.com/fake-private-planegirls-the-deceptive-genius-of-the-i-1845203013 (archivado en https:// perma.cc/4WLZ-D4GB)

202 Youyou, W, Kosinski, M y Stillwell, D (2015) *Computer-based personality judgments are more accurate than those made by humans*, Proceedings of the National Academy of Sciences, 112 (4), pp 1036–40.

203 Verplanken, B y Herabadi, A (2001) *Individual differences in impulse buying tendency: feeling and no thinking*, European Journal of Personality, 15 (S1), pp S71–S83.

204 Leutner, F (2016) *Profiling Consumers: The role of personal values in consumer preferences.* Submitted for the degree of PhD, Department of Psychology and Language Sciences, University College London.

205 Barrick, M R, Mount, M K y Judge, T A (2001) *Personality and performance at the beginning of the new millennium: what do we know and where do we go next?* International Journal of Selection and assessment, 9 (1–2), pp 9–30.

206 Chamorro-Premuzic, T (2007) BPS textbooks in Psychology, *Personality and Individual Differences*, Blackwell Publishing, Malden.

207 Caprara, G V, Barbaranelli, C y Guido, G (2001) *Brand personality: how to make the metaphor fit?* Journal of Economic Psychology, 22 (3), pp 377–95.

208 Siguaw, J A, Mattila, A y Austin, J R (1999) *The brand-personality scale: an application for restaurants*, Cornell Hotel and Restaurant Administration Quarterly, 40 (3), pp 48–55.

209 Bouchard Jr, T J and McGue, M (2003) *Genetic and environmental influences on human psychological differences*, Journal of Neurobiology, 54 (1), pp 4–45.

210 Dikcius, V, Seimiene, E y Zaliene, E (2013) *Congruence between brand and consumer personalities*, Economics and Management, 18 (3), pp 526–36.

211 Edwards, J R y Cable, D M (2009) *The value of value congruence*, Journal of Applied Psychology, 94 (3), p 654.

212 Sihvonen, J (2019) *Understanding the drivers of consumer-brand identification*, Journal of Brand Management, 26 (5), pp 583–94.

213 Lee, J y Cho, M (2019) *New insights into socially responsible consumers: the role of personal values*, International Journal of Consumer Studies, 43 (2), pp 123–33.

214 Parks-Leduc, L, Feldman, G y Bardi, A (2015) *Personality traits and personal values: a meta-analysis*, Personality and Social Psychology Review, 19 (1), pp 3–29.

215 Schwartz, S H (2012) *An overview of the Schwartz theory of basic values*, Online Readings in Psychology and Culture, 2 (1), pp 2307– 0919, http://dx.doi.org/10.9707/2307-0919.1116 (archivado en https:// perma.cc/8PB6-AYYV)

216 Caplan, B (2003) *Stigler-Becker versus Myers-Briggs: why preferencebased explanations are scientifically meaningful and empirically important*, Journal of Economic Behavior & Organization, 50 (4), pp 391-405.

217 Sandy, C J, Gosling, S D y Durant, J (2013) *Predicting consumer behavior and media preferences: the comparative validity of personality traits and demographic variables*, Psychology & Marketing, 30 (11), pp 937–49.

218 Edelman (2018) *Two-thirds of Consumers Worldwide Now Buy On Beliefs*, https://www.edelman.com/news-awards/two-thirds-consumersworldwide-now-buy-beliefs (archivado en https://perma.cc/AS2P-L9ZU)

219 Jonsen, K, Galunic, C, Weeks, J y Braga, T (2015) *Evaluating espoused values: does articulating values pay off?*, European Management Journal, 33 (5), pp 332–40.

220 Accenture (2018) *To Affinity and Beyond: From Me to We: The Rise of the Purpose-Led Brand*, https://www.accenture.com/us-en/insights/ strategy/brand-purpose (archivado en https://perma.cc/U3X2-9AM9)

221 Allen, M W (2002) *Human values and product symbolism: do consumers form product preference by comparing the human values symbolized by a product to the human values that they endorse?* Journal of Applied Social Psychology, 32 (12), pp 2475–501.

222 Baumgartner, H (2002) *Toward a personology of the consumer*, Journal of Consumer Research, 29 (2), pp 286–92.

223 Allen, M W (2001) *A practical method for uncovering the direct and indirect relationships between human values and consumer purchases*, Journal of Consumer Marketing, 18 (2), pp 102–20.

224 Schwartz, S H y Melech, G (2000) *National differences in micro and macro worry: social, economic, and cultural explanations,* en E Diener and E M Suh (eds) Culture and Subjective Well-Being, MIT Press, Cambridge MA, pp 219–56.

225 Davidov, E (2010) *Testing for comparability of human values across countries and time with the third round of the European Social Survey*, International Journal of Comparative Sociology, 51 (3), pp 171–91.

226 Milberg, S J, Park, C W y McCarthy, M S (1997) *Managing negative feedback effects associated with brand extensions: the impact of alternative branding strategies*, Journal of Consumer Psychology, 6 (2), pp 119–40.

227 Schermer, J A, Vernon, P A, Maio, G R y Jang, K L (2011) *A behavior genetic study of the connection between social values and personality*, Twin Research and Human Genetics, 14 (3), pp 233–9.

228 Rokeach, M (1968) *Beliefs, Attitudes, and Values*, Josey-Bass, San Francisco CA.

229 Schwartz, S H (1992) *Universals in the content and structure of values: theoretical advances and empirical tests in 20 countries*, Advances in Experimental Social Psychology, 25 (1), pp 1–65.

230 Roberts, B W, Walton, K E y Viechtbauer, W (2006) *Patterns of mean-level change in personality traits across the life course: a metaanalysis of longitudinal studies*, Psychological Bulletin, 132 (1), p 1.

231 Bardi, A, Lee, J A, Hofmann-Towfigh, N y Soutar, G (2009) *The structure of intraindividual value change*, Journal of Personality and Social Psychology, 97 (5), p 913.

232 Schwartz, S H (2006) *Basic Human Values: An Overview*, http://www. yourmorals.org/schwartz

233 Besley, J C (2008) *Media use and human values*, Journalism & Mass Communication Quarterly, 85 (2), pp 311–30.

234 Schwartz, S H y Bardi, A (1997) *Influences of adaptation to communist rule on value priorities in Eastern Europe*, Political Psychology, 18 (2), pp 385–410.

235 Kohn, M L y Schooler, C (1983) *Work and Personality: An inquiry into the impact of social stratification*, Ablex Pub., Norwood NJ.

236 Bilsky, W y Schwartz, S H (1994) Values and personality, European Journal of Personality, 8 (3), pp 163–81.

237 Inglehart, R (2020) *Modernization and Postmodernization: Cultural, economic, and political change in 43 societies*, Princeton University Press, Princeton NJ.

238 Schwartz, S H (1994) *Beyond individualism/collectivism: new cultural dimensions of values*, in U Kim, H C Triandis, C Kâgˇitçibas¸i, S-C Choi and G Yoon (eds), Cross-Cultural Research and Methodology Series, Vol 18: Individualism and collectivism: theory, method, and applications, Sage Publications, Thousand Oaks CA, pp 85–119.

239 Just Capital (nd) *Mission & Impact*, https://justcapital.com/missionimpact/ (archivado en https://perma.cc/QBZ5-FRBG)

240 Rogers, E M y Bhowmik, D K (1970) *Homophily-heterophily: relational concepts for communication research*, Public Opinion Quarterly, 34 (4), pp 523–38.

241 Gilly, M C, Graham, J L, Wolfinbarger, M F and Yale, L J (1998) *A dyadic study of interpersonal information search*, Journal of the Academy of Marketing Science, 26 (2), pp 83–100.

242 Zhang, J y Bloemer, J M (2008) *The impact of value congruence on consumer-service brand relationships*, Journal of Service Research, 11 (2), pp 161–78.

6. Comunicación emocionalmente inteligente

243 Carnegie, C (2010) *How To Win Friends and Influence People*, Simon & Schuster, Nueva York

244 Weizenbaum, J (1976) *Computer Power and Human Reason: From judgment to calculation*, W H Freeman, Nueva York.

245 Corydon Ireland (2012) *Alan Turing at 100*, Harvard Gazette, https:// news.harvard.edu/gazette/story/2012/09/alan-turing-at-100/ (archivado en https://perma.cc/6JVR-2STV)

246 Goleman, D (2005) *Emotional Intelligence: Why it can matter more than IQ*, Bantam, Nueva York.

247 Salovey, P y Mayer, J D (1990) *Emotional intelligence, Imagination, cognition and personality*, 9 (3), pp 185–211.

248 Salovey, P y Grewal, D (2005) *The science of emotional intelligence*, Current Directions in Psychological Science, 14 (6), pp 281–5.

249 Salovey, P and Grewal, D (2005) *The science of emotional intelligence*, Current Directions in Psychological Science, 14 (6), pp 281–5.

250 Isen, A M, Johnson, M M, Mertz, E y Robinson, G F (1985) *The influence of positive affect on the unusualness of word associations*, Journal of Personality and Social Psychology, 48 (6), p 1413.

251 Bodie, G D, Vickery, A J, Cannava, K y Jones, S M (2015) *The role of 'active listening' in informal helping conversations: impact on perceptions of listener helpfulness, sensitivity, and supportiveness and discloser emotional improvement*, Western Journal of Communication, 79 (2), pp 151–73.

252 Topornycky, J y Golparian, S (2016) *Balancing openness and interpretation in active listening*, Collected Essays on Learning and Teaching, 9, pp 175–84.

253 Bove, L L (2019) *Empathy for service: benefits, unintended consequences, and future research agenda*, Journal of Services Marketing, 33 (1), pp 31–43.

254 Windahl, C (2017) *Market sense-making in design practice: exploring curiosity, creativity and courage*, Journal of Marketing Management, 33 (3–4), pp 280–91.

255 Saxby, C, Celuch, K and Walz, A (2015) *How employee trustworthy behaviors interact to emotionally bond service customers*, Journal of Consumer Satisfaction, Dissatisfaction and Complaining Behavior, 28, p 75.

256 Giacobbe, R W, Jackson Jr, D W, Crosby, L A and Bridges, C M (2006) *A contingency approach to adaptive selling behavior and sales performance: selling situations and salesperson characteristics*, Journal of Personal Selling & Sales Management, 26 (2), pp 115–42.

257 Baron-Cohen, S, Richler, J, Bisarya, D, Gurunathan, N y Wheelwright, S (2003) *The systemizing quotient: an investigation of adults with Asperger syndrome or high-functioning autism, and normal sex differences*, Philosophical Transactions of the Royal Society of London. Series B: Biological Sciences, 358 (1430), pp 361–74.

258 Huang, M H y Rust, R T (2018) *Artificial intelligence in service*, Journal of Service Research, 21 (2), pp 155–72.

259 Reynolds, W J y Scott, B (2000) *Do nurses and other professional helpers normally display much empathy?*, Journal of Advanced Nursing, 31 (1), pp 226–34.

260 Polani, D (2017) *Emotionless Chatbots are Taking Over Customer Service-and it's Bad News for Consumers*, https://theconversation. com/emotionless-chatbots-are-taking-over-customer-service-and-itsbad-news-for-consumers-82962 (archivado en https://perma.cc/22AEFRP7)

261 Batt-Rawden, S A, Chisolm, M S, Anton, B y Flickinger, T E (2013) *Teaching empathy to medical students: an updated, systematic review*, Academic Medicine, 88 (8), pp 1171–7.

262 Davis, M H (1983) *Measuring individual differences in empathy: evidence for a multidimensional approach*, Journal of Personality and Social Psychology, 44 (1), p 113.

263 Kanske, P, Böckler, A, Trautwein, F M, Parianen Lesemann, F H and Singer, T (2016) *Are strong empathizers better mentalizers? Evidence for independence and interaction between the routes of social cognition*, Social Cognitive and Affective Neuroscience, 11 (9), pp 1383–92.

264 Van Boven, L, Loewenstein, G, Dunning, D y Nordgren, L F (2013) Changing places: a dual judgment model of empathy gaps in emotio*nal perspective taking*, en J M Olson t M P Zanna (eds) Advances in Experimental Social Psychology, vol. 48, Academic Press, Nueva York, pp 117–71,

265 Loewenstein, G (1996) *Out of control: visceral influences on behavior*, Organizational Behavior and Human Decision Processes, 65 (3), pp 272–92.

266 Taylor, S E (2006) *Tend y befriend: biobehavioral bases of affiliation under stress*, Current Directions in Psychological Science, 15 (6), pp 273–7.

267 Hatfield, E, Cacioppo, J T y Rapson, R L (1994) *Emotional Contagion, Studies in Emotion and Social Interaction*, Cambridge University Press, Cambridge

268 Levy, D A y Nail, P R (1993) *Contagion: a theoretical and empirical review and reconceptualization*, Genetic, Social, and General Psychology Monographs, 119 (2), pp 233–84.

269 Delvaux, E, Meeussen, L y Mesquita, B (2016) *Emotions are not always contagious: longitudinal spreading of self-pride and group pride in homogeneous and status-differentiated groups*, Cognition and Emotion, 30 (1), pp 101–16.

270 Goldenberg, A, Garcia, D, Halperin, E, Zaki, J, Kong, D, Golarai, G y Gross, J J (2020) *Beyond emotional similarity: the role of situation-specific motives*, Journal of Experimental Psychology: General, 149 (1), p 138.

271 Lomanowska, A M y Guitton, M J (2016) *Online intimacy and well-being in the digital age*, Internet Interventions, 4, pp 138–44.

272 Goldenberg, A, Garcia, D, Halperin, E, Zaki, J, Kong, D, Golarai, G y Gross, J J (2020) *Beyond emotional similarity: the role of situation-specific motives*, Journal of Experimental Psychology: General, 149 (1), p 138.

273 Kramer, A D, Guillory, J E y Hancock, J T (2014) *Experimental evidence of massive-scale emotional contagion through social networks*, Proceedings of the National Academy of Sciences, 111 (24), pp 8788–90.

274 Kramer, A D, Guillory, J E y Hancock, J T (2014) *Experimental evidence of massive-scale emotional contagion through social networks*, Proceedings of the National Academy of Sciences, 111 (24), pp 8788–90.

275 Panger, G (2016) *Reassessing the Facebook experiment: critical thinking about the validity of Big Data research*, Information, Communication & Society, 19 (8), pp 1108–26.

276 Hill, K (2014) *Facebook Doesn't Understand the Fuss about its Emotion Manipulation Study,* Forbes, https://www.forbes.com/sites/ kashmirhill/2014/06/29/facebook-doesnt-understand-the-fuss-aboutits-emotion-manipulation-study/?sh=64c61a9366db (archivado en https://perma.cc/32BA-S9FP)

277 Goldenberg, A y Gross, J J (2020) *Digital emotion contagion, Trends in Cognitive Sciences*, 24 (4), pp 316–28.

278 Carter, R (1999) *Mapping the Mind*, University of California Press, Berkeley, Los Angeles, Londres.

279 Guerini, M y Staiano, J (2015) *Deep Feelings: A massive crosslingual study on the relation between emotions and virality*, Proceedings of the 24th International Conference on World Wide Web, pp 299–305, https://doi.org/10.1145/2740908.2743058 (archivado en https://perma.cc/3EZY-LZAD)

280 Buechel, S y Hahn, U (2018) *Emotion Representation Mapping for Automatic Lexicon Construction (Mostly) Performs on Human Level*, https://arxiv.org/abs/1806.08890 (archivado en https://perma.cc/3FM4- 8LLK).

281 Cacioppo, J T, Gardner, W L y Berntson, G G (1997) *Beyond bipolar conceptualizations and measures: the case of attitudes and evaluative space*, Personality and Social Psychology Review, 1 (1), pp 3–25.

282 BBC (2018) *Vote Leave's Targeted Brexit Ads Released By Facebook*, https://www.bbc.com/news/uk-politics-44966969 (archivado en https:// perma.cc/TKE2-CTH2)

283 The Independent (2016) *Donald Trump's 'Celebrity-Style' Tweets Helped Him Win US Presidential Election, Says Data Scientist*, https:// www.independent.co.uk/news/world/americas/donald-trump-twitteraccount-election-victory-president-elect-david-robinson-statisticalanalysis-data-scientist-a7443071.html (archivado en https://perma.cc/ Q5NX-NT2R)

284 Brady, W J, Wills, J A, Jost, J T, Tucker, J A y Van Bavel, J J (2017) *Emotion shapes the diffusion of moralized content in social networks*, Proceedings of the National Academy of Sciences, 114 (28), pp 7313–8.

285 Variety (2020) *Twitter, Facebook Slap Warning Labels on Trump's Tweet Charging Democrats With Trying to 'Steal' Election'*, https:// variety.com/2020/digital/news/twitter-facebook-trump-warning-labelsteal-election-1234822899/#! (archivado en https://perma.cc/39VSBMBW)

286 Guerini, M y Staiano, J (2015) *Deep Feelings: A massive crosslingual study on the relation between emotions and virality*, Proceedings of the 24th International Conference on World Wide Web, pp 299–305, https://doi.org/10.1145/2740908.2743058 (archivado en https://perma.cc/3EZY-LZAD)

287 TikTok (nd) *Washington Post*, https://www.tiktok.com/@washingtonpost (archivado en https://perma.cc/QW8X-ZUFJ)

288 George, J M (1991) *State or trait: effects of positive mood on prosocial behaviors at work*, Journal of Applied Psychology, 76 (2), p 299.

289 Forgas, J P (1998) *On feeling good and getting your way: mood effects on negotiator cognition and bargaining strategies*, Journal of Personality and Social Psychology, 74 (3), p 565.

290 Sullivan, M J y Conway, M (1989) *Negative affect leads to low effort cognition: attributional processing for observed social behavior*, Social Cognition, 7 (4), pp 315–37.

291 George, J M (1991) *State or trait: effects of positive mood on prosocial behaviors at work*, Journal of Applied Psychology, 76 (2), p 299.

292 Carver, C S, Kus, L A y Scheier, M F (1994) *Effects of good versus bad mood and optimistic versus pessimistic outlook on social acceptance versus rejection*, Journal of Social and Clinical Psychology, 13 (2), pp 138–51.

293 Barsade, S G (2002) *The ripple effect: emotional contagion and its influence on group behavior*, Administrative Science Quarterly, 47 (4), pp 644–75.

294 Sullins, E S (1991) *Emotional contagion revisited: effects of social comparison and expressive style on mood convergence*, Personality and Social Psychology Bulletin, 17 (2), pp 166–74.

295 Friedman, H S y Riggio, R E (1981) *Effect of individual differences in nonverbal expressiveness on transmission of emotion*, Journal of Nonverbal Behavior, 6 (2), pp 96–104

296 Buck, R (1984) *The Communication of Emotion*, Guilford Press, Nueva York.

297 Gerson, A C y Perlman, D (1979) *Loneliness and expressive communication*, Journal of Abnormal Psychology, 88 (3), p 258.

298 Barsade, S G (2002) *The ripple effect: emotional contagion and its influence on group behavior*, Administrative Science Quarterly, 47 (4), pp 644–75.

7. Cómo recuperarse de un duro golpe

299 Schopenhauer, A (2014) *Schopenhauer: Parerga and paralipomena: volume 1: short philosophical essays*, Cambridge University Press, Cambridge.

300 Hardaker, C (2010) *Trolling in asynchronous computer-mediated communication: from user discussions to academic definitions*, Journal of Politeness Research, 6 (2), pp 215–42.

301 Suler, J (2004) *The online disinhibition effect*, Cyberpsychology & Behavior, 7 (3), pp 321–6.

302 Nadler, A y Liviatan, I (2006) *Intergroup reconciliation: effects of adversary's expressions of empathy, responsibility, and recipients' trust*, Personality and Social Psychology Bulletin, 32 (4), pp 459–70.

303 Scher, S J y Darley, J M (1997) *How effective are the things people say to apologize? Effects of the realization of the apology speech act*, Journal of Psycholinguistic Research, 26 (1), pp 127–40.

304 *Tweet, 23 February*, 2018, https://twitter.com/AndrewBloch/ status/966957339981918208 (archivado en https://perma.cc/UP8LAJ4P)

305 Keaveney, S M (1995) *Customer switching behavior in service industries: an exploratory study*, Journal of Marketing, 59 (2), pp 71–82.

306 Weun, S, Beatty, S E y Jones, M A (2004) *The impact of service failure severity on service recovery evaluations and post-recovery relationships*, Journal of Services Marketing, 18 (2), pp 133–46.

307 Kahneman, D y Tversky, A (1979) *Prospect theory: an analysis of decision under risk*, Econometrica, 47 (2), pp 263–92.

308 Tversky, A y Kahneman, D (1992) *Advances in prospect theory: cumulative representation of uncertainty*, Journal of Risk and Uncertainty, 5 (4), pp 297–323.

309 Smith, A K, Bolton, R N y Wagner, J (1999) *A model of customer satisfaction with service encounters involving failure and recovery*, Journal of Marketing Research, 36 (3), pp 356–72.

310 Tax, S S, Brown, S W y Chandrashekaran, M (1998) *Customer evaluations of service complaint experiences: implications for relationship marketing*, Journal of Marketing, 62 (2), pp 60–76.

311 Blodgett, J G, Hill, D J y Tax, S S (1997) *The effects of distributive, procedural, and interactional justice on postcomplaint behavior*, Journal of Retailing, 73 (2), pp 185–210.

312 Duhachek, A (2005) *Coping: a multidimensional, hierarchical framework of responses to stressful consumption episodes*, Journal of Consumer Research, 32 (1), pp 41–53.

313 Joireman, J, Grégoire, Y, Devezer, B y Tripp, T M (2013) *When do customers offer firms a 'second chance' following a double deviation? The impact of inferred firm motives on customer revenge and reconciliation*, Journal of Retailing, 89 (3), pp 315–37.

314 Huefner, J y Hunt, H K (2000) *Consumer retaliation as a response to dissatisfaction*, Journal of Consumer Satisfaction, Dissatisfaction and Complaining Behavior, 13, pp 61–82.

315 Simon, F (2013) *The influence of empathy in complaint handling: evidence of gratitudinal and transactional routes to loyalty*, Journal of Retailing and Consumer Services, 20 (6), pp 599–608.

316 Wacker, R y Dziobek, I (2018) *Preventing empathic distress and social stressors at work through nonviolent communication training: a field study with health professionals*, Journal of Occupational Health Psychology, 23 (1), p 141.

317 Michie, S y Williams, S (2003) *Reducing work-related psychological ill health and sickness absence: a systematic literature review*, Occupational and Environmental Medicine, 60 (1), pp 3–9.

318 Singer, T y Lamm, C (2009) *The social neuroscience of empathy*, Annals of the New York Academy of Sciences, 1156 (1), pp 81–96.

319 Batson, C D, Fultz, J y Schoenrade, P A (1987) *Distress and empathy: two qualitatively distinct vicarious emotions with different motivational consequences*, Journal of Personality, 55 (1), pp 19–39.

320 Tang, Y Y, Tang, R y Posner, M I (2016) *Mindfulness meditation improves emotion regulation and reduces drug abuse*, Drug and Alcohol Dependence, 163, pp S13–S18.

321 Uchino, B N, Bowen, K, de Grey, R G K, Smith, T W, Baucom, B R, Light, K C y Ray, S (2016) *Loving-kindness meditation improves relationship negativity and psychological well-being: a pilot study*, Psychology, 7 (01), p 6.

322 O'Connor, L E, Rangan, R K, Berry, J W, Stiver, D J, Ark, W y Li, T (2015) *Empathy, compassionate altruism and psychological well-being in contemplative practitioners across five traditions*, Psychology, 6 (08), p 989.

323 Rosenberg, M B y Chopra, D (2015) *Nonviolent Communication: A language of life: life-changing tools for healthy relationships*, PuddleDancer Press.

324 Rosenberg, M B and Chopra, D (2015) *Nonviolent Communication: A language of life: life-changing tools for healthy relationships*, PuddleDancer Press.

325 Rosenberg, M B y Chopra, D (2015) *Nonviolent Communication: A language of life: life-changing tools for healthy* relationships, PuddleDancer Press.

326 Denham, S A (1986) *Social cognition, prosocial behavior, and emotion in preschoolers: contextual validation*, Child Development, 57 (1), pp 194–201.

327 Cox, E y Dannahy, P (2005) *The value of openness in e-relationships: using nonviolent communication to guide online coaching and mentoring*, International Journal of Evidence Based Coaching and Mentoring, 3 (1), pp 39–51.

328 The Conversation (2018) *Nike's Courageous New Ad Campaign Mixing Racial Politics With Sport Will Be Vindicated*, https://theconversation.com/nikes-courageous-new-ad-campaign-mixingracial-politics-with-sport-will-be-vindicated-102707 (archivado en https://perma.cc/TV4G-ZPCE)

329 The Guardian (2018) *Nike's Colin Kaepernick Ad Campaign Sends 'Terrible Message'*, Says Donald Trump, https://www.theguardian. com/sport/2018/sep/04/donald-trump-colin-kaepernick-nike-adcampaign-response (archivado en https://perma. cc/684N-GRN4)

330 CNBC (2018) *Nike Shares Fall As Backlash Erupts Over New Ad Campaign Featuring Colin Kaepernick*, https://www. cnbc. com/2018/09/04/nike-shares-tumble-after-company-reveals-new-adcampaign-featuring-colin-kaepernick.html (archivado en https://perma. cc/J53U-TRVR)

331 New York Times (2018) *Nike Nearly Dropped Colin Kaepernick Before Embracing Him*, https://www.nytimes.com/2018/09/26/ sports/ nike-colin-kaepernick.html (archivado en https://perma. cc/TX8LEL3R)

332 FiveThirtyEight.com (2017) *Colin Kaepernick is Not Supposed To Be Unemployed*, https://fivethirtyeight.com/features/colin-kaepernick-isnot-supposed-to-be-unemployed/ (archivado en https://perma.cc/ WJ3F-P25Q)

333 Brian Schaffner (2018) *Twitter*, https://twitter.com/b_schaffner/ status/1036987938008166405 (archivado en https://perma. cc/ XQ6D-KU4R)

334 Washington Post (2020) *Most Americans Support Athletes Speaking Out*, Say Anthem Protests Are Appropriate, Post Poll Finds, https:// www.washingtonpost.com/sports/2020/09/10/

poll-nfl-anthemprotests/ (archivado en https://perma.cc/767U-VNXV)

335 NBC News (2020) *Poll: More Voters Acknowledge Symptoms of Racism But Disagree About Its Causes*, https://www.nbcnews.com/ politics/meet-the-press/poll-more-voters-acknowledge-symptomsracism-disagree-about-its-causes-n1234363 (archivado en https:// perma.cc/Q5CV-AQ64)

336 Tajfel, H, Turner, J C, Austin, W G y Worchel, S (1979) *An integrative Theory of intergroup conflict*, Organizational Identity: A reader, 56, p 65.

337 Tajfel, H, Turner, J C, Austin, W G y Worchel, S (1979) *An integrative theory of intergroup conflict*, Organizational Identity: A reader, 56, p 65.

338 Smith, E R (1999) *Affective and cognitive implications of a group becoming a part of the self: new models of prejudice and of the self-concept*, en D Abrams y M A Hogg (eds) Social Identity and Social Cognition, Blackwell Publishing, Oxford, pp 183–96.

339 Brown, J J y Reingen, P H (1987) *Social ties and word-of-mouth referral behavior*, Journal of Consumer Research, 14 (3), pp 350–62.

340 YouTube (2016) Brooke Bond Red Label – Taste of Togetherness | That Kind Of A Woman, https://www.youtube.com/watch?-v=AEqLkZUxwY&feature=emb_logo (archivado en https://perma.cc/6W74- KN8D)

8. Adaptarse a las relaciones virtuales sin perder el tacto

341 The New York Times (2013) *The Documented Life–Sherry Turkle*, https://www.nytimes.com/2013/12/16/opinion/the-documented-life. html (archivado en https://perma.cc/EX2Q-3Y6N)

342 Ryle, G (2009) *The Concept of Mind. Routledge*, Abingdon.

343 Kemmerer, D, Miller, L, MacPherson, M K, Huber, J y Tranel, D (2013) *An investigation of semantic similarity judgments about action and non-action verbs in Parkinson's disease: implications for the embodied cognition framework*, Frontiers in Human Neuroscience, 7, p 146.

344 Thompson, J J, Ritenbaugh, C y Nichter, M (2009) *Reconsidering the placebo response from a broad anthropological perspective*, Culture, Medicine, and Psychiatry, 33 (1), pp 112–52.

345 Pecher, D y Zwaan, R A (eds) (2005) *Grounding Cognition: The role of perception and action in memory, language, and thinking*, Cambridge University Press, Cambridge.

346 Damasio, A R (1999) *The Feeling of What Happens: Body and emotion in the making of consciousness*, Houghton Mifflin Harcourt, Nueva York. Véase también Edelman, G M (2004) Wider Than the Sky: The phenomenal gift of consciousness, Yale University Press, New Haven CT.

347 Pfeifer, R and Scheier, C (2001) *Understanding Intelligence*, MIT Press, Cambridge MA.

348 Damasio, A R (1994) *Descartes' Error: Emotion, reason and the human brain*, Picador, Londres.

349 Bailenson, J N (2021) *Nonverbal overload: a theoretical argument for the causes of zoom fatigue*, Technology, Mind, and Behavior, 2 (1), doi.org/10.1037/tmb0000030

350 Fauville, G, Luo, M, Muller Queiroz, A C, Bailenson, J N y Hancock, J (2021) *Zoom Exhaustion & Fatigue Scale*, https://ssrn.com/abstract=3786329 (archivado en https://perma.cc/694M-3U9G)

351 Dimberg, U, Thunberg, M and Elmehed, K (2000) *Unconscious facial reactions to emotional facial expressions*, Psychological Science, 11 (1), pp 86–9

352 Isaacs Russell, G (2020) *Remote working during the pandemic: a Q&A with Gillian Isaacs Russell: questions from the editor and editorial board of the BJP*, British Journal of Psychotherapy, 36 (3), pp 364–74.

353 *The Nobel Prize, press release*, 6 October 2014, https://www.nobelprize.org/prizes/medicine/2014/press-release/ (archivado en https://perma.cc/JYT7-6KDT)

354 Aghajan, Z M, Acharya, L, Moore, J J, Cushman, J D, Vuong, C y Mehta, M R (2015) *Impaired spatial selectivity and intact phase precession in two-dimensional virtual reality*, Nature Neuroscience, 18 (1), pp 121–8.

355 Mueller, P A y Oppenheimer, D M (2014) *The pen is mightier than the keyboard: advantages of longhand over laptop note taking*, Psychological Science, 25 (6), pp 1159–68.

356 Oppezzo, M y Schwartz, D L (2014) *Give your ideas some legs: the positive effect of walking on creative thinking*, Journal of Experimental Psychology: Learning, Memory, and Cognition, 40 (4), p 1142.

357 Kontra, C, Goldin-Meadow, S y Beilock, S L (2012) *Embodied learning across the life span*, Topics in Cognitive Science, 4 (4), pp 731–9.

358 Nguyen, D T y Canny, J (2007) *Multiview: Improving trust in group video conferencing through spatial faithfulness*, Proceedings of the SIGCHI Conference on Human Factors in Computing Systems, pp 1465–74, https://doi.org/10.1145/1240624.1240846 (archivado en https://perma.cc/23DV-D87Q)

359 Wirth, J H, Sacco, D F, Hugenberg, K y Williams, K D (2010) *Eye gaze as relational evaluation: averted eye gaze leads to feelings of ostracism and relational devaluation*, Personality and Social Psychology Bulletin, 36 (7), pp 869–82

360 Melinda Wenner Moyer (2016) *Eye Contact: How Long Is Too Long?*, Scientific American, https://www.scientificamerican.com/ article/eye-contact-how-long-is-too-long/ (archivado en htps://perma. cc/FP7T-T6DK)

361 Linda Stone (nd) FAQ, https://lindastone.net/faq/ (archivado en https:// perma.cc/WX2H-N4YD)

362 Pallavi Gogoi (2020) *Time To Ditch Those Awful Zoom Calls, CEOs Say*, NPR, https://www.npr.org/2020/10/14/923428794/from-thefolks-who-brought-you-boring-meetings-ceos-want-to-ditch-sterilezoom-c?t=1602963864075&t=16033 (archivado en htps://perma.cc/ K9GA-C8B5)

363 Bradford, D, Goodman-Delahunty, J and Brooks, K R (2013) *The impact of presentation modality on perceptions of truthful and deceptive confessions*, Journal of Criminology, 2013, pp 1–10.

364 DeSteno, D, Breazeal, C, Frank, R H, Pizarro, D, Baumann, J, Dickens, L y Lee, J J (2012) *Detecting the trustworthiness of novel partners in economic exchange*, Psychological Science, 23 (12), pp 1549–56.

365 Haidt, J and Lukianoff, G (2018) *The Coddling of the American Mind: How good intentions and bad ideas are setting up a generation for failure*, Penguin, Nueva York.

366 *UChicago Institute of Politics* (2017) CLIP: Van Jones On Safe Spaces On College Campuses, YouTube, https://www.youtube.com/ watch?v=Zms3EqGbFOk&feature=emb_logo (archivado en https:// perma.cc/9CD8-AEK2)

367 Edmondson, A (1999) *Psychological safety and learning behavior in work teams*, Administrative Science Quarterly, 44 (2), pp 350–83.

368 Edmondson, A C (2018) *The Fearless Organization: Creating psychological safety in the workplace for learning*, innovation, and growth, John Wiley & Sons, Hoboken NJ.

369 Edmondson, A (1999) *Psychological safety and learning behavior in work teams*, Administrative Science Quarterly, 44 (2), pp 350–83.

370 Detert, J R y Treviño, L K (2010) *Speaking up to higher-ups: how supervisors and skip-level leaders influence employee voice*, Organization Science, 21 (1), pp 249–70.

371 Cramton, C D (2001) *The mutual knowledge problem and its consequences for dispersed collaboration*, Organization Science, 12 (3), pp 346–71.

372 Zhang, Y, Fang, Y, Wei, K K y Chen, H (2010) *Exploring the role of psychological safety in promoting the intention to continue sharing knowledge in virtual communities*, International Journal of Information Management, 30 (5), pp 425–36.

373 Gibson, C B y Cohen, S G (eds) (2003) *Virtual Teams That Work: Creating conditions for virtual team effectiveness*, John Wiley & Sons, Hoboken NJ.

374 Moore, D A, Kurtzberg, T R, Thompson, L L y Morris, M W (1999) *Long and short routes to success in electronically mediated negotiations: group affiliations and good vibrations*, Organizational Behavior and Human Decision Processes, 77 (1), pp 22–43.

375 Hinds, P J y Mortensen, M (2005) *Understanding conflict in geographically distributed teams: the moderating effects of shared identity*, shared context, and spontaneous communication, Organization Science, 16 (3), pp 290–307.

376 Devine, D J (2002) *A review and integration of classification systems relevant to teams in organizations*, Group Dynamics: Theory, research, and practice, 6 (4), p 291.

377 Carmeli, A y Gittell, J H (2009) *High-quality relationships, psychological safety, and learning from failures in work organizations*, Journal of Organizational Behavior: The international journal of industrial, occupational and organizational psychology and behavior, 30 (6), pp 709–29.

378 Bunderson, J S y Boumgarden, P (2010) *Structure and learning in self-managed teams: why 'bureaucratic' teams can be better learners*, Organization Science, 21 (3), pp 609–24.

379 Breuer, C, Hüffmeier, J y Hertel, G (2016) Does trust matter more in virtual teams? A meta-analysis of trust and team effectiveness considering virtuality and documentation as moderators, Journal of Applied Psychology, 101 (8), p 1151.

380 Wilson, J M, Straus, S G y McEvily, B (2006) *All in due time: the development of trust in computer-mediated and face-to-face teams*, Organizational Behavior and Human Decision Processes, 99 (1), pp 16–33.

381 Roghanizad, M M y Bohns, V K (2017) *Ask in person: you're less persuasive than you think over email*, Journal of Experimental Social Psychology, 69, pp 223–6.

382 Bohns, V K (2017) *A Face-to-Face Request is 34 Times More Successful Than an Email*, Harvard Business Review, https://hbr.org/2017/04/a-face-to-face-request-is-34-times-more-successful-thanan-email (archivado en https://perma.cc/G9X2-RA46)

383 Byron, K (2008) *Carrying Too Heavy a Load? The communication and miscommunication of emotion by email*, https://doi.org/10.5465/ amr.2008.31193163 (archivado en https://perma.cc/266R-CAL2)

384 Markus, M L (1994) *Electronic mail as the medium of managerial choice*, Organization Science, 5 (4), pp 502–27

385 Byron, K y Baldridge, D C (2005) *Toward a model of nonverbal cues and emotion in email*, Academy of Management Proceedings, 2005 (1), pp B1–B6, Briarcliff Manor, NY 10510: Academy of Management.

386 Breuer, C, Hüffmeier, J y Hertel, G (2016) *Does trust matter more in virtual teams? A meta-analysis of trust and team effectiveness considering virtuality and documentation as moderators*, Journal of Applied Psychology, 101 (8), p 1151.

387 Lukić, J M y Vračar, M M (2018) *Building and nurturing trust among members in virtual project teams*, Strategic Management, 23 (3), pp 10–16.

388 Watkins, M (2013) *Making Virtual Teams Work: Ten Basic Principles*, Harvard Business Review, https://hbr.org/2013/06/making-virtualteams-work-ten (archivado en https://perma.cc/3JCK-HQXR)

389 Li, M y Prewett, M (2020) *Building Trust in Modern Teams*, https://fisher.osu.edu/blogs/leadreadtoday/blog/building-trust-inmodern-teams-2#_edn5 (archivado en https://perma.cc/84DV-A4V4)

390 DORA State of DevOps (2020) *Accelerate State of DevOps Report 2019*, https://services.google.com/fh/files/misc/state-of-devops-2019. pdf (archivado en https://perma.cc/A5CR-FH8C)

391 Amy Edmondson (2014) *Building a Psychologically Safe Workplace* | Amy Edmondson | TEDxHGSE, YouTube, https://www.youtube.com/ watch?v=LhoLuui9gX8&feature=youtu.be (archivado en https://perma. cc/9MK7-8X7Q)

9. Business, unusual

392 Hugo, V (1862) *Les Misérables*, 1, vol. 2, Thomas Nelson & Sons, NuevaYork.

393 Chidiebere Ogbonnaya (2020) *Remote Working Is Good for Mental Health... But For Whom and At What Cost?*, LSE, https://blogs.lse. ac.uk/businessreview/2020/04/24/remote-working-is-good-for-mentalhealth-but-for-whom-and-at-what-cost/ (archivado en https://perma. cc/9L5G-MWTR)

394 Kane, C (2020) *Where is My Office?: Reimagining the workplace for the 21st century*, Bloomsbury Publishing, Londres.

395 Raconteur (2021) *Why It Pays to Get to Know Your Employees*, https://www.raconteur.net/hr/employee-engagement/covid-workforcepersonalities/ (archivado en https://perma.cc/QS5B-ZNGJ).

396 Rocco, E (1998) *Trust Breaks Down In Electronic Contexts But Can Be Repaired By Some Initial Face-To-Face Contact, Proceedings of the SIGCHI Conference on Human Factors in Computing Systems*, pp 496–502, https://doi.org/10.1145/274644.274711 (archivado en https:// perma.cc/2GXM-SLJC).

397 *MindGym* (nd) About Us, https://uk.themindgym.com/about-us/ (archivado en https://perma.cc/Y6PH-RST7).

398 Dalton, J (2021) *Reality Check: How Immersive Technologies Can Transform Your Business*, Kogan Page, Londres.

Índice de materias

D

E

F

G

H

S

T

U

V

W

Sobre la autora

Nathalie Nahai, visionaria "psicóloga web", predice desarrollos prospectivos a través de resultados científicos de vanguardia en neurociencia y ciencias del comportamiento. Es experta en influencias tecnológicas y ha trabajado con clientes de todo el mundo.

En 2011, acuñó el término «Web Psychology» definiéndolo como 'El estudio empírico de cómo nuestros entornos *online* influyen en las actitudes y comportamientos de las personas'. Su primer libro, *Webs of Influence: The Psychology of Online Persuasion*, se convirtió en *bestseller* del mundo de los negocios y "Libro del mes" por WH Smith.

Fue coanfitriona del podcast *Tech Weekly* de *The Guardian* y contribuye en numerosas publicaciones internacionales, programas de televisión y radio sobre el tema del comportamiento *online*. Actualmente presenta el podcast *The Hive Podcast.*

Ha trabajado con empresas del Fortune 500, agencias de diseño y PYMES, incluidas Google, eBay, Unilever y Harvard Business Review, por nombrar algunas.

KOLIMA
BOOKS

www.ingramcontent.com/pod-product-compliance
Lightning Source LLC
LaVergne TN
LVHW010428230826
846092LV00009BA/1082

* 9 7 8 8 4 1 9 4 9 5 3 4 1 *